Guide on Capital Management,
Merger, Acquisition & Restructuring
of State-owned Enterprises

国有企业资本运营与并购重组操作指南

北京中诚天下投资顾问有限公司 编

U0838226

中国经济出版社
CHINA ECONOMIC PUBLISHING HOUSE
·北京·

图书在版编目（CIP）数据

国有企业资本运营与并购重组操作指南/北京中诚天下投资顾问有限公司编．--北京：中国经济出版社，2021.4（2024.8 重印）
ISBN 978-7-5136-6343-4

Ⅰ.①国… Ⅱ.①北… Ⅲ.①国有企业-资本经营-中国-指南 ②国有企业-企业兼并-中国-指南 Ⅳ.①F279.241-62

中国版本图书馆 CIP 数据核字（2020）第 180411 号

策划编辑 崔姜薇
责任编辑 张 博
责任印制 马小宾
封面设计 任燕飞装帧设计工作室

出版发行 中国经济出版社
印 刷 者 北京科信印刷有限公司
经 销 者 各地新华书店
开　　本 787mm×1092mm 1/16
印　　张 20.5
字　　数 260 千字
版　　次 2021 年 4 月第 1 版
印　　次 2024 年 8 月第 5 次
定　　价 88.00 元
广告经营许可证 京西工商广字第 8179 号

中国经济出版社 **网址** www.economyph.com **社址** 北京市东城区安定门外大街 58 号 **邮编** 100011
本版图书如存在印装质量问题，请与本社销售中心联系调换（联系电话：010-57512564）

版权所有　盗版必究（举报电话：010-57512600）
国家版权局反盗版举报中心（举报电话：12390）　　服务热线：010-57512564

编委会

主　　编　孙泽华

副 主 编　刘丽丽　张婷婷　刘双梅

编　　委　吴　玲　李美娇　王　颖　杜春苓
　　　　　王洋洋　张学儒　吴　凤　车运达

特别顾问　徐小爽

前言 | PREFACE

北京中诚天下投资顾问有限公司自2008年成立以来，一直深耕国资交易与并购重组领域，积累了丰富的经验。

国有企业资本运营与并购重组，不仅须符合一般市场规则，还须遵守特定的国资监管规范，比非国资业务要求更高。国有企业在处理上述业务的过程中，对政策把握、操作路径、文本规范及决策审批流程等存在咨询需求。基于我公司在国有资产交易、资本运作及并购重组整合等方面长期积累的经验，为协助国有企业合规、系统、高效地解决相关问题，我们特编写此书，以供企业参考。

全书涵盖出资新设、增减资、股权与资产公开转让、非公开协议转让、无偿划转、合并分立、企业并购、清算注销等主要的国有资本运作方式，对每一种方式的含义、决策与审批、操作流程、重点注意事项、会计处理与税务筹划等问题进行了全面而详细的阐述。

本书编写组成员均具有多年国资业务工作经验，且多数具有法律、财务、审计等专业资格或者相关教育和从业背景，熟悉国资交易与并购重组的法律、会计、税务等专业知识，我们还邀请外部专家对本书进行了评审。我们期望以专业的能力，深入解答国有企业在上述工作中遇到的相关问题，为国有企业提供更优质的专业服务。

我们在行业内已深耕十余年，面对复杂多变的资本和金融市场，我们坚持努力充实和完善自我，同时诚挚希望各位领导和专家批评指正。

衷心感谢国资委、各国有企业，特别是中央企业相关专业部门多年来给予我们的包容、理解、指导和帮助，我们将继续努力，不负所托。

目录 | CONTENTS

第三章　企业减资

第四章　企业产权转让（公开进场转让）

第五章　重大资产进场公开转让

第六章 非公开协议转让

第七章 无偿划转

第八章 企业合并

第九章　企业分立

第十章　国有企业兼并收购

第十一章　企业清算、注销

第一章

新设公司

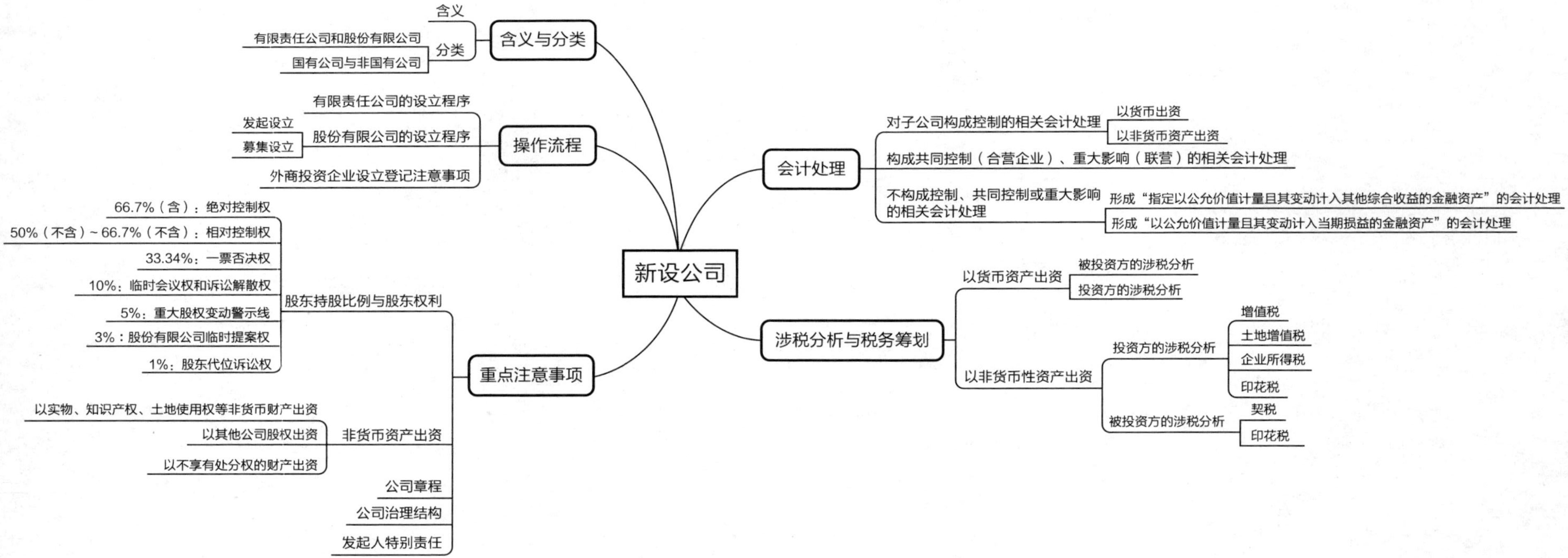
新设公司
含义与分类
含义
分类
有限责任公司和股份有限公司
国有公司与非国有公司
操作流程
有限责任公司的设立程序
股份有限公司的设立程序
发起设立
募集设立
外商投资企业设立登记注意事项
重点注意事项
股东持股比例与股东权利
66.7%（含）：绝对控制权
50%（不含）~ 66.7%（不含）：相对控制权
33.34%：一票否决权
10%：临时会议权和诉讼解散权
5%：重大股权变动警示线
3%：股份有限公司临时提案权
1%：股东代位诉讼权
非货币资产出资
以实物、知识产权、土地使用权等非货币财产出资
以其他公司股权出资
以不享有处分权的财产出资
公司章程
公司治理结构
发起人特别责任
会计处理
对子公司构成控制的相关会计处理
以货币出资
以非货币资产出资
构成共同控制（合营企业）、重大影响（联营）的相关会计处理
不构成控制、共同控制或重大影响的相关会计处理
形成“指定以公允价值计量且其变动计入其他综合收益的金融资产”的会计处理
形成“以公允价值计量且其变动计入当期损益的金融资产”的会计处理
涉税分析与税务筹划
以货币资产出资
被投资方的涉税分析
投资方的涉税分析
以非货币性资产出资
投资方的涉税分析
增值税
土地增值税
企业所得税
印花税
被投资方的涉税分析
契税
印花税

一、公司的含义与分类

1. 公司的含义

在中国，从事生产经营的、以盈利为目的的组织形式可以分为营利性法人组织和营利性非法人组织。根据《中华人民共和国民法典》以下简称《民法典》，以取得利润并分配给股东等出资人为目的成立的法人，为营利性法人。营利性法人包括有限责任公司、股份有限公司和其他企业法人等，其他企业法人包括全民所有制企业、集体所有制企业等；营利性非法人组织包括个人独资企业、合伙企业、不具有法人资格的专业服务机构等。

公司是指依照《中华人民共和国公司法》（以下简称《公司法》）在中国境内设立的有限责任公司和股份有限公司，公司是企业法人，有独立的法人财产，享有法人财产权。公司以其全部财产对公司的债务承担责任。

本书讨论的主要对象为依照《公司法》设立的有限责任公司和股份有限公司。

公司设立是指按照法律规定的条件和程序，发起人为组建公司，使其取得法律人格，必须采取和完成的一系列行为之总称。

2. 公司的分类

公司根据组织形式可以分为有限责任公司和股份有限公司，根据企业性质可以分为国有公司和非国有公司。

（1）有限责任公司和股份有限公司。

有限责任公司是指由五十个以下的股东出资设立，每个股东以其所认缴的出资额为限对公司承担责任，公司以其全部资产对其债务承担责任的企业法人。

股份有限公司是指注册资本由等额股份构成并通过发行股票筹集资本，股东以其所认购的股份为限对公司承担责任，公司以其全部资产对公司的债务承担责任的企业法人。

两者的区别主要如下：

①有限责任公司的股东应在五十人以下；股份有限公司的设立，应当有二人以上二百人以下为发起人，其中须有半数以上的发起人在中国境内有住所。

②有限责任公司不能发行股票，不能公开募股；股份有限公司可通过发行股票募集资本。

③有限责任公司的注册资本为在公司登记机关登记的全体股东认缴的出资额。股份有限公司采取发起设立方式设立的，注册资本为在公司登记机关登记的全体发起人认购的股本总额，在发起人认购的股份缴足前，不得向他人募集股份；股份有限公司采取募集设立方式设立的，注册资本为在公司登记机关登记的实收股本总额。

④有限责任公司的股权转让相对股份有限公司的股票转让条件严格。有限责任公司股东向股东以外的人转让股权，应当经其他股东过半数同意。经股东同意转让的股权，在同等条件下，其他股东有优先购买权，但公司章程对股权转让另有规定的，从其规定。

除公司章程另有约定外，股份有限公司股东持有的股份可以依法自主转让，无须征得其他股东同意。但发起人和公司董事、监事、高级管理人员应当遵守《公司法》关于其所持股份转让的时间限制等相关规定。

（2）国有公司与非国有公司。

按照公司所有制性质，公司可以分为国有公司与非国有公司。

国有公司主要是指国务院和地方人民政府分别代表国家履行出资人职责的国有独资公司、国有资本控股公司（含实际控制）以及前述两类企业逐级投资形成的各级公司。

①国有独资公司。

《公司法》第六十四条规定，国有独资公司是指国家单独出资、由国务院或者地方人民政府授权本级人民政府国有资产监督管理机构履行出资人职责的有限责任公司。

②国有资本控股公司（含实际控制）。

国有资本控股公司一般简称国有控股公司，是指在企业的全部资本中，国家资本（股本）占较高比例，且国家资本具有控股地位的公司。这里所称国有资本控股（含实际控制）主要是指其出资额占资本总额的50%以上，或者其持有股份占公司股本总额的50%以上；出资额或持股比例虽不足50%，但为第一大股东，并且通过股东协议、公司章程、董事会决议或者其他协议安排能够实际支配公司行为。

除国有独资公司、国有资本控股公司外，国有资本参股公司含有部分国有权益，但一般不作为国有企业对待。

上述国有资本控股公司和国有资本参股公司同样包含有限责任公司和股份有限公司两种类型。

二、操作流程

1. 有限责任公司的设立程序

有限责任公司是封闭性法人，其设立方式仅限发起设立。设立主要步骤如下：

第一步，进行可行性研究、拟定合作协议。

股东新设立公司，应当事先进行可行性研究。如有必要，应当出具书面的可行性研究报告，阐述设立法人公司的必要性、可行性、预测经营发展目标和投资效益及投资风险。

可行性研究报告一般包括以下内容：设立企业的必要性、可行性、设立方案、企业名称、经营范围、注册地、经营期限、注册资本、出资方式（货币/非货币）、治理结构、未来三年盈利预测、投资风险及防控措施等。

如多家股东合作共同设立公司的，股东间可拟定（意向）合作协议，明确各方股东的合作意向，及在公司新设立过程中的责任与义务，并就公司成立后各方股东所享有的权利与承担的义务达成初步意见。

第二步，拟定公司章程。

公司章程是指由公司全体股东共同依法制定的，规定公司名称、住所、经营范围、经营管理制度等重大事项的基本文件。公司章程对公司、股东、董事、监事、高级管理人员具有约束力。

第三步，自主申报公司名称。

《国务院关于取消和下放一批行政许可事项的决定》（国发〔2019〕6 号）取消了公司名称预先核准审批制度。取消审批后，改为公司自主申报名称，市场监管部门在企业注册登记时核准名称。公司可依据各级市场监管部门建立的企业名称自主申报制度，通过各级市场监管部门公开的企业名称库，自行拟定符合规则要求的名称。

第四步，集团审批（国有企业适用）。

中央企业或地方国有企业设立公司应由一级集团或根据集团授权的下级单位审批。

中央企业或地方国有企业应按照《公司法》、《中华人民共和国企业国有资产法》、《中共中央 国务院关于深化国有企业改革的指导意见》（中发〔2015〕22 号）、《国务院关于改革和完善国有资产管理体制的若干意见》（国发〔2015〕63 号）和《中央企业投资监督管理办法》（国资委令第 34 号）等规定，履行相应的国资监管审批程序。

第五步，公司设立前置审批（如需）。

《公司法》第六条第二款和《中华人民共和国公司登记管理条例》简称《公司登记管理条例》第二十二条规定，法律、行政法规规定设立公司必须报经批准的，或公司申请登记的经营范围中属于法律、行政法规或者国务院决定规定在登记前须经批准的项目的，应当在申请登记前报经国家有关部门批准，并向公司登记机关提交有关批准文件。

新设立公司还应当符合《市场准入负面清单（2020 年版）》（发改体改〔2020〕1880 号）的规定。

《工商总局关于调整工商登记前置审批事项目录的通知》（工商企注字〔2018〕24 号）附件 1《工商登记前置审批事项目录》中所列事项为公司设立前置审批事项。

故涉及上述审批事宜的，应当在公司设立前履行相应的审批流程，获得相应的批准文件。

第六步，确定公司治理结构及管理层。

股东应通过协议或章程等确定公司治理结构，并按照章程或相关制度通过选举、委派、聘任等方式确定公司管理层人员。

第七步，向公司登记机关申请设立登记。

（1）申请设立主体。

《公司登记管理条例》规定，设立有限责任公司，应当由全体股东指定的代表或者共同委托的代理人向公司登记机关申请设立登记。

设立国有独资公司，应当由国务院或者地方人民政府授权的本级人民政府国有资产监督管理机构作为申请人，申请设立登记。

（2）申请设立登记程序。

①申请设立登记，取得营业执照。

公司在履行完前述程序后，准备好相应设立材料，提交工商管理部门受理，受理通过后领取营业执照。

申请有限责任公司设立登记时，提交的资料清单参考如下：

A. 公司法定代表人签署的设立登记申请书；

B. 全体股东指定代表或者共同委托代理人的证明；

C. 公司章程；

D. 股东资格证明；

E. 法定代表人、董事、监事和经理的任职文件；

F. 公司法定代表人任职文件和身份证明；

G. 许可项目审批文件（如需）；

H. 住所使用证明；

I. 国家工商行政管理总局（即国家市场监督管理总局①）规定要求提交的其他文件。

公司经登记机关登记，并取得营业执照后可开展相关经营活动。

① 2018 年 3 月，根据中共第十三届全国人民代表大会第一次会议批准的《国务院机构改革方案》，将国家工商行政管理总局的职责整合，组建中华人民共和国国家市场监督管理总局，不再保留国家工商行政管理总局。

②刻制印章。

公司在取得营业执照后，应当在经公安机关指定的刻章企业刻制公章、法定代表人印章，另可根据需要刻制财务章、合同章、业务专用章等。

③银行开户。

携带营业执照正副本原件、法定代表人身份证原件（若是经办还需经办人身份证原件）、公章、法定代表人印章、财务章前去银行办理开户。完结领取开户许可证、数字安全证书（CA）及相关材料。

根据《中国人民银行关于试点取消企业银行账户开户许可证核发的通知》（银发〔2018〕125号），江苏省泰州市及下辖县（市、区）、浙江省台州市及下辖县（市、区）等试点地区企业，取消企业银行账户开户许可证核发，公司领取基本存款账户编号、存款人密码即可。

④税务报到（核税）。

新成立的公司应在取得营业执照后的三十日内去税务局办理税务登记。

第八步，非货币资产评估与备案（如涉及）。

股东可以用货币出资，也可以用实物、知识产权、土地使用权等可以用货币估价并可以依法转让的非货币财产作价出资；但是，法律、行政法规规定不得作为出资的财产除外。对作为出资的非货币财产进行评估作价，核实财产，不得高估或者低估作价。法律、行政法规对评估作价有规定的，从其规定。

国有企业进行资产评估后，还应当按照相应的评估备案管理规定，将资产评估结果报国资监管机构进行核准或备案。

第九步，实缴出资。

股东必须按照章程的规定，按期足额缴纳各自所认缴的出资额。股东以货币出资的，应当将货币出资足额存入有限责任公司在银行开设的账户；以非货币财产出资的，应当依法办理其财产权的转移手续。

如章程约定出资时间为公司成立后，则该实缴出资步骤可以在取得公司营业执照后按照章程约定履行。

2. 股份有限公司的设立程序

股份有限公司的设立方式包括发起设立和募集设立。根据公司设立的方式不同，操作流程也有所区别。

（1）发起设立的主要程序。

发起设立，是指由发起人认购公司应发行的全部股份而设立公司。

第一步，签订发起人协议。

发起人应当签订发起人协议，明确各自在公司设立过程中的权利和义务。

第二步，制定公司章程。

公司章程由全体发起人订立并签名盖章。

第三步，认足首期出资额或股份。

发起人应当以书面形式认足公司章程规定其认购的股份。

第四步，缴纳出资。

发起人应当按照公司章程规定缴纳出资。发起人以货币出资的，应当将货币出资足额存入准备设立的公司账户；以非货币财产出资的，应当依法办理其财产的资产评估工作及财产转移手续。发起人不依照公司章程规定缴纳出资的，应当按照发起人协议承担违约责任。

第五步，组建管理机关。

由发起人组建“三会一层”，即董事会、股东会、监事会、经理层。

股份有限公司股东大会由全体股东组成。股东大会是公司的权力机构，依照《公司法》和公司章程行使职权。股东大会应当每年召开一次年会。

股份有限公司设董事会，其成员为五人至十九人。董事会设董事长一人，可以设副董事长；董事会每年度至少召开两次会议，应有过半数的董事出席方可举行。

股份有限公司设经理，由董事会决定聘任或者解聘。

股份有限公司设监事会，其成员不得少于三人。监事会应当包括股东代表和适当比例的公司职工代表，其中职工代表的比例不得低于三分之一，具体比例由公司章程规定。董事、高级管理人员不得兼任监事。

第六步，进行设立工商登记。

根据《公司登记管理条例》，股份有限公司由设区的市（地区）工商行政管理局负责登记，且股份有限公司只登记发起人股东。设立股份有限公司，应当由全体发起人指定的代表或者共同委托的代理人向公司登记机关申请设立登记。

申请发起设立股份有限公司，应当向公司登记机关提交下列文件：

①公司法定代表人签署的设立登记申请书；

②董事会指定代表或者共同委托代理人的证明；

③公司章程；

④投资各方合法资格证明；

⑤董事、监事和经理的任职文件；

⑥公司法定代表人任职文件和身份证明；

⑦许可项目审批文件（如需）；

⑧住所使用证明；

⑨国家市场监督管理总局规定要求提交的其他文件。

（2）募集设立的主要程序。

募集设立，是指由发起人认购公司应发行股份的一部分，其余股份向社会公开募集或者向特定对象募集而设立公司。

第一步，签订发起人协议。

发起人签订发起人协议，明确各自在公司设立过程中的权利和义务。

第二步，发起人认购股份。

以募集设立方式设立股份有限公司的，发起人认购的股份不得少于公司股份总数的百分之三十五；法律、行政法规另有规定的，从其规定。

第三步，制定公司章程。

发起人应当制定公司章程，载明发起人认购的股份数、每股的票面金额和发行价格、无记名股票的发行总数、募集资金的用途、认股人的权利和义务等。

第四步，公开募股。

发起人向社会公开募集股份的，必须向国务院证券监督管理部门递交募股申请，经过国务院证券监督管理部门批准后，公告招股说明书，并制作认股书。

第五步，验资。

发行股份的股款缴足后，必须经依法设立的验资机构验资并出具证明。

第六步，召开创立大会，通过公司章程。

发起人应当自股款缴足之日起三十日内主持召开公司创立大会。

创立大会对通过公司章程，选举董事会、监事会成员等事项做出决议，必须经出席会议的认股人所持表决权过半数通过。

第七步，申请设立登记。

董事会应于创立大会结束后三十日内，向公司登记机关报送文件，申请设立登记。

3. 外商投资企业设立登记注意事项

（1）外商投资企业组织形式。

《中华人民共和国外商投资法》（以下简称《外商投资法》）自 2020 年 1 月 1 日起正式施行，新设立的外商投资企业的组织形式和组织机构适用《公司法》《中华人民共和国合伙企业法》等法律的规定。

在《外商投资法》施行前依照《中华人民共和国中外合资经营企业法》《中华人民共和国外资企业法》《中华人民共和国中外合作经营企业法》设立的外商投资企业，在《外商投资法》实施之后五年内可以继续保留原企业组织形式，即现有的外商投资企业将拥有五年的过渡期，修改其现有的组织形式和组织结构，以符合和遵守《公司法》的相关规定。

（2）落实外商投资准入前国民待遇加负面清单管理制度。

《市场监管总局关于贯彻落实〈外商投资法〉做好外商投资企业登记注册工作的通知》（国市监注〔2019〕247 号）明确了自 2020 年 1 月 1 日起申请外商投资企业登记注册的程序规范。

一是在申请外商投资企业设立或变更登记时，企业登记系统将根据申请投资的行业领域，自动提示可能涉及的外商投资准入特别管理措施。投资人需要承诺符合《外商投资准入特别管理措施（负面清单）》（以下简称《负面清单》）相关要求，并根据实际情况如实勾选涉及《负面清单》的行业领域。

二是明确登记机关对相关申请材料进行形式审查。企业登记系统将根据申请投资的行业领域自动提示可能涉及的外商投资准入特别管理措施，辅助登记人员审查申请材料。按照经营范围是否涉及《负面清单》中的特别管理措施，市场监管机构分三种情形规范做出是否准予登记的决定。

三是对于《负面清单》中法律、行政法规规定的企业登记前置审批事项，外国投资者或外商投资企业投资相关领域的，行业主管部门在登记注册前已经依法核准相关涉企经营许可事项的，登记机关无须就是否符合准入特别管理措施规定条件进行重复审查。

四是做好与有关部门间信息共享的衔接，登记机关要将登记信息推送至省级共享平台（省级信用信息共享交换平台、政务信息平台、部门间数据接口等）。同时，各地市场监管部门应当依法保护登记过程中知悉的外国投资者、外商投资企业的商业秘密、投资信息。

（3）关于备案。

根据《外商投资法》，外商投资企业设立无须商务部审批或备案，市场监管部门将成为设立外商投资企业的重要程序。《外商投资法》实施之后，外国投资者或者外商投资企业应当通过企业登记系统以及企业信用信息公示系统向商务主管部门报送投资信息。但在《外商投资法》实施之前已经完成企业登记的设立及变更事项的，仍可在商务部外商投资综合管理信息系统进行设立及变更（备案）业务申请。

三、重点注意事项

1. 股东持股比例与股东权利

股权是股东利益最直接的体现，持有一定的股权比例意味着股东在特定事项上享有特定的权利，可以在不同程度上对公司的发展或者决策起到不同的作用。因此在新设立公司时，如存在多家股东，对于股东持股比例应当进行充分设计和考量。

关于股东持股比例与股东权利的关系，可简要总结如下：

（1）66.7%（含）：绝对控制权。

有限责任公司股东会会议做出修改公司章程、增加或者减少注册资本的决议，以及公司合并、分立、解散或者变更公司形式的决议，必须经代表三分之二以上表决权的股东通过。

股份有限公司股东大会做出修改公司章程、增加或者减少注册资本的决议，以及公司合并、分立、解散或者变更公司形式的决议，必须经出席会议的股东所持表决权的三分之二以上通过。

故除法律另有规定或章程另有约定外，持有公司三分之二以上表决权的，可决定公司全部重大事项。

（2）50%（不含）~66.7%（不含）：相对控制权。

《公司法》规定，有限责任公司除股东会会议做出修改公司章程、增加或者减少注册资本的决议，以及公司合并、分立、解散或者变更公司形式的决议，必须经代表三分之二以上表决权的股东通过外，其股东会的议事方式和表决程序由公司章程规定。而一般章程中，多以二分之一以上表决权通过作为其议事规则。股份有限公司除必须经出席会议的股东所持表决权的三分之二以上通过的事项外，做出其他决议，必须经出席会议的股东所持表决权过半数通过。

故如公司章程无特殊规定，股东持有公司二分之一以上表决权，即可以决定公司除必须经三分之二以上表决权通过外的其他重要事项。

（3）33.34%：一票否决权。

虽然不能直接决定公司重大事项，但对公司是否能够修改公司章程、增加或者减少注册资本的决议，以及公司合并、分立、解散或者变更公司形式等特殊事项具有一票否决权。

（4）10%：临时会议权和诉讼解散权。

有限责任公司代表十分之一以上表决权的股东，提议召开临时会议的，应当召开临时会议。

董事会或者执行董事不能履行或者不履行召集股东会会议职责的，由监事会或者不设监事会的公司的监事召集和主持；监事会或者监事不召集和主持的，代表十分之一以上表决权的股东可以自行召集和主持。

股份有限公司单独或合计持有公司百分之十以上股份的股东请求召开临时股东大会的，应当在两个月内召开。

董事会不能履行或者不履行召集股东大会会议职责的，监事会应当及时召集和主持；监事会不召集和主持的，连续九十日以上单独或者合计持有公司百分之十以上股份的股东可以自行召集和主持。

《最高人民法院关于适用〈中华人民共和国公司法〉若干问题的规定（二）》第一条第一款规定："单独或者合计持有公司全部股东表决权百分之十以上的股东，以下列事由之一提起解散公司诉讼，并符合公司法第一百八十二条规定的，人民法院应予受理：

（一）公司持续两年以上无法召开股东会或者股东大会，公司经营管理发生严重困难的；

（二）股东表决时无法达到法定或者公司章程规定的比例，持续两年以上不能做出有效的股东会或者股东大会决议，公司经营管理发生严重困难的；

（三）公司董事长期冲突，且无法通过股东会或者股东大会解决，公司经营管理发生严重困难的；

（四）经营管理发生其他严重困难，公司继续存续会使股东利益受到重大损失的情形。"

（5）5%：重大股权变动警示线（适用上市公司）。

《中华人民共和国证券法》以下简称《证券法》第八十条和第八十一条规定，持有公司百分之五以上股份的股东或者实际控制人持有股份或者控制公司的情况发生较大变化，公司的实际控制人及其控制的其他企业从事与公司相同或者相似业务的情况发生较大变化，可能对上市公司、股票在国务院批准的其他全国性证券交易场所交易的公司的股票交易价格产生较大影响的重大事件，投资者尚未得知时，公司应当立即将有关该重大事件的情况向国务院证券监督管理机构和证券交易所报送临时报告，并予公告，说明事件的起因、目前的状态和可能产生的法律后果。

《证券法》第六十三条规定，通过证券交易所的证券交易，投资者持有或者通过协议、其他安排与他人共同持有一个上市公司已发行的有表决权股份达到百分之五时，应当在该事实发生之日起三日内，向国务院证券监督管理机构、证券交易所做出书面报告，通知该上市公司，并予公告。在上述期限内不得再行买卖该上市公司的股票，但国务院证券监督管理机构规定的情形除外。

（6）3%：股份有限公司临时提案权。

单独或者合计持有公司股份达到百分之三以上的股东，可以在股东大会召开前十日提出临时提案并书面提交董事会。

（7）1%：股东代位诉讼权。

董事、高级管理人员执行公司职务时违反法律、行政法规或者公司章程的规定，给公司造成损失的，有限责任公司的股东、股份有限公司连续一百八十日以上单独或者合计持有公司百分之一以上股份的股东，可以书面请求监事会或者不设监事会的有限责任公司的监事向人民法院提起诉讼。

2. 非货币资产出资

（1）以实物、知识产权、土地使用权等非货币财产出资。

①出资形式。

根据《公司法》第二十七条规定，股东可以用货币出资，也可以用实物、知识产权、土地使用权等可以用货币估价并可以依法转让的非货币财产作价出资；但是，法律、行政法规规定不得作为出资的财产除外。

②不得用于出资的财产。

《公司登记管理条例》第十四条规定，股东的出资方式应当符合《公司法》第二十七条的规定，但是，股东不得以劳务、信用、自然人姓名、商誉、特许经营权或者设定担保的财产等作价出资。

③非货币资产评估。

对作为出资的非货币财产应当评估作价，核实财产，不得高估或者低估作价。法律、行政法规对评估作价有规定的，从其规定。

《公司法》第三十条规定，有限责任公司成立后，发现作为设立公司出资的非货币财产的实际价额显著低于公司章程所定价额的，应当由交付该出资的股东补足其差额；公司设立时的其他股东承担连带责任。

《最高人民法院关于适用〈中华人民共和国公司法〉若干问题的规定（三）》（以下简称《〈公司法〉司法解释（三）》）第九条规定，出资人以非货币财产出资，未依法评估作价时，公司、其他股东或者公司债权人请求认定出资人未履行出资义务的，人民法院应当委托具有合法资格的评估机构对该财产评估作价。评估确定的价额显著低于公司章程所定价额的，人民法院应当认定出资人未依法全面履行出资义务。

《〈公司法〉司法解释（三）》第十六条规定，出资人以符合法定条件的非货币财产出资后，因市场变化或者其他客观因素导致出资财产贬值，公司、其他股东或者公司债权人请求该出资人承担补足出资责任的，人民法院不予支持。但是，当事人另有约定的除外。

④非货币资产移交和过户。

以实物、知识产权或者土地使用权出资的，应当依法办理其财产权的转移手续。动产应当交付；不动产或其他需要办理权属登记的财产应当办理权属变更登记。

出资人以房屋、土地使用权或者需要办理权属登记的知识产权等财产出资，已经交付公司使用但未办理权属变更手续，公司、其他股东或者公司债权人主张认定出资人未履行出资义务的，人民法院应当责令当事人在指定的合理期间内办理权属变更手续；在前述期间内办理了权属变更手续的，人民法院应当认定其已经履行了出资义务。出资人有权主张自其实际交付财产给公司使用时即享有相应的股东权利。

出资人以房屋、土地使用权或者需要办理权属登记的知识产权等财产出资，已经办理权属变更手续但未交付给公司使用，公司或者其他股东有权主张出资人向公司承担交付上述出资财产的责任，且可以主张出资人在实际交付之前不享有相应的股东权利。

⑤非货币资产评估值与认缴注册资本的关系。

拟出资资产的评估值应当大于或等于股东拟认缴注册资本。拟出资资产的评估价值低于认缴注册资本的，股东应当以货币或其他资产补足差额部分。

拟出资资产的评估价值高于认缴注册资本，股东以该资产进行出资，评估值高于认缴注册资本部分，可计入资本公积金或经各股东同意由公司返还相应价款。

（2）以其他公司股权出资。

《公司注册资本登记管理规定》（国家工商行政管理总局令第64号）第六条规定："股东或者发起人可以以其持有的在中国境内设立的公司（以下称股权所在公司）股权出资。以股权出资的，该股权应当权属清楚、权能完整、依法可以转让。

具有下列情形的股权不得用作出资：

（一）已被设立质权；

（二）股权所在公司章程约定不得转让；

（三）法律、行政法规或者国务院决定规定，股权所在公司股东转让股权应当报经批准而未经批准；

（四）法律、行政法规或者国务院决定规定不得转让的其他情形。”

《〈公司法〉司法解释（三）》第十一条规定：“出资人以其他公司股权出资，符合下列条件的，人民法院应当认定出资人已履行出资义务：

（一）出资的股权由出资人合法持有并依法可以转让；

（二）出资的股权无权利瑕疵或者权利负担；

（三）出资人已履行关于股权转让的法定手续；

（四）出资的股权已依法进行了价值评估。

股权出资若不符合前款第（一）、（二）、（三）项的规定，公司、其他股东或者公司债权人请求认定出资人未履行出资义务的，人民法院应当责令该出资人在指定的合理期间内采取补正措施，以符合上述条件；逾期未补正的，人民法院应当认定其未依法全面履行出资义务。”

股权出资不符合《〈公司法〉司法解释（三）》第十条第一款第（四）项的规定，公司、其他股东或者公司债权人请求认定出资人未履行出资义务的，人民法院应当委托具有合法资格的评估机构对该财产评估作价；评估确定的价额显著低于公司章程所定价额的，人民法院应当认定出资人未依法全面履行出资义务。

（3）以不享有处分权的财产出资。

《〈公司法〉司法解释（三）》第七条第一款规定：“出资人以不享有处分权的财产出资，当事人之间对于出资行为效力产生争议的，人民法院可以参照物权法第一百零六条的规定予以认定。”即《民法典》第三百一十一条（原《物权法》第一百零六条）：“无处分权人将不动产或者动产转让给受让人的，所有权人有权追回；除法律另有规定外，符合下列情形的，受让人取得该不动产或者动产的所有权：

（一）受让人受让该不动产或者动产时是善意；

（二）以合理的价格转让；

（三）转让的不动产或者动产依照法律规定应当登记的已经登记，不需要登记的已经交付给受让人。

受让人依据前款规定取得不动产或者动产的所有权的，原所有权人有权向无处分权人请求损害赔偿。

当事人善意取得其他物权的，参照适用前两款规定。”

3. 公司章程

（1）公司章程的制定主体如下表所示。

<table>
<tr><th>公司类型</th><th>公司章程制定主体</th><th>备注</th></tr>
<tr><td>一人有限责任公司</td><td>股东</td><td>公司章程由股东签名盖章</td></tr>
<tr><td>有限责任公司</td><td>股东</td><td>公司章程由全体股东签名盖章</td></tr>
<tr><td rowspan="2">股份有限公司</td><td>发起人</td><td>发起设立，公司章程由发起人签名盖章</td></tr>
<tr><td>发起人</td><td>募集设立，公司章程由发起人制定，经出席创立大会的认股人所持表决权过半数通过</td></tr>
<tr><td>国有独资公司</td><td>国有资产监督管理机构或董事会</td><td>公司章程由国资监管机构制定，或由董事会制定报国资监管机构批准</td></tr>
<tr><td>国有企业</td><td>履行出资人职责的机构</td><td>公司章程按照法律、行政法规规定制定</td></tr>
</table>

首次设立的公司，该公司章程在登记机关备案后生效。

（2）公司章程重点条款注意事项。

公司章程是公司组织和活动的基本准则，对公司运营具有重要影响力，因而在设计有关条款时需要谨慎考虑。

①股东会和董事会职权的划分。

《公司法》第三十七条和第四十六条分别是关于有限责任公司股东会和董事会职权的一般性规定，股份有限公司参照适用。但该两条并未加以细化，需要公司在实际经营过程中，依据股东会和董事会架构进一步设计，对可以授予董事会决策的事项予以明确、充分授权。

②股东转让股权的要求。

《公司法》第七十一条规定，有限责任公司的股东之间可以相互转让其全部或者部分股权。股东向股东以外的人转让股权，应当经其他股东过半数同意。股东应就其股权转让事项书面通知其他股东征求同意，其他股东自接到书面通知之日起满三十日未答复的，视为同意转让。其他股东半数以上不同意转让的，不同意的股东应当购买该转让的股权；不购买的，视为同意转让。经股东同意转让的股权，在同等条件下，其他股东有优先购买权。两个以上股东主张行使优先购买权的，协商确定各自的购买比例；协商不成的，按照转让时各自的出资比例行使优先购买权。

公司章程对股权转让另有规定的，从其规定。

也即，《公司法》允许有限责任公司章程在依法合规基础上对公司股权转让进行自治约定，如股东转让股权须经其他股东一致同意。

③分红权。

根据《公司法》规定，公司弥补亏损和提取公积金后所余税后利润，有限责任公司股东按照实缴的出资比例分取红利，但是，全体股东约定不按照出资比例分取红利除外。股份有限公司按照股东持有的股份比例分配，但股份有限公司章程规定不按持股比例分配的除外。

故对于涉及公司利润分配事宜，公司若想做出不同于《公司法》的例外性规定，例如，根据认缴出资比例进行分红，可经全体股东一致同意，载于公司章程中。

④优先认购权。

《公司法》第三十四条规定，有限责任公司新增资本时，股东有权优先按照实缴的出资比例认缴出资。但是，全体股东约定不按照出资比例优先认缴出资的除外。

故有限责任公司股东可以另行约定优先认购权的行使方式。

⑤关于股东表决权的行使依据。

《公司法》第四十二条规定，有限责任公司股东会会议由股东按照出资比例行使表决权。但是，公司章程另有规定的除外。

鉴于目前公司注册采用资本认缴制，可能存在部分股东实缴，部分股东未实缴的状态，在此情形下，股东可以在章程中约定按照认缴出资比例行使表决权，亦可约定按照实缴出资比例行使表决权。

4. 公司治理结构

（1）公司治理结构。

公司应当建立与其公司形式相适应的，合理分配权力，职责明确、相互协调、相互制衡的法人治理结构，其基本框架如下：

设立股东（大）会，代表所有者的利益并行使权力；

设立董事会或执行董事，是所有者选择的管理者，行使法定的和股东会授予的职权；

设立监事会或者监事，代表所有者、劳动者行使监督权，履行对公司的监督职责；

设立经理，是公司的执行者，行使法定的职权和股东会、董事会授予的职权。

这四个机构各有明确的法律地位，层级清楚，各负其责，相互结合在一起，构成决策、管理、经营、监督的法人治理的整体。

①最高权力机构——股东（大）会。

有限责任公司设股东会，股份有限公司设股东大会，均由全体股东组成。一人有限责任公司不设股东会，股东做出决定时，应当采用书面形式并由股东签名后置备于公司。

②经营管理机构——董事会。

股东人数较少或者规模较小的有限责任公司，可以设一名执行董事，不设董事会。执行董事的职权由公司章程规定。

两个以上的国有企业或者两个以上的其他国有投资主体投资设立的有限责任公司，其董事会成员中应当有公司职工代表；其他有限责任公司和股份有限公司董事会成员中可以有公司职工代表。

董事会对股东会负责。

③监督机构——监事会。

有限责任公司和股份有限公司设监事会，其成员不得少于三人。股东人数较少或者规模较小的有限责任公司，可以设一至二名监事，不设监事会。监事会应当包括股东代表和适当比例的公司职工代表，其中职工代表的比例不得低于三分之一，具体比例由公司章程规定。董事、高级管理人员不得兼任监事。

④执行机构——总经理。

有限责任公司和股份有限公司可以设经理，由董事会决定聘任或者解聘。公司董事会可以决定由董事会成员兼任经理，执行董事可以兼任公司经理。

（2）国有企业法人治理结构。

①国有独资公司法人治理结构。

国有独资公司的法人治理结构有其特殊性，从以下方面阐明：

A. 股东会。

国有独资公司不设股东会，由国有资产监督管理机构行使股东会职权，也可授权公司董事会行使股东会的部分职权，决定公司的重大事项。但公司的合并、分立、解散、增加或者减少注册资本和发行公司债券，必须由国有资产监督管理机构决定；其中，重要的国有独资公司合并、分立、解散、申请破产的，应当由国有资产监督管理机构审核后，报本级人民政府批准。

B. 董事会。

国有独资公司设董事会，董事会行使的职权范围按照《公司法》第四十六条和第六十六条的规定。

国有资产监督管理机构委派董事会成员，国有独资公司的董事长、副董事长由国有资产监督管理机构从董事会成员中指定。但是，董事会成员中的职工代表由公司职工代表大会选举产生。

此外，国有独资公司的董事长、副董事长、董事、高级管理人员，未经国有资产监督管理机构同意，不得在其他有限责任公司、股份有限公司或者其他经济组织兼职。另外，董事每届任期不得超过三年。根据《国务院办公厅关于进一步完善国有企业法人治理结构的指导意见》（国办发〔2017〕36 号），国有独资公司的董事长、总经理原则上分设，应均为内部执行董事；国有独资公司的董事长即为该公司的法定代表人。国有独资公司外部董事人选由出资人机构商有关部门提名，并按照法定程序任命。

C. 监事会。

国有独资公司监事会成员不得少于 5 人，其中职工代表的比例不得低于三分之一，具体比例由公司章程规定。

国有资产监督管理机构委派监事会成员，监事会主席由国有资产监督管理机构从监事会成员中指定。但是，监事会成员中的职工代表由公司职工代表大会选举产生。参照《国务院办公厅关于进一步完善国有企业法人治理结构的指导意见》，国有独资公司依法实行外派监事会制度。外派监事会由政府派出，负责检查企业财务，监督企业重大决策和关键环节以及董事会、经理层履职情况，不参与、不干预企业经营管理活动。

D. 经理。

国有独资公司设经理，由董事会聘任或者解聘。经理行使职权范围依照《公司法》第四十九条规定。经国有资产监督管理机构同意，董事会成员可以兼任经理。国有独资公司经理层逐步实行任期制和契约化管理，并要积极探索推行职业经理人制度。

E. 职工代表大会。

国有独资公司设立职工代表大会，支持和保证职工依法行使职权，加强职工民主管理与监督，维护职工合法权益。国有独资公司的董事会、监事会中需有职工董事和职工监事。

F. 党组织。

国有独资公司设立党组织，发挥党组织的领导核心和政治核心作用，领导企业思想政治工作，支持董事会、监事会、经理层依法履行职责，保证党和国家方针政策的贯彻执行。

②国有全资、控股企业法人治理结构。

国有参股企业的法人治理结构可参照《公司法》进行设计，注意保护国有股东的股东权利。而对于国有全资公司、国有控股公司，其法人治理结构在结合《公司法》的基础上，参照《国务院办公厅关于进一步完善国有企业法人治理结构的指导意见》，可从以下几方面设计：

A. 设立股东（大）会。

股东（大）会主要依据法律法规和公司章程，通过委派或更换董事、监事（不含职工代表），审核批准董事会、监事会年度工作报告，批准公司财务预决算、利润分配方案等方式参与公司治理。出资人机构根据本级人民政府授权对国家出资企业依法享有股东权利。

对国有全资公司、国有控股公司，出资人机构主要依据股权份额，通过参加股东（大）会会议、审核需由股东（大）会决定的事项、与其他股东协商做出决议等方式履行职责，除法律法规或公司章程另有规定外，不得干预企业自主经营活动。

B. 设立董事会。

董事会是公司的决策机构，要对股东会负责，执行股东会决定。国有全资公司的董事长、总经理原则上分设，应均为内部执行董事，定期向董事会报告工作。

国有全资公司、国有控股公司的董事由相关股东依据股权份额推荐派出，由股东会选举或更换，国有股东派出的董事要积极维护国有资本权益；国有全资公司的外部董事人选由控股股东商其他股东推荐，由股东会选举或更换；国有控股公司应有一定比例的外部董事，由股东会选举或更换。

董事会要严格实行集体审议、独立表决、个人负责的决策制度，平等充分发表意见，一人一票表决，建立规范透明的重大事项信息公开和对外披露制度，保障董事会会议记录和提案资料的完整性，建立董事会决议跟踪落实以及后评估制度，做好与其他治理主体的联系沟通。董事会应当设立提名委员会、薪酬与考核委员会、审计委员会等专门委员会，为董事会决策提供咨询，其中薪酬与考核委员会、审计委员会应由外部董事组成。改进董事会和董事评价办法，完善年度和任期考核制度，逐步形成符合企业特点的考核评价体系及激励机制。

C. 设立经理。

经理层是公司的执行机构，依法由董事会聘任或解聘，接受董事会管理和监事会监督。总经理对董事会负责，依法行使管理生产经营、组织实施董事会决议等职权，向董事会报告工作，董事会闭会期间向董事长报告工作。

建立规范的经理层授权管理制度，对经理层成员实行与选任方式相匹配、与企业功能性质相适应、与经营业绩相挂钩的差异化薪酬分配制度。

D. 设立监事会。

监事会是公司的监督机构，对董事会、经理层成员的职务行为进行监督。对国有资产监管机构所出资企业依法实行外派监事会制度。外派监事会由政府派出，负责检查企业财务，监督企业重大决策和关键环节以及董事会、经理层履职情况，不参与、不干预企业经营管理活动。

E. 设立职工代表大会。

健全以职工代表大会为基本形式的企业民主管理制度，支持和保证职工依法行使职权，加强职工民主管理与监督，维护职工合法权益。建立国有企业重大事项信息公开和对外披露制度。

F. 设立党组织。

坚持党的领导、加强党的建设是国有企业的独特优势。要明确党组织在国有企业法人治理结构中的法定地位，将党建工作总体要求纳入国有企业章程，明确党组织在企业决策、执行、监督各环节的权责和工作方式，使党组织成为企业法人治理结构的有机组成部分。要充分发挥党组织的领导核心和政治核心作用，领导企业思想政治工作，支持董事会、监事会、经理层依法履行职责，保证党和国家方针政策的贯彻执行。

5. 发起人特别责任

（1）发起人的法律定义。

为设立公司而签署公司章程、向公司认购出资或者股份并履行公司设立职责的人，为公司的发起人。

（2）公司成立后，发起人的法律责任。

①出资责任。

公司成立后，发起人应当按照公司章程的规定按期缴纳出资额；若发起人不按照前款规定缴纳出资，除应当向公司足额缴纳外，还应当向已按期足额缴纳出资的发起人承担违约责任。

②连带责任。

公司成立后，有新股东加入公司，但新股东未履行或未全面履行出资义务的，公司、其他股东及请求未履行或者未全面履行出资义务的股东在未出资本息范围内对公司债务不能清偿的部分承担补充赔偿责任的公司债权人，均有权请求公司发起人与出资瑕疵的股东承担连带责任。依照公平原则和过错责任原则，公司的发起人承担责任后，有权向出资瑕疵股东追偿。

公司成立后，有股东（非发起人股东）抽逃出资的，若发起人协助抽逃出资股东，应与抽逃出资股东承担向公司返还出资本息，以及向公司债权人承担在抽逃出资本息范围内对公司债务不能清偿的部分补充赔偿责任的连带责任。

四、会计处理

狭义来讲，新设公司是指新设具有控制权的子公司；广义来看，也包括不具有控制权的参股企业。为全面说明出资新设公司的会计处理，这里我们也涉及参股权的会计处理。

1. 对子公司构成控制的相关会计处理

新设子公司，属于以企业合并以外的其他方式取得的长期股权投资。

（1）以货币出资。

以支付现金取得长期股权投资的，应当按照实际应支付的购买价款作为初始投资成本，包括购买过程中支付的手续费等必要支出，但所支付价款中包含的被投资单位已宣告但尚未发放的现金股利或利润作为应收项目核算，不构成取得长期股权投资的成本。

（2）以非货币资产出资。

以非货币资产出资新设公司的，在会计核算上，按照《企业会计准则第7号——非货币性资产交换》（2019）的原则进行会计处理。

①非货币资产出资是否具有商业实质的判断。

非货币资产出资是否具有商业实质，会计处理具有很大差别。

通常来讲，对全资子公司的非货币资产出资，属于关联交易，通常不具有商业实质。对于非全资子公司出资，在同时引入的少数股东在技术、市场、管理、品牌等方面具有特殊的优势，能显著提升资产的运用效率和盈利能力，从而显著改变资产在风险、时间分布或金额方面的未来现金流量的；或换出资产所产生的预计未来现金流量现值与继续使用换出资产不同，且其差额与换入资产和换出资产的公允价值相比是重大的两种情况下具有商业实质。

②非货币资产出资不具有商业实质的会计处理。

A. 个别报表。

如果非货币资产出资不具有商业实质，则在个别报表上，母公司按照账面价值和应支付的相关税费作为长期股权投资的初始投资成本，同时终止确认有关非货币资产。

子公司按照投入资产的账面价值和应支付的相关税费确认有关资产、所有者权益。

如果出资的非货币资产税务公允价值大于计税基础，则需要确认有关所得税费用。对于按照5年递延纳税的，还需确认递延所得税负债。

以子公司股权出资成立新公司特别注意事项：

实践中，经常遇到将某一子公司股权出资新设或者对其他公司增资的情形。这种情形，如果也不具有商业实质，与其他的非货币性资产出资相比具有一定特殊性，主要由于母公司（出资方，假设为P公司）对子公司股权（假设为A公司）以成本法核算，其个别报表长期股权投资成本与A公司账面所有者权益具有差别。这时出资的账面价值应该为A公司账面价值对应母公司应享有的份额，即假设母公司用权益法核算时，母公司对A公司长期股权投资的账面价值。差额计入母公司投资收益。

例：假设P公司2010年出资100万元成立全资子公司A公司，2015年年末A公司实收资本100万元，留存收益100万元。

2015年年末P公司向A公司出资新设全资子公司B公司。则：P公司个别财务报表处理如下：

借：长期股权投资——B公司　　　　100

　　贷：长期股权投资——A公司　　　　100

B公司个别财务报表处理如下：

借：长期股权投资——A 公司　　100

　　贷：实收资本——P 公司　　100

在合并报表层面，该交易构成同一控制下企业合并，合并层面体现 A 公司资产及负债，A 公司所有者权益，B 公司资产、负债及所有者权益，P 公司长期股权投资均被抵销。

上述出资对合并报表没有任何影响，只对母公司 P 公司个别财务报表的投资收益有影响。

B. 合并财务报表。

合并财务报表按照会计准则进行合并抵销。需要注意的是，因税务认定投出资产公允价值相对账面价值存在溢价，母公司已支付有关企业所得税，在合并报表上，如果预计子公司未来有足够多应纳税所得额，可以就该账面价值和计税基础（投出资产的公允价值）的差异确认递延所得税资产。

③非货币资产出资具有商业实质的会计处理。

A. 个别报表。

如果非货币资产出资（包括以成本法核算的长期股权投资）具有商业实质，则在个别报表上，母公司按照公允价值和应支付的相关税费作为长期股权投资的初始投资成本，同时终止确认有关非货币资产。

子公司按照投入资产的公允价值和应支付的相关税费确认有关资产、所有者权益。

以成本法核算的长期股权投资也按照前述原则进行处理。

B. 合并财务报表。

合并财务报表按照会计准则进行合并抵销，其中子公司未实现对外销售的非货币资产应恢复到出资前的账面价值。

需要注意的是，因税务认定投出资产公允价值相对账面价值存在溢价，母公司已支付有关企业所得税，在合并报表上，如果预计子公司未来有足够多应纳税所得额，可以就该账面价值和计税基础（投出资产的公允价值）的差异确认递延所得税资产。

2. 构成共同控制（合营企业）、重大影响（联营）的相关会计处理

如以非货币资产出资后，母公司对被投资公司构成共同控制（合营企业）、重

大影响（联营），在个别报表上，会计处理与对子公司的处理相同。如果出资资产为以权益法核算的长期股权投资，这时由于母公司对新的被投资企业持股比例不构成子公司，因此如无相反证据，一般按照具有商业实质的非货币资产交易核算。

但需注意，母公司计算确认应享有或应分担被投资单位的净损益时，与联营企业、合营企业之间发生的未实现内部交易损益按照应享有的比例计算归属于投资方的部分，应当予以抵销，在此基础上确认投资收益。

在母公司合并报表上，由于不将新的被投资企业纳入合并范围，因此不涉及这部分会计处理。

3. 不构成控制、共同控制或重大影响的相关会计处理

（1）形成“指定以公允价值计量且其变动计入其他综合收益的金融资产”的会计处理。

根据《企业会计准则第 22 号——金融工具确认和计量》（2017）第十九条，在初始确认时，企业可以将非交易性权益工具投资指定为以公允价值计量且其变动计入其他综合收益的金融资产，并按照本准则第六十五条规定确认股利收入。

根据《企业会计准则第 22 号——金融工具确认和计量》（2017）第三十三条，以公允价值计量且其变动计入其他综合收益的金融资产应当按照该金融资产的公允价值与相关交易费用之和作为初始确认金额。

借：以公允价值计量且其变动计入其他综合收益的金融资产

　　贷：银行存款等（公允价值+交易费用）

（2）形成“以公允价值计量且其变动计入当期损益的金融资产”的会计处理。

根据《企业会计准则第 22 号——金融工具确认和计量》（2017）第三十三条，以公允价值计量且其变动计入当期损益的金融资产按公允价值进行初始计量，交易费用计入当期损益。

借：以公允价值计量且其变动计入当期损益的金融资产（成本）

　　投资收益（交易费用）

　　贷：银行存款等（投出资产的公允价值）

五、涉税分析与税务筹划

根据《公司法》第二十七条，新设立公司，“股东可以用货币出资，也可以用实物、知识产权、土地使用权等可以用货币估价并可以依法转让的非货币财产作价出资”。以下我们分析不同出资方式所涉及的税收情况：

1. 以货币资产出资

（1）被投资方的涉税分析。

以货币出资新设的公司涉及的税种为印花税。

政策依据：

《中华人民共和国印花税暂行条例施行细则》第八条规定：“记载资金账簿按固定资产原值和自有流动资金总额贴花后，以后年度资金总额比已贴花资金总额增加的，增加部分应按规定贴花。”《国家税务总局关于资金账簿印花税问题的通知》（国税发〔1994〕025号）规定：“生产经营单位执行‘两则’后，其‘记载资金的账簿’的印花税计税依据改为‘实收资本’与‘资本公积’两项的合计金额。”企业须对其资金账簿缴纳印花税。

计税依据：

企业新设立时，资金账簿印花税的计税依据为“实收资本”和“资本公积”的合计金额。以后年度，资金账簿印花税均以年初的“实收资本”和“资本公积”合计金额计算，将增加部分作为计税依据。

税率：

根据《中华人民共和国印花税暂行条例》，资金账簿的印花税率为万分之五。根据《财政部　税务总局关于对营业账簿减免印花税的通知》（财税〔2018〕50号），自2018年5月1日起，对按万分之五税率贴花的资金账簿减半征收印花税，对按件贴花5元的其他账簿免征印花税。

（2）投资方的涉税分析。

以货币出资方式新设公司时，投资方不需缴纳税收。

2. 以非货币性资产出资

（1）投资方的涉税分析。

非货币性资产出资情况下投资方涉及的主要税种如下：

①增值税。

纳税分析：

《中华人民共和国增值税暂行条例实施细则》第四条第六款规定：将自产、委托加工或者购进的货物作为投资，提供给其他单位或者个体工商户，应该视同销售。

因此，企业以非货币性资产投资新设公司，需按照适用税率缴纳增值税。

税收优惠政策：

当企业用资产负债整体出资时，即企业将全部或者部分实物资产以及与其相关联的债权、负债和劳动力一并出资新设企业，增值税的缴纳存在优惠政策。

《国家税务总局关于纳税人资产重组有关增值税问题的公告》（国家税务总局公告 2011 年第 13 号）规定：纳税人在资产重组过程中，通过合并、分立、出售、置换等方式，将全部或者部分实物资产以及与其相关联的债权、负债和劳动力一并转让给其他单位和个人，不属于增值税的征税范围，其中涉及的货物转让，不征收增值税。

《财政部　国家税务总局关于全面推开营业税改征增值税试点的通知》（财税〔2016〕36 号）附件 2 第一条第（二）项规定：在资产重组过程中，通过合并、分立、出售、置换等方式，将全部或者部分实物资产以及与其相关联的债权、负债和劳动力一并转让给其他单位和个人，其中涉及的不动产、土地使用权转让行为，不征收增值税。

故此种出资方式中，涉及的货物转让、不动产、土地使用权转让行为，不征收增值税。需要注意的是，上述税收优惠政策并未明确无形资产也属于不征税范围，不同税务机关可能对此有不同理解。

②土地增值税。

纳税分析：

《中华人民共和国土地增值税暂行条例》（国务院令第 138 号）第二条规定：

“转让国有土地使用权、地上的建筑物及其附着物（以下简称转让房地产）并取得收入的单位和个人，为土地增值税的纳税义务人（以下简称纳税人），应当依照本条例缴纳土地增值税。”

因此，投资人以土地、房屋投资新设公司，为土地增值税的纳税义务人，需按照适用税率缴纳土地增值税。

税收优惠政策：

《财政部　税务总局关于继续实施企业改制重组有关土地增值税政策的通知》（财税〔2018〕57号）第四条规定：单位、个人在改制重组时以房地产作价入股进行投资，对其将房地产转移、变更到被投资的企业，暂不征土地增值税。第五条规定：上述改制重组有关土地增值税政策不适用于房地产转移任意一方为房地产开发企业的情形。

《国家税务总局关于房地产开发企业土地增值税清算管理有关问题的通知》（国税发〔2006〕187号）第三条规定：房地产开发企业将开发产品用于职工福利、奖励、对外投资、分配给股东或投资人、抵偿债务、换取其他单位和个人的非货币性资产等，发生所有权转移时，应视同销售房地产。

因此，在改制重组中，以国有土地、房屋出资设立公司，非房地产开发企业（投资方、被投资企业）暂免征收土地增值税，房地产开发企业需按照适用税率缴纳土地增值税。

需要注意的是，文件并没有对改制重组做出明确定义，对于国有企业而言，如果能拿到政府部门（国资监管机构）的批文，税务机关一般会认定为改制重组。对于国家出资企业批准的重组业务，如企业不能出具中央企业具有批准改制重组权限的文件，则税务机关可能不认可。

③企业所得税。

纳税分析：

《财政部　国家税务总局关于非货币性资产投资企业所得税政策问题的通知》（财税〔2014〕116号）第二条规定：企业以非货币性资产对外投资，应对非货币性资产进行评估并按评估后的公允价值扣除计税基础后的余额，计算确认非货币性资产转让所得。

需要注意的是，企业所得税为年度汇总纳税，按季度预缴。企业只有在整体盈利时才需要缴纳企业所得税，不需要就某一项交易单独缴纳企业所得税。后续其他业务企业所得税亦是如此，不再重复。

税收优惠政策：

优惠政策一：五年内分期递延缴纳。

居民企业以非货币性资产对外投资确认的非货币性资产转让所得，可在不超过五年期限内，分期均匀计入相应年度的应纳税所得额，按规定计算缴纳企业所得税。

企业在对外投资五年内转让上述股权或投资收回的，应停止执行递延纳税政策，并就递延期内尚未确认的非货币性资产转让所得，在转让股权或投资收回当年的企业所得税年度汇算清缴时，一次性计算缴纳企业所得税。

优惠政策二：企业重组特殊性税务处理。

适用条件：

当企业用资产负债整体出资时，根据《财政部　国家税务总局关于企业重组业务企业所得税处理若干问题的通知》（财税〔2009〕59号），当同时满足下列条件时，可适用特殊性税务处理：

A. 具有合理的商业目的，且不以减少、免除或者推迟缴纳税款为主要目的。

B. 被收购、合并或分立部分的资产或股权比例符合本通知规定的比例。

C. 企业重组后的连续12个月内不改变重组资产原来的实质性经营活动。

D. 重组交易对价中涉及股权支付金额符合本通知规定比例。

E. 企业重组中取得股权支付的原主要股东，在重组后连续12个月内，不得转让所取得的股权。

F. 被分立企业所有股东按原持股比例取得分立企业的股权，分立企业和被分立企业均不改变原来的实质经营活动。

G. 被分立企业股东在该企业分立发生时取得的股权支付金额不低于其交易支付总额的85%。

同时，财税〔2009〕59号对“企业重组”进行了定义，将其分为企业法律形式改变、债务重组、股权收购、资产收购、合并、分立六种形式。财税〔2009〕59

号又对“分立”进行了定义，即“分立是指一家企业（以下称为被分立企业）将部分或全部资产分离转让给现存或新设的企业（以下称为分立企业），被分立企业股东换取分立企业的股权或非股权支付，实现企业的依法分立”。

所以，以资产负债整体出资方式新设公司，适用于特殊性税务处理。

税务处理：

企业用资产负债整体出资，可按以下规定进行税务处理：

A. 新设企业接受出资企业资产和负债的计税基础，以出资企业的原有计税基础确定。

B. 出资企业已分立出去资产相应的所得税事项由新设企业承继。

C. 出资企业未超过法定弥补期限的亏损额可按分立资产占全部资产的比例进行分配，由新设企业继续弥补。

D. 出资企业的股东取得新设企业的股权（以下简称“新股”），如需部分或全部放弃原持有的出资企业的股权（以下简称“旧股”），“新股”的计税基础应以放弃“旧股”的计税基础确定。如不需放弃“旧股”，则其取得“新股”的计税基础可从以下两种方法中选择确定：直接将“新股”的计税基础确定为零；或者以出资企业分立出去的净资产占出资企业全部净资产的比例先调减原持有的“旧股”的计税基础，再将调减的计税基础平均分配到“新股”上。

④印花税。

以非货币性资产出资，如以房产出资，在进行产权变更手续时，需要按照产权转移书据征收印花税。同时，对于因设立公司需要签订的一系列财产租赁合同、技术合同、购销合同等具有合同性质的凭证，也需要缴纳印花税。

（2）被投资方的涉税分析。

①契税。

纳税分析：

《中华人民共和国契税暂行条例细则》（财法字〔1997〕52号）第八条规定：“土地、房屋权属以下列方式转移的，视同土地使用权转让、房屋买卖或者房屋赠与征税：（一）以土地、房屋权属作价投资、入股……”

因此，企业若涉及以土地、房屋权属出资设立公司的情形，新设企业需按照适用税率缴纳契税。

税收优惠政策：

根据《财政部　税务总局关于继续支持企业事业单位改制重组有关契税政策的通知》（财税〔2018〕17 号）第六条“资产划转”：“同一投资主体内部所属企业之间土地、房屋权属的划转，包括母公司与其全资子公司之间，同一公司所属全资子公司之间，同一自然人与其设立的个人独资企业、一人有限公司之间土地、房屋权属的划转，免征契税。”当企业以土地使用权出资设立全资子公司时，被投资方免交契税。

②印花税。

在投资设立新公司的过程中，对于新设立的营业账簿，需要缴纳印花税。

以非货币性资产出资，如房产出资，在进行产权变更手续时，合同的书立方均需要按照产权转移书据缴纳印花税。同时，对于因设立公司需要签订的一系列财产租赁合同、技术合同、购销合同等具有合同性质的凭证，合同的书立方也需要缴纳印花税。

第二章

企业增资

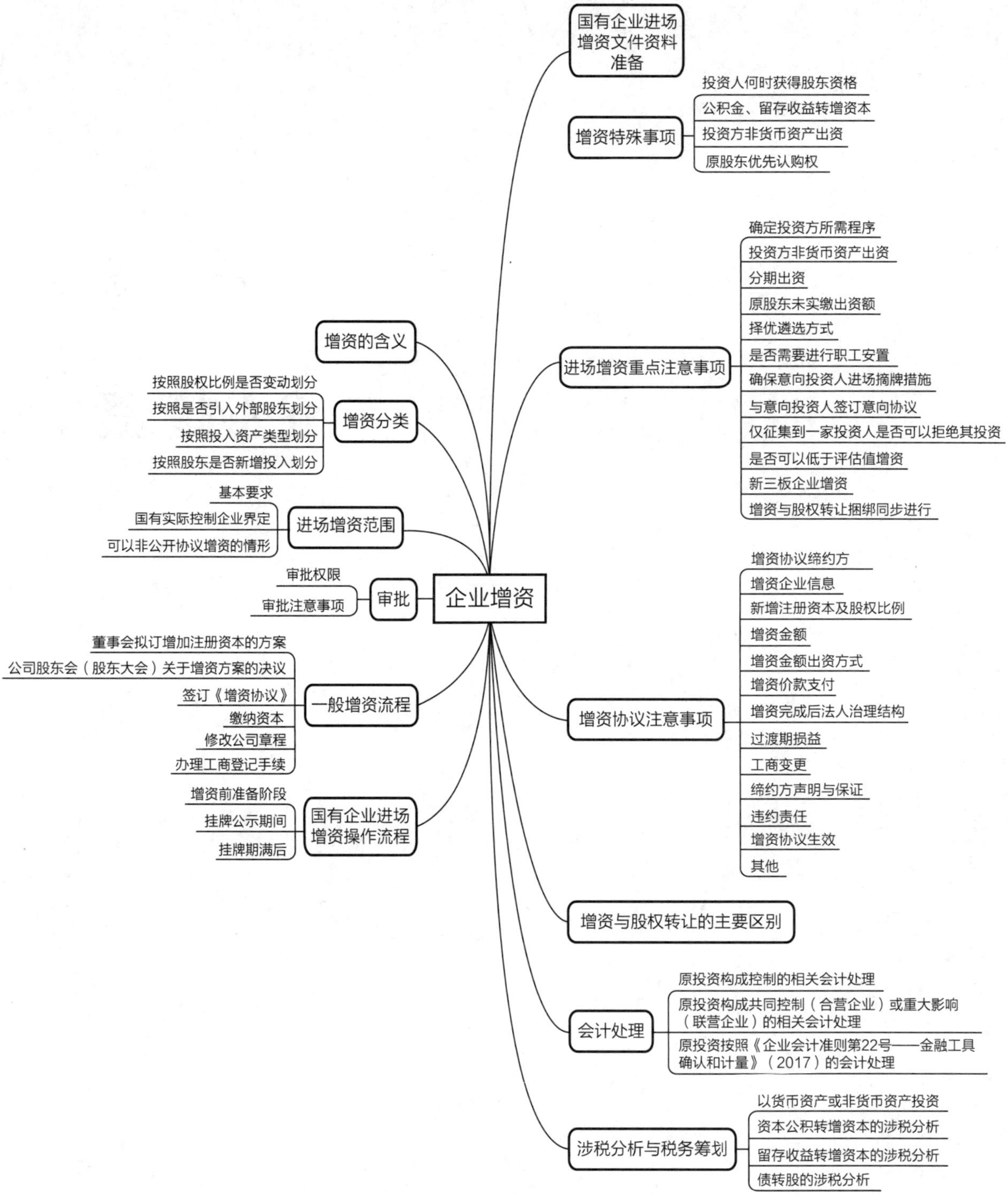
企业增资
国有企业进场增资文件资料准备
增资特殊事项
投资人何时获得股东资格
公积金、留存收益转增资本
投资方非货币资产出资
原股东优先认购权
进场增资重点注意事项
确定投资方所需程序
投资方非货币资产出资
分期出资
原股东未实缴出资额
择优遴选方式
是否需要进行职工安置
确保意向投资人进场摘牌措施
与意向投资人签订意向协议
仅征集到一家投资人是否可以拒绝其投资
是否可以低于评估值增资
新三板企业增资
增资与股权转让捆绑同步进行
增资协议注意事项
增资协议缔约方
增资企业信息
新增注册资本及股权比例
增资金额
增资金额出资方式
增资价款支付
增资完成后法人治理结构
过渡期损益
工商变更
缔约方声明与保证
违约责任
增资协议生效
其他
增资与股权转让的主要区别
会计处理
原投资构成控制的相关会计处理
原投资构成共同控制（合营企业）或重大影响（联营企业）的相关会计处理
原投资按照《企业会计准则第22号——金融工具确认和计量》（2017）的会计处理
涉税分析与税务筹划
以货币资产或非货币资产投资
资本公积转增资本的涉税分析
留存收益转增资本的涉税分析
债转股的涉税分析
增资的含义
增资分类
按照股权比例是否变动划分
按照是否引入外部股东划分
按照投入资产类型划分
按照股东是否新增投入划分
进场增资范围
基本要求
国有实际控制企业界定
可以非公开协议增资的情形
审批
审批权限
审批注意事项
一般增资流程
董事会拟订增加注册资本的方案
公司股东会（股东大会）关于增资方案的决议
签订《增资协议》
缴纳资本
修改公司章程
办理工商登记手续
国有企业进场增资操作流程
增资前准备阶段
挂牌公示期间
挂牌期满后

一、增资的含义

企业增资，也称增资扩股，是指企业增加注册资本或股本的行为。

企业所有者权益，从来源看可分为两部分：股东投入与经营过程中的盈余（包括接受捐赠）。股东投入中，一部分计入注册资本（1 元/注册资本），超出注册资本部分计入资本公积。

例如，北京天天有限责任公司原有注册资本 1,000 万元，股东为天下有限责任公司，现天下有限责任公司对天天有限责任公司增加注册资本 1,000 万元，增资价格为 2 元/注册资本。则本次增资天下有限责任公司投入资金为 2,000 万元，其中 1,000 万元计入注册资本，1,000 万元计入资本公积。

实践中，除了“常见的股东增加投入”外，以下情形也会导致企业增加注册资本/股本：股份公司分配股票股利；企业发行可转债，债权人行使转换权；企业债务重组等情形导致的债转股；企业对员工进行股权激励，员工行权。

知识扩展

1. 什么是资本公积？

资本公积是企业所有者权益的一项，也是一个会计核算科目，用来核算企业股东投入超过注册资本部分的资本/股本溢价以及其他与企业收益无关、导致企业所有者权益增加的项目。

会计核算中，股东投入超出计入注册资本部分主要在资本/股本溢价二级科目核算，其他与企业收益无关、导致企业所有者权益增加的项目主要在其他资本公积中核算。

2. 资本/股本溢价核算项目包括：

（1）投资者投入资本的溢（折）价部分。

（2）可转债、债转股形成的资本溢（折）价部分。

（3）发行权益性证券的佣金、手续费等。

（4）同一控制下企业合并的相关处理：同一控制下企业合并，合并对价与在合并日按取得被合并方所有者权益账面价值的份额之间的差异。

（5）回购本企业股票（库存股）的相关处理。

3. 其他资本公积核算项目包括：

（1）长期股权投资采用权益法核算的，被投资单位发生的不属于其他综合收益的，也不属于净损益的权益变动份额。

（2）以权益结算的股份支付换取职工或其他方提供服务的，应按照确定的金额，借记“管理费用”等科目，贷记本科目（其他资本公积）。

在行权日，应按实际行权的权益工具数量计算确定的金额，借记本科目（其他资本公积），按计入实收资本或股本的金额，贷记“实收资本”或“股本”科目，按其差额，贷记本科目（资本溢价或股本溢价）。

资本公积一般由所有股东按股权比例享有，极为特殊情况下，资本公积可能由某个股东独自享有（某些政府补助，政府会下发文件规定该资金作为“资本公积——国家独享资金”）。

二、增资分类

1. 按照股权比例是否变动划分

按照增资前后股东股权比例是否发生变化，企业增资可以划分为原股东同比例增资与非同比例增资。对于原股东同比例增资，一个显著特点是不管增资价格高低，都不会实质影响各股东利益。

2. 按照是否引入外部股东划分

按照增资时是否引入新股东，可以分为原股东增资、引入第三方投资人增资。

3. 按照投入资产类型划分

按照股东投入的资产类型划分，可以分为货币增资与非货币性资产增资。根据《公司法》要求，非货币性资产增资需要满足一定条件，具体见后文。

4. 按照股东是否新增投入划分

按照股东是否新增投入，可以分为股东新增投入的增资和企业自有资金转增资本的增资。前者包括股东投入货币资产、非货币性资产；后者包括企业公积金、未分配利润等转增资本，这种情况下，企业所有者权益总额不发生变化，只是企业所有者权益不同构成项目发生变化。

企业法定公积金转增资本时，转增后法定公积金不能低于转增前注册资本的50%。

三、进场增资范围

1. 基本要求

根据“32号令”，国有及国有控股企业、国有实际控制企业增资需要通过产权交易市场公开进行，但引入集团内成员单位增资、原股东增资、债转股三种情形可以非公开协议方式增资。

2. 国有实际控制企业界定

国有及国有控股企业通常较好界定与识别。因此，界定进场增资的范围（也即哪些企业增资需要进场）的难点，主要是国有实际控制企业的界定。

“32号令”第四条规定：

“本办法所称国有及国有控股企业、国有实际控制企业包括：

（一）政府部门、机构、事业单位出资设立的国有独资企业（公司），以及上述单位、企业直接或间接合计持股为100%的国有全资企业；

（二）本条第（一）款所列单位、企业单独或共同出资，合计拥有产（股）权比例超过50%，且其中之一为最大股东的企业；

（三）本条第（一）、第（二）款所列企业对外出资，拥有股权比例超过50%

的各级子企业；

（四）政府部门、机构、事业单位、单一国有及国有控股企业直接或间接持股比例未超过50%，但为第一大股东，并且通过股东协议、公司章程、董事会决议或者其他协议安排能够对其实际支配的企业。”

关于“32号令”第四条，我们提醒注意以下几点：

（1）第（一）款中所指的100%必须为100%权益，后三款中的50%实质上是控制的表决权比例。例如，A公司持有B公司60%的股权，B公司持有C公司60%的股权，则A公司拥有C公司36%的权益，但A公司拥有60%的表决权。

（2）第（二）款中，合计拥有产（股）权比例超过50%与第一大股东两个条件必须同时满足。

（3）第（三）款中不包括各国有控股单位合计持股比例超过50%，且其中之一为最大股东的企业，在这种情况下，如国有控股股东能控制该企业，则也按照本法要求操作。

（4）第（四）款中，首次明确了国有实际控制企业的概念，扩大了调整的企业范围。实践中判断“实际支配”的参考因素为：

①实际控制的表决权比例（表决权特殊分配、一致行动人等）。

②董事会的组成。

③是否合并报表（按照会计准则，合并范围以控制为基础予以确定）。

3. 可以非公开协议增资的情形

“32号令”规定了经国资监管机构和国家出资企业审议批准进行非公开协议增资的两种情况：

“第四十五条　以下情形经同级国资监管机构批准，可以采取非公开协议方式进行增资：

（一）因国有资本布局结构调整需要，由特定的国有及国有控股企业或国有实际控制企业参与增资；

（二）因国家出资企业与特定投资方建立战略合作伙伴或利益共同体需要，由该投资方参与国家出资企业或其子企业增资。”

“第四十六条　以下情形经国家出资企业审议决策，可以采取非公开协议方式进行增资：

（一）国家出资企业直接或指定其控股、实际控制的其他子企业参与增资；

（二）企业债权转为股权；

（三）企业原股东增资。”

第四十六条有几点需要注意：

（1）投资方和增资企业为同一集团内部企业的，经该国家出资企业批准，可以非公开协议增资。

（2）允许债转股以非公开协议方式进行，但对债权来源、债权人性质未做明确规定，对于非原股东债权人，目前倾向于支持金融机构债权转股权。

（3）企业原股东增资，包括同比例增资和非同比例增资。

四、审批

1. 审批权限

（1）国资监管机构审批。

国家出资企业（即一级集团）的增资行为需通过同级国资监管机构进行审批。

对主业处于关系国家安全、国民经济命脉的重要行业和关键领域，主要承担重大专项任务的子企业（一般指商业二类企业①）的增资行为，须由国家出资企业报同级国资监管机构批准。

（2）人民政府审批。

因增资使国家不再拥有国家出资企业控股权的，须由国资监管机构报本级人民政府批准。

---

① 商业类央企是指以经济效益为导向，以增强国有经济活力、放大国有资本功能、实现国有资产保值增值为主要目标的企业。商业类央企具体被分为商业一类央企和商业二类央企。商业一类央企主要是指处于充分竞争行业和领域的企业，即商业竞争类央企；商业二类央企主要是指主业关系到国家安全、国民经济命脉的重要行业和关键领域，或处于自然垄断行业、经营专营业务、承担重大专项任务的企业，即特定功能类央企。

（3）国家出资企业审批。

国家出资企业决定其子企业的增资行为（上述（1）国资监管机构审批第二款情形除外）。

（4）国家出资企业所属企业审批。

部分集团可能会制定相应管理制度，将审批权限进行下放，授权下属企业进行审批。

2. 审批注意事项

（1）注意批复中一般不提及投资人。在前期准备中，增资企业可能接洽了部分投资人，甚至可能与部分投资人签订了《意向协议》，同时在给集团的请示文件中也汇报了有关投资人征集情况。但在集团批复中，一般不提及具体投资人情况，尤其不能明确由哪些企业作为最终投资人。

（2）关于增资价格与增资比例。建议不明确具体增资价格，如确需提及，增资价格可以写按照不低于评估值确定，增资比例也建议给出区间，以防后续增资方案出现变动。

五、一般增资流程

1. 董事会拟订增加注册资本的方案

董事会拟订增加注册资本的方案应包括增资的意义和目的、拟增资金额、拟增资资金的用途、增资方式等。

2. 公司股东会（股东大会）关于增资方案的决议

公司增资应当由股东会以特别会议决议方式决定，有限公司必须经代表三分之二以上表决权的股东通过，股份公司增资必须经出席会议的股东所持表决权的三分之二以上通过。

3. 签订《增资协议》

增资企业与投资方签订《增资协议》，明确各方权利义务。

4. 缴纳资本

投资方根据《增资协议》的约定，缴纳实收资本，以实物或无形资产出资的应进行评估，并提供评估报告。

5. 修改公司章程

增资方按照《增资协议》的约定修改公司章程。

6. 办理工商登记手续

办理工商登记手续时一般需要以下文件，具体应根据增资企业所在地工商管理部门要求提供：

（1）公司法定代表人签署的《公司变更登记申请书》；

（2）股东会关于增加注册资本的决议；

（3）公司章程修正案或者新的公司章程；

（4）公司增加新股东的，提交新股东的法人资格证明或者自然人身份证明；

（5）公司《企业法人营业执照》正、副本原件。

六、国有企业进场增资操作流程

国有企业进场增资流程可分为三个相互衔接的阶段，分别为增资前准备阶段、挂牌公示期间、挂牌期满后。每个阶段的工作如下：

1. 增资前准备阶段

（1）制订增资方案。

增资企业对增资项目进行可行性研究，制订增资方案。增资方案有两大用处：一方面，用于内部汇报、报批；另一方面，在申请公开增资时，产权交易机构可能要求递交增资方案。内部汇报时，增资方案的内容根据内部需要重点各异。在产权交易机构提交的增资方案内容较为固定，通常包括以下方面：

①企业基本情况（股本结构、业务及财务状况等）；

②增资目的、拟增资额、增资后股权结构以及企业法人治理结构安排等；

③企业增加资本金的主要用途以及预期收益；

④投资人的资格条件、增资条件和择优确定投资人的方法；

⑤其他相关情况。

企业内部增资方案通常还包括增资背景、原则与用途、增资的可行性与必要性分析。

（2）制作《项目时间计划表》。

根据增资任务的时间要求编制时间计划表，严格按照时间进度开展工作，在各个时点对增资工作相关方进行必要提示。

（3）内部决策。

增资企业召开股东会（股东大会），表决同意增资。股东会决议最好明确原股东增资的意向。

中外合资企业最高权力机构为董事会（《中华人民共和国外商投资法》施行后，新设中外合资企业适用《公司法》《合伙企业法》）。

（4）上级批复。

增资企业按照国家规定及内部管理制度履行报批程序，取得符合规定的上级批复。

具体上级审批要求详见本章第四节。

（5）审计、评估及评估备案或核准。

增资企业委托具有资质的审计机构及评估公司对增资企业开展基准日审计及资产评估工作，出具审计报告、评估报告。正式评估备案或核准前，评估结果需要公示 5 个工作日。

增资企业应当按照资产评估相关法规及集团内部管理制度要求，合规办理资产评估备案或核准手续。

目前北京产权交易所和上海联合产权交易所，增资项目审计、评估工作及后续备案或核准工作可在挂牌公示期间完成，无须在项目披露前完成。

（6）职工安置问题。

如不涉及职工安置，则出具不涉及职工安置说明；如涉及职工安置，需出具职工安置方案、职工（代表）大会决议。

（7）设定交易条件。

①保证金。

支付比例：可设置为固定金额或固定比例，一般不超过投资人拟投资金额的30%。

支付时间：一般在挂牌期间缴纳，也可以在资格确认后3个工作日内缴纳。

处置方式：最终投资方的保证金可以选择在增资协议签订后转为增资价款的一部分，也可以选择原路无息退回；其他投资方的保证金在最终投资方确定后，原路无息退回。

②增资金额：一般不披露明确的增资底价，增资企业可以根据市场募集情况确定。最终增资金额不得低于经备案或核准后的评估结果。

③签约时间：在意向投资人被确定为投资人后3~5个工作日内。

④交易价款。

支付时间：交易价款原则上应当自合同生效之日起3~5个工作日内一次付清。

收款对象：交易价款可以支付至产权交易机构指定账户，也可以支付至增资企业指定账户。

支付方式：增资价款可以一次性支付，也可以约定分期支付，但各方一般按照实缴注册资本进行分红和表决。

出资方式：可以采用货币出资，也可以非货币资产出资（非货币资产出资注意事项见“八、增资特殊事项”）。

（8）其他披露内容。

可以披露审计报告中的重要揭示，特别事项说明中有关内容或增资企业存在的、需要向意向投资人披露的其他重要内容。

（9）投资人资格条件设计。

目前产权转让项目严格限制设置投资人资格条件，而增资项目允许设置合理的资格条件。增资企业可以从主体资格、经营情况、财务状况、管理能力、行业经验与资源等方面合理设置投资人资格条件，但资格条件不得具有明确指向性或者违反公平竞争的内容，其中财务状况、资产规模可以量化。

具体设置时可以结合项目需要、意向投资人情况进行设计。

2. 挂牌公示期间

（1）挂牌公示。

①前期准备完成之后，增资企业将信息通过产权交易机构进行公示。中央企业及其子企业进行增资时，须在北京产权交易所或上海联合产权交易所进行。

②正式披露信息时间不得少于40个工作日。

（2）尽职调查。

①意向投资人对增资企业进行尽职调查。

②增资企业也可以对意向投资人进行反向尽职调查。

（3）提交投资申请。

意向投资人完成尽职调查后，向产权交易机构提交投资申请，并根据挂牌条件的约定支付保证金（部分项目在挂牌公示期满并通过资格确认后缴纳保证金）。

3. 挂牌期满后

（1）确定意向投资方资格。

挂牌期满后交易所对各意向投资人提交的文件进行审核，并将意向投资人审核结果反馈给增资企业，由增资企业回函最终确认受让方资格。

（2）意向投资方支付保证金。

如挂牌公告约定意向投资人在资格确认后支付保证金，则意向投资人通过资格确认后，应在约定时间内支付保证金。

（3）确定投资人。

经交易所及增资企业确认资格，并在规定时间内支付保证金的意向投资方为合格意向投资方。

如果合格意向投资方数量高于拟征集的投资人数量，或者合格意向投资方申请的投资股权比例高于拟增资比例，则需要进行投资人遴选。投资人遴选可以采用竞价、竞争性谈判、综合评议等方式。

如投资人数量符合拟征集的投资人数量，且投资人投资申请比例符合拟新增股比时，增资企业可以与投资人直接签订增资协议（集团要求报批的，按规定报批）；也可以进入投资人遴选阶段，增资企业可以选择是否与其签约。

实践中，增资项目较少采用完全竞价方式确定投资人，多采用竞争性谈判和综合评议等方式。竞争性谈判一般分为编制《竞争性谈判方案》、意向投资人领取《竞争性谈判方案》、意向投资人按照方案编制《响应文件》、增资企业组建评审小组评审、增资企业确定最终投资人几个阶段。

（4）签订《增资协议》。

确定最终投资人后，交易各方签订《增资协议》。

有些项目引入的新股东可能较多，建议与投资人提前沟通，要求其提前完成合同签订的内部会签手续，以便在确定最终投资人后尽快盖章确认合同。

增资协议最好由所有股东、增资企业及投资人共同盖章，当然也可以由增资企业和投资人盖章。在后一种情况下，交易所要求增资企业提供股东会决议，决议写明同意新股东增资。

（5）支付剩余增资价款、服务费。

提示各方提前申请内部资金支付手续，确保按约定时间支付其余交易价款、服务费。

（6）增资企业召开股东（大）会。

增资企业召开股东（大）会通过确认股东资格、修改公司章程的决议。

（7）出具增资凭证。

产权交易机构向交易各方出具交易凭证。

（8）交易所划款。

如增资价款通过交易所结算，交易所在出具交易凭证后 3 个工作日内划款给增资企业。

（9）工商变更。

交易所出具交易凭证后，增资企业与投资人即可办理工商变更。

七、国有企业进场增资文件资料准备

1. 增资项目披露前，增资企业须提供的相关文件资料

序号	文件资料名称	文件资料要求	备注
1	信息发布申请书	原件，3 份，法人或授权人签字/签章	委托方提供基础资料与要求，服务机构编制文件，委托方确认
2	增资业务委托合同	原件，3 份，法人或授权人签字/签章	服务机构编制，委托方审核
3	授权委托书	原件，1 份，法人签字	法人能签字的，不需要提供
4	营业执照副本	复印件加盖公章，1 份	
5	组织机构代码证副本	复印件加盖公章，1 份	三证合一的，不需要提供
6	公司章程	复印件加盖公章，1 份	
7	国有产权登记表	复印件加盖公章，1 份	必须与营业执照、公司章程信息一致
8	股东会决议、股东决定或其他内部决议	原件或复印件加盖公章，1 份	根据公司章程确定
9	上级批复	复印件加盖公章，1 份	若非集团批复，还需提供制度文件
10	近三年年度审计报告	复印件加盖公章，1 份	
11	最近一期财务报表	复印件加盖公章，1 份	
12	职工安置方案或不涉及职工安置说明	原件或复印件加盖公章，1 份	失去控制权项目需提供
13	职工（代表）大会决议（如涉及）	复印件加盖公章，1 份	
14	增资扩股方案	原件或复印件加盖公章，1 份	如在上交所挂牌，需提供
15	增资专项报告	原件或复印件加盖公章，1 份	如在上交所挂牌，需提供
16	根据项目具体情况可能需要的其他材料	复印件加盖公章，1 份	

2. 增资项目成交前，增资企业须提供的相关文件资料

序号	文件资料名称	文件资料要求	备注
1	基准日审计报告	原件或复印件加盖公章，1份	
2	基准日评估报告	原件或复印件加盖公章，1份	
3	评估备案表	原件或复印件加盖公章，1份	核对评估备案表信息
4	增资协议	原件或复印件加盖公章，1份	
5	股东会决议	原件或复印件加盖公章，1份	新老股东共同盖章
6	法律意见书	原件或复印件加盖公章，1份	非必须提供
7	非货币性资产评估报告	原件或复印件加盖公章，1份	涉及非货币性资产出资时提供
8	非货币性资产评估备案表	原件或复印件加盖公章，1份	涉及非货币性资产出资时提供，一般为增资企业集团备案
9	董事会或股东会认可非货币性资产出资文件	原件或复印件加盖公章，1份	涉及非货币性资产出资时提供
10	根据项目具体情况可能需要的其他材料	原件或复印件加盖公章，1份	

八、增资特殊事项

1. 投资人何时获得股东资格

（1）有限责任公司。

根据《公司法》第三十二条，“有限责任公司应当置备股东名册，记载下列事项：（一）股东的姓名或者名称及住所；（二）股东的出资额；（三）出资证明书编号。”

记载于股东名册的股东，可以依股东名册主张行使股东权利。

公司应当将股东的姓名或者名称向公司登记机关登记；登记事项发生变更的，应当办理变更登记。未经登记或者变更登记的，不得对抗第三人。

因此有限责任公司的投资人，自记载于股东名册后获得股东资格。实践中，有限责任公司多将股东名册直接记载于公司章程中，在此情况下，公司章程变更后投资人取得股东资格。

（2）股份有限公司。

根据《公司法》第一百二十五条，股份有限公司的资本划分为股份，每一股的金额相等。

公司的股份采取股票的形式。股票是公司签发的证明股东所持股份的凭证。

因此股份公司的投资人，自公司签发股票后，取得股东资格。随着证券市场的发展，上市公司、新三板挂牌公司等公司股票实行无纸化交易，简化交割手续，而对股票进行代保管。投资者只要拥有证券账户卡即可进行股票的买卖而不必接受股票实物。

2. 公积金、留存收益转增资本

前文已述及，企业增资分为股东新增投入与企业积累转增资本两种类型。企业积累转增资本又可分为资本公积、留存收益（法定公积金、任意公积金、未分配利润）转增资本。

（1）其他资本公积是否可以转增。

根据前文介绍，资本公积包括资本/股本溢价以及其他资本公积，资本/股本溢价转增资本没有特殊之处，但对于其他资本公积是否可以转增资本，通常存有疑虑。

其他资本公积两种类型中，股份支付导致的其他资本公积最终将转为资本/股本溢价，因此不适合转增资本，但可以在转为资本/股本溢价后进行转增。

长期股权投资采用权益法核算导致的其他资本公积中，由于未来处置长期股权投资时将转为当期损益，因此也不适合转增资本。

（2）盈余公积转增资本。

盈余公积包括法定公积金与任意公积金。

国家规定企业必须从当年税后利润中提取的法定公积金，提取比例为10%。当法定公积金累计金额达到企业注册资本的50%以上时，可以不再提取。

根据《公司法》要求，法定公积金转为资本时，所留存的法定公积金不能少于转增前注册资本的25%。

3. 投资方非货币资产出资

（1）基本要求。

根据《公司法》第二十七条，股东可以用货币出资，也可以用实物、知识产权、土地使用权等可以用货币估价并可以依法转让的非货币财产作价出资；但是，法律、行政法规规定不得作为出资的财产除外。

对作为出资的非货币财产应当评估作价，核实财产，不得高估或者低估作价。法律、行政法规对评估作价有规定的，从其规定。

可见，作为出资的非货币财产，需要满足以下几项条件：

①可以用货币估价。实践中，劳务、信用、自然人姓名、商誉无法评估作价，不能用作出资（但劳务可以作为有限合伙企业出资份额）。

②可以依法转让。对于被查封的财产、担保的财产，在解除查封、担保前，不能用作出资。

③法律、法规无禁止性规定。

（2）评估作价要求。

此外，作价出资的非货币财产应当评估作价。实践中，部分工商部门并不核实非货币财产是否履行了评估程序。但如不履行评估程序，未来公司无法清偿债务时，债权人可能质疑其出资是否充足。另外，拟上市公司，证监会及交易所对非货币财产出资进行核查，未履行评估的出资可能需要补充评估或者使用货币财产补足出资。

（3）特殊类型资产出资分析。

①划拨地出资。

根据《土地管理法》《划拨用地目录》《划拨土地使用权管理暂行办法》，我国划拨用地限于划拨用地目录规定的范围。因此如果出资后土地用途依然属于划拨用地目录，并且履行了相关程序，则出资符合有关法律法规规定。

对于出资后土地用途不符合划拨用地目录的出资，其法律效力如何，理论界存有一定争议。实践中，该类出资虽然有违国家有关法律法规，但并不必然导致该项出资行为无效。《〈公司法〉司法解释（三）》第八条规定：“出资人以划拨土地使用权出资，或者以设定权利负担的土地使用权出资，公司、其他股东或者公司债权人主张认定出资人未履行出资义务的，人民法院应当责令当事人在指定的合理期间内办理土地变更手续或者解除权利负担；逾期未办理或者未解除的，人民法院应当认定出资人未依法全面履行出资义务。”由此可见，最高人民法院并未否认以划拨用地出资的法律效力。

②设定担保的财产出资。

对于以设定担保财产的出资，最高人民法院态度与划拨用地出资相同，出资人在指定的合理期间内办理解除权利负担，视为其履行了出资义务。

③债转股。

在 1993 年的《公司法》中，债权出资是不被允许的。2005 年修订后的《公司法》，债权满足《公司法》中关于非货币财产出资要求。

实际操作中，2011 年之前国家工商管理总局对于债权的出资一直持否定态度，对债权用于出资的情形不予办理登记手续。但在 2011 年 11 月 23 日，国家工商管理总局颁布了《公司债权转股权登记管理办法》，该办法第二条规定：“本办法所称债权转股权，是指债权人以其依法享有的对在中国境内设立的有限责任公司或者股份有限公司（以下统称公司）的债权，转为公司股权，增加公司注册资本的行为。”根据该条规定，债权人针对公司的债权可以转为公司股权，这意味着债权是可以作为公司出资的。但需要注意的是，目前的司法主流观点依然认为，这里的“可以作为公司出资”仅限于针对目标公司的债权，如果股东以其对第三人享有的债权出资，依然会被认定为出资无效（参见最高人民法院公司法司法解释小组：《最高人民法院关于适用〈中华人民共和国公司法〉若干问题的规定（三）研讨会综述》）。

（4）评估值低于实缴资本。

如公司盈利能力弱、处于亏损状态或虽公司盈利但可能有较大金额的负债，从而导致公司净资产评估值低于注册资本，在这种情形下，投资方仍需以不低于 1 元/注册资本（元/股）进行增资。如无法与投资方就以不低于 1 元/注册资本（元/股）进行增资达成一致，投资方拟按照评估值进行增资，则可通过以下几种方式解决：

①原股东先向公司进行溢价增资，增资完成后公司净资产评估值不低于实缴资本，然后由投资方进行增资。

②公司进行减资，通过减资程序将公司注册资本减少至等于或小于公司净资产。

4. 原股东优先认购权

（1）原股东优先认购权的含义。

原股东优先认购权是指公司新增资本时，股东有权优先按照实缴的出资比例认缴出资。优先认购权作为一种排斥第三人竞争效力的权利，对其相对人权利影响重大，必须基于法律明确规定才能享有。《中华人民共和国公司法》第三十四条规定：股东按照实缴的出资比例分取红利；公司新增资本时，股东有权优先按照实缴的出资比例认缴出资。但是，全体股东约定不按照出资比例分取红利或者不按照出资比例优先认缴出资的除外。依据法律规定，在有限公司中，除非全体股东另有约定，原股东优先认购权为股东固有权利；在股份公司中，优先认购权并非股东固有权利，但公司章程和股东大会决议可以创设。

《中华人民共和国公司法》第一百三十三条规定："公司发行新股，股东大会应当对下列事项做出决议：（一）新股种类及数额；（二）新股发行价格；（三）新股发行的起止日期；（四）向原有股东发行新股的种类及数额。"法律赋予股东大会决议向原有股东发行新股的种类及数额的权力，所以股东大会决议可以规定原股东在某次发行中是否享有优先认购权。

原股东享有优先认购权的情形：有限公司中，原股东享有优先认购权可分为两种情况：一种情况为全体股东约定按照出资比例优先增资；另一种情况为无约定，默认原股东享有优先认购权。股份公司中，只有当全体股东约定按照出资比例优先增资时，原股东才能享有优先认购权。

（2）原股东优先认购权受到妨碍或侵害的典型情形与救济途径。

原股东优先认购权受到妨碍或侵害的典型情形有：其一，公司股东会审议增资事项，未通知某股东出席股东会会议，该股东没有机会行使优先权；其二，股东尽管出席会议并做出行使优先权的意思表示，但股东会并未做出确认股东优先权的相应决议；其三，增资决议尽管确认了股东的优先权，但违反了行使的法定比例（如股东会最终通过的增资决议没有确认股东按照其实缴出资比例优先认缴，而是规定了其他比例，而这一点并不是全体股东协商一致的结果）；其四，公司股东会做出了确认增资决议，但不按照决议实施增资。

原股东优先认购权受到妨碍或侵害，股东可以采取以下救济措施：请求法院确认相关决议不成立，撤销决议或者确认决议无效；请求法院责令公司停止增资，纠正已经做出的登记变更等；请求法院确认其持股维持增资前的股权比例；请求损害赔偿等。

（3）原股东优先认购权争议焦点。

原股东优先认购权争议的焦点：《公司法》第三十五条并没有直接规定股东对其他股东放弃的认缴出资比例增资份额是否享有优先认购权。实务中，原股东经常要求行使对其他股东放弃的认缴出资比例增资份额的优先认购权。最高人民法院判例表明：《公司法》第三十五条完全是针对股东对新增资本的认缴权而言的。这与股东在行使优先认购权之外，对其他股东放弃认缴的增资份额有无优先认购权并非完全一致。有限公司的股东会在制定公司章程时可以决定此类情况如何处置，从而依据公司章程规定方式做出决议，关于股东对其他股东放弃的认缴出资有无优先认购权问题，股东会亦可根据章程的规定做出决议，决议是有效力的，股东必须遵循。只有股东会对此问题没有形成决议或者有歧义理解时，才有依据《公司法》规范适用的问题。在已经充分保护原股东优先认购权的基础上，当股东个体更大利益与公司整体利益或者有限责任公司人合性与公司发展相冲突时，应当由全体股东按照公司章程规定方式进行决议，各股东遵循股东会决议。

有限责任公司新增资本时，新增资本不同于股权转让，两者最明显的区别在于公司注册资本是否发生变化。资金的受让方和性质、表决程序采取的规则、对公司的影响等均存在不同之处。部分股东欲将其认缴出资份额让与外来投资者，在我国《公司法》无明确规定其他股东有优先认购权的情况下，其他股东不能依据与增资扩股不同的股权转让制度行使《公司法》第七十二条所规定的股权转让过程中的优先认购权。

（4）原股东优先认购权的保护措施。

如何更好地保护原股东的优先认购权？无论是有限公司还是股份公司都应当注

意以下三点：第一，公司章程对有关优先认购权有明确、细致、具体规定的，从其规定；原股东对其他股东放弃的认缴的增资份额拥有优先认购权，这样可以避免增资扩股时因其他股东放弃认缴增资份额，导致原股东失去优先增资权。第二，公司增资属于特别决议事项。特别决议事项须经代表三分之二以上表决权的股东通过方可做出。如果经出席股东会会议的股东所持表决权的三分之二以上同意公司增资，在不损害小股东利益的前提下，股东会决议也是有效的，公司可以合法增资。如果原股东想要保护好自身的权益，应当积极出席股东会，参与增资表决，理性表决是否增资。第三，设定合理期限。法律并没有明确规定原股东优先认购权的合理期限。但是从公司发展的状况及维护交易安全和经济秩序稳定的角度看，股东行使优先认购权是应当有“合理期限”限制的。所以，公司新增资本时，原股东应为优先认购权设定合理期限，并在发现自己的优先认购权受到侵害时，及时主张权利。

总之，原股东的优先认购权是基于股东平等原则，保障原股东比例性利益，即应当依照原股东持有的股份比例进行分派。从另一个角度上讲，优先认购权又是对股东权利的一种限制，因为股东只能按其持股比例认购新股，不得超出这一比例，否则就会损害到其他股东的利益。无论是原股东还是希望购买股份的潜在股东，都应当明确了解目标公司关于优先认购权的规定，保证自身权益不受损害。

九、进场增资重点注意事项

1. 确定投资方所需程序

信息披露期满，征集到满足投资方资格条件及增资条件的意向投资方，按照挂牌条件无须进行择优程序的，由增资企业有权批准机构批准后，该等意向投资方即被确定为投资方；按照挂牌条件需进行择优程序的，须通过竞价、竞争性谈判、综合评议等方式对意向投资人进行遴选，通过遴选程序的意向投资方在增资企业有权批准机构批准后被确定为投资方。

2. 投资方非货币资产出资

（1）增资企业特殊审批。

增资企业须将投资方投资的非货币资产上报集团进行审批或备案。

（2）非货币资产评估事项。

①资产评估委托方。

非货币资产出资需要进行资产评估。资产评估委托方最好为增资企业，并由增资企业集团进行备案。如果投资人也为国有企业，部分央企也认可由投资人进行委托，投资人集团评估备案。这种情况下，需要提供集团或者增资企业上级认可对方评估结果的函。

②评估基准日。

非货币资产出资评估基准日应与增资企业评估基准日一致。其中，公开增资如确实无法做到评估基准日一致，非货币资产出资评估基准日应在确定投资方决策日附近（不超过1个月）。

③非货币资产出资的有关规定。

"32号令"对非货币资产出资的规定如下："第四十三条　投资方以非货币资产出资的，应当经增资企业董事会或股东会审议同意，并委托具有相应资质的评估机构进行评估，确认投资方的出资金额。"

《财政部　工商总局关于加强以非货币财产出资的评估管理若干问题的通知》（财企〔2009〕46号）规定：

"一、有下列情形之一的，应当进行资产评估：

（一）投资人以非货币财产出资的；

（二）在验资或申请工商登记时，验资机构或投资人发现用作出资的非货币财产与评估基准日时的资产状态、使用方式、市场环境等方面发生显著变化，或者由于评估假设已发生重大变化，可能导致资产价值发生重大变化的；

（三）法律、行政法规规定的其他需要进行资产评估的事项。

二、以非货币财产出资评估，投资人应当委托依法设立的资产评估机构进行。"

3. 分期出资

增资价款可以约定分期缴纳，但各方一般按照实缴注册资本进行分红和表决。

不同于股权转让，“32 号令”对进场增资下的分期缴纳出资并未设定附加条件，由增资交易各方协商确定即可。

4. 原股东未实缴出资额

如增资前原股东未实缴出资额，可以由原股东先行实缴，但需注意的是，增资评估基准日应在原股东实缴出资额完成之后；也可以先进行增资，但增资单价应不低于净资产评估值/注册资本，且不低于 1 元/注册资本（元/股），增资完成后原股东应与新增股东按照公司章程约定实缴。

5. 择优遴选方式

通过资格审查的意向投资方数量较多时，可以采用竞价、竞争性谈判、综合评议等方式进行多轮次遴选。产权交易机构负责统一接收意向投资方的投标和报价文件，协助企业开展投资方遴选有关工作。企业董事会或股东会以资产评估结果为基础，结合意向投资方的条件和报价等因素审议选定投资方。

（1）遴选方式。

①竞价。

各合格意向投资方参与竞价，以竞价结果确定投资方，报价最高者为最终投资方。目前进场增资项目采用竞价方式确定投资方的较少。

②综合评议。

增资企业根据项目具体情况组成评议小组，对各合格意向投资方的响应文件进行综合评议，择优选定投资方。

③竞争性谈判。

增资企业根据项目具体情况组成谈判小组，分别与各合格意向投资方进行谈判，根据谈判结果和报价，择优选定投资方。

（2）择优遴选程序。

如增资项目进入遴选程序，目前选用竞争性谈判方式的较多，现以竞争性谈判为例简要介绍相关择优遴选流程，实践中各交易所流程可能会稍有差别。

①拟订竞争性谈判方案。

竞争性谈判方案中评分标准的主要内容需要在挂牌时公示，信息披露期满，如进入竞争性谈判环节，增资企业及会员机构将公示的评分标准进行细化，拟订竞争性谈判方案。

竞争性谈判方案主要包括竞争性谈判活动通知书、增资项目基本情况、竞争性谈判须知、响应文件格式与要求等。竞争性谈判方案初稿拟订后，与增资企业及交易所沟通确认竞争性谈判方案内容。

②交易所对竞争性谈判方案进行审核，审核无误后向各意向投资方发放竞争性谈判方案。

③各意向投资方在收到竞争性谈判方案后，根据方案要求编制响应文件，并在规定时间内提交至指定地点。

④响应文件的接收。交易所人员在指定地点接收响应文件，相关交接人员在响应文件接收确认单上签字。

⑤响应文件的拆封。谈判小组对已收到的响应文件进行拆封。

⑥竞争性谈判。各意向投资方在谈判地点进行签到，谈判小组与各意向投资方按照既定顺序进行谈判，并根据各意向投资方情况进行打分。

⑦二次报价。谈判过程中，谈判小组可要求意向投资方进行二次报价，但需对所有意向投资方一视同仁。

⑧相关人员对各意向投资方得分情况进行汇总。

⑨谈判小组将谈判结果提交给增资企业，增资企业根据内部管理制度报有权批准机构审批。

⑩增资企业将审批结果递交至交易所，交易所向各意向投资方出具择优结果通知书。

⑪增资企业与投资方履行后续签约付款等成交手续。

（3）竞争性谈判注意事项。

①谈判小组的组成。北交所与上交所对谈判小组成员人数无明确规定，但建议为不少于 5 人的单数，其中外部专家不少于 1/3。

②谈判顺序的确定。目前增资企业与各意向投资方的谈判顺序由增资企业确定，建议增资企业确定谈判顺序时有一定根据，如抽签确定、按照保证金缴纳时间顺序确定等。

③响应文件的接收与拆封。

响应文件的接收地点一般为谈判地点，可减少响应文件的移动，谈判地点可选择产权交易所或增资企业所在地。响应文件一般由产权交易所进行接收，实际操作中一般会要求增资企业派人来做见证，即接收响应文件时有增资企业、意向投资方及产权交易所人员同时在场。响应文件的接收时间一般为谈判活动开始前一天或当日。

响应文件可在规定时间进行统一拆封，也可在与某意向投资方谈判开始前拆封该意向投资方的响应文件。

④谈判时间。为保证意向投资方与谈判小组进行充分谈判，谈判时间一般在 2 小时左右。

⑤关于二次报价。

谈判过程中，谈判小组可要求意向投资方进行二次报价，但需要求全部意向投资方进行二次报价。

⑥谈判活动的参与者。

谈判活动的参与者主要包括谈判小组（组长、成员）、产权交易所见证人员、监督人员、工作人员等。

监督人员一般为增资企业纪检监督部门人员。

工作人员包括产权交易所工作人员及增资企业工作人员。增资企业工作人员中需包含主持人及书记员。主持人负责整个谈判活动的串联，包括组织相关人员入场及签到、协助核查相关人员证件、宣读谈判活动须知及谈判纪律、提示谈判时间、整理文件资料等工作。书记员负责进行会议记录。

一般情况下，需要对谈判活动进行摄影或录音。

谈判过程中，仅谈判小组成员对谈判活动发表意见，监督人员、工作人员及见证人员对谈判活动不发表意见。

⑦意向投资方进行竞争性谈判的相关注意事项。

在竞争性谈判方案中一般会约定意向投资方委派的谈判代表人数，谈判代表的人数一般不会超过谈判小组成员人数。同时谈判代表应携带相关证明文件出席谈判活动，一般包括意向投资方营业执照复印件（加盖公章）、全体谈判代表身份证原件及复印件（复印件加盖公章、本人签字）、授权委托书（法定代表人未出席的需提供）。

6. 是否需要进行职工安置

增资项目如涉及控股权转移的，需制订职工安置方案，并经职工（代表）大会审议通过。不涉及控股权转移的，无须进行职工安置。

7. 确保意向投资人进场摘牌措施

如担心意向投资方无法按照约定进场摘牌，增资企业可与其签订《意向协议》，要求意向投资方在增资企业挂牌后及时提交投资申请，同时要求意向投资人在签订《意向协议》后支付一定金额的诚意金，此部分诚意金在意向投资方提交投资申请并缴纳保证金后原路无息退还。

8. 与意向投资人签订意向协议

在与意向投资方签订意向协议时一般应注意以下几点：

（1）不能具有明确的指向性。

协议中不能写确保该意向投资方摘牌成功，仅能明确增资企业将在产权交易机构挂牌增资，意向投资方可在挂牌期间提交投资申请。如需对意向投资方进行约束，可写明意向投资方须在挂牌期间（或挂牌起始日起××个工作日内）提交投资申请并缴纳保证金。

（2）增资价格。

意向协议中增资价格不得低于经备案的评估结果。

（3）交易条件。

意向协议中的交易条件一般须在挂牌条件中列明。

9. 仅征集到一家投资人是否可以拒绝其投资

仅征集到一家投资人可以拒绝其投资。增资项目在挂牌时，增资达成条件一般设定为“征集到满足投资方资格条件及增资条件的投资方，经增资企业有权批准机构批准且增资价格不低于经备案的评估值”。增资企业有权批准机构可以不进行批准。

10. 是否可以低于评估值增资

“32 号令”并没有对中央企业增资单价做出原则性规定，实践中，增资单价一般以资产评估值为基础确定，并且不低于资产评估值。

产权转让业务中，如果按照评估值挂牌转让，依然没有投资人参与受让，可以继续降价。

增资业务与产权转让有一定区别，增资公告中并不披露增资单价，因此，不存在通过降价的方式成交。如果评估值确实高于投资人能够接受的最高价，说明评估值不能被认可，只能考虑调整基准日重新进行评估。

实际操作中，存在评估基准日后分红的情况，在这种情况下，如果增资企业上级认可，也可按照分红后的评估值进行增资。

11. 新三板企业增资

（1）新三板挂牌公司增资需要进场进行。

由于“32 号令”适用对象包括上市公司，金融文化类企业外的所有国有、国有控股、国有实际控制企业，因此全国中小企业股份转让系统（以下简称新三板）挂牌公司也属于“32 号令”要求的通过产权交易机构进场增资的范围。

新三板挂牌公司增资时，既要按照新三板挂牌公司定向增发的要求履行程序，也要按照“32 号令”要求履行进场交易程序。

（2）新三板企业进场增资流程表如下。

序号	流程	进场增资特殊注意事项	说明
1	编制发行方案	可以同时编制进场交易规则	
2	董事会审议	通常，新三板定向发行分为发行对象确定与发行对象不确定两类，对于国有企业，在此步骤审议时，只能是后一种类型，即发行对象不确定	原股东增资，注意关联股东回避表决
3	股东大会审议		可以授权董事会办理后续事项，授权期限不超过一年
4	进场交易	此步骤为国企特殊步骤	

续表

序号	流程	进场增资特殊注意事项	说明
5	董事会确认认购对象（确认投资人）	企业董事会或股东会以资产评估结果为基础，结合意向投资方的条件和报价等因素审议选定投资方	
6	股东大会确认认购对象（即确认投资人）	部分集团要求认购对象须经其事先同意	如此前股东大会授权董事会确认认购对象，则不用再召开股东大会
7	签订《增资协议》（暨认购合同）	《增资协议》条款与增资公告不能有冲突	
8	披露发行认购公告		
9	投资人缴款	非货币资产出资的，应当经增资企业董事会或股东会审议同意，并委托具有相应资质的评估机构进行评估，确认投资方的出资金额	
10	披露发行认购结果公告		
11	中介机构出具报告		

注：如果增资后股东超过200人，公司召开股东大会后，中介机构出具专项意见，股转公司审核后，报中国证监会批准。

（3）新三板企业进场增资重点事项。

①关于挂牌时点。

根据《公司法》，股份公司增资，决策权限在股东大会，因此新三板挂牌公司进场增资时，一般挂牌公司股东大会表决通过《股票发行方案》后，向产权交易所申请挂牌增资。

考虑到进场发布增资公告仅为征集投资人的工作的一部分，因此如果确实时间紧急，也可以与产权交易机构协商，在董事会审议通过后即发布增资公告。

②关于增资价格。

根据《全国中小企业股份转让系统股票定向发行规则》，发行对象未确定的，董事会决议应当明确发行对象的范围、发行价格或发行价格区间、发行对象及发行价格确定办法、发行数量上限和现有股东优先认购安排等事项。

对于国有新三板挂牌公司，增资价格必须以资产评估结果为基础确定，原则上不低于资产评估结果。

与产权转让不同，目前进场增资时，增资公告中并不披露增资单价（当然，如果同时披露了募集资金总额和新增股权比例，可以大致推断出增资价格），也就不存在降价增资。

③关于资产评估完成时点。

如前所述，目前进场增资公告中并不披露增资价格，因此并不要求在进场前即完成资产评估。如果挂牌公司内部决策、上级审批并不要求提供确定的资产评估结果，则资产评估可以在经济行为审批前完成，也可以在挂牌期间完成，最晚在各方签订《增资协议》前完成。

④关于募集资金金额。

新三板企业编制股票发行方案，方案中募集资金金额通常披露为不超过一定金额，而在进场增资金额中，通常披露募集资金区间，或者募集资金下限，而不是披露上限。因此，为了协调新三板与产权交易所关于募集资金金额规定的冲突之处，建议增资进场公告中拟募集资金金额可以披露为区间，或披露为"按市场募集情况确定"。

⑤关于增资价款支付。

目前，进场增资价款可以不通过产权交易机构结算。根据新三板系统要求，挂牌公司增资价款需要委托第三方监管，开立募集资金专用账户。为简化操作、满足各方监管要求，建议增资价款直接由投资人汇入专用账户，投资人缴纳的保证金退回给投资人。

⑥关于认购合同。

根据股转系统《定向发行规则》，挂牌企业可以在董事会、股东大会审议前与投资人签订认购合同。在董事会、股东大会决议前签订认购合同，应当在认购合同中约定，本合同在本次定向发行经发行人董事会、股东大会批准并履行相关审批程序后生效。

对于中央企业增资，一般增资企业不与意向投资人在挂牌前签订附生效条件的正式《认购合同》，而是在挂牌结束、确定投资人后签订正式《增资协议》（暨认购合同）。但可以在挂牌前与意向投资人签订《意向协议》。对于非原股东意向投资人，《意向协议》中不能保证其一定能成为投资人。

⑦关于投资人资格条件。

除了进场交易通常可设定的资格条件外，新三板企业增资一般要求意向投资人符合《非上市公众公司监督管理办法》以及《全国中小企业股份转让系统投资者适当性管理细则》规定的合格投资者要求。

12. 增资与股权转让捆绑同步进行

（1）捆绑同步进行含义。

实践中，我们经常遇到在公司增资的同时，原股东拟转让部分股权、收回投资的情形。中央企业可以通过股东挂牌转让、公司挂牌增资的方式实现，分作两个项目挂牌可能导致多个投资人参与增资和股权转让。为了保证仅引入一个投资人，可以将股权转让与增资捆绑同步进行。

所谓增资与股权转让捆绑同步进行，是指在同一个挂牌公告中，既要求投资人对公司增资，又要求其受让公司股东转让的部分老股。

（2）捆绑操作前需与国资监管机构沟通。

目前，中央企业增资与股权转让业务规则具有较大差别，最为重要的区别之一是关于资格条件的区别。增资业务可以合理设置资格条件，而股权转让业务原则上不允许设置资格条件，确需设置的，需要经过国资监管机构备案同意。

增资与股权转让捆绑同步进行的项目，如果设置增资资格条件，则相当于股权转让业务也设置了资格条件，从而变相规避了股权转让业务不能设置资格条件的要求。因此，实践中，增资与股权转让捆绑进行的项目，需要与国资监管机构进行沟通。

（3）混改过程中的同步转让股权。

根据《中央企业混合所有制改革操作指引》，如果企业混合所有制改革后继续保持国有控股地位，如增资过程中国有股东拟同步转让其所持有的少部分企业产权，可以统一按照增资流程操作，产权转让价格应与增资价格保持一致。

十、增资协议注意事项

1. 增资协议缔约方

增资协议缔约方可由所有股东、增资企业及投资人组成，也可由增资企业和投资人组成。

增资协议各缔约方基本信息应当以工商登记情况为准，据实填写。如在签约时，增资协议缔约方名称、法定代表人或住所等信息对比挂牌或受让阶段已发生变化，则应向交易所提交相关证明，并以最新信息为准。

2. 增资企业信息

增资企业信息应当与挂牌公告保持一致。一般应表明增资企业股权是否权属清晰，是否有限制股权情形，股东是否完全实缴出资等。

3. 新增注册资本及股权比例

明确增资完成后投资方新增注册资本及对应持股比例。如涉及原股东增资，原股东应与新进投资方同股同价进行增资。

4. 增资金额

（1）增资企业资产评估结果。

根据评估机构出具的资产评估报告确定增资标的净资产评估值，各方同意增资价格以净资产评估值为基础确定。

如果涉及评估基准日后再分红的，应根据分红的决策文件，扣除分红金额确定调整后的净资产评估值，各方同意以调整后的净资产评估值为基础确定增资价格。

（2）增资价格。

根据增资项目公开挂牌的结果及前述资产评估结果确定投资方增资金额、出资方式、持股比例，约定增资金额入账方式，以及已支付的保证金的处置方式（是否转为增资价款的一部分）。

投资方为联合体的，应当明确各联合体成员的基本信息、各自投资比例、各自应付增资价款金额、已付保证金金额、应付增资尾款金额、支付时间、分期付款情况下的首付款金额和担保责任、是否承担连带责任等。

5. 增资金额出资方式

（1）货币方式出资：根据××公司增资项目公开挂牌的结果及前述资产评估结果，投资方以人民币（大写）××［即人民币（小写）××万元］对增资企业增资，获取增资企业××%的股权。

（2）货币及非货币出资：明确货币出资金额、非货币出资资产范围、非货币出资资产的评估价值。

根据××公司增资项目公开挂牌的结果及前述资产评估结果，投资方以货币资金人民币（大写）××［即人民币（小写）××］及实物资产［××资产，评估价值为人民币（大写）××，即人民币（小写）××］出资，共计人民币（大写）××［即人民币（小写）××］，获取增资企业××%的股权。

6. 增资价款支付

确定增资价款的支付方式，约定是以货币方式出资还是以货币及非货币方式出资。

（1）以货币方式出资的部分增资价款。

明确货币方式出资金额、付款时间、保证金是否转为增资价款（保证金可转为增资价款，也可原路径退回）。增资价款（增资尾款）可支付至增资企业指定账户，也可支付至产权交易机构指定账户（写明账户信息）。

（2）以非货币方式出资的部分增资价款。

明确非货币方式出资资产权属变更时间。

投资方应在增资协议签订之日起××日内，将××资产变更至增资企业名下，将无权属登记证的资产纳入增资企业管理。

7. 增资完成后法人治理结构

按照所有权、决策权、执行权与监督权相互独立、相互制衡、相互协调的原则，增资完成后，增资企业公司法人治理结构设置一般如下：

（1）股东会：公司最高权力机构，由所有出资人组成。

（2）董事会：增资后的增资企业董事会由×名董事组成。股东××公司委派×人，其余股东委派×人。

（3）监事会：监事会由×名监事构成，股东××公司提名×人，其他股东提名×人，职工监事×人。

（4）经理层：设总经理××名。

如挂牌公告约定了增资完成后法人治理结构，则此处不得与挂牌公告相违背。

8. 过渡期损益

明确过渡期安排、损益归属。过渡期损益可由增资企业享有或投资方享有，也可由增资企业与投资方按比例享有。

9. 工商变更

明确工商登记变更事项、办理工商变更登记时间。

10. 缔约方声明与保证

增资协议缔约方可就各方权利义务及其他事项进行声明、保证、承诺等。承诺、保证等事项应当以挂牌条件为基础表述，不能相互冲突。

11. 违约责任

应当注意，合同中约定的责任原则上应当对等；违约金比例设置应当合理，不宜过高；涉及特殊审批的项目，应当注意在审批不通过时，对投资方设置相应的违约责任。

12. 增资协议生效

一般情况下，增资协议自签订之日起即生效。增资项目涉及特殊审批的，增资协议应当经审批后生效。

13. 其他

（1）增资协议条款设置应当以挂牌公告为准确定，且应当前后一致，不能相互冲突。例如，挂牌公告中已约定保证金转为增资价款的，则增资协议中应当明确保证金直接转为增资价款，投资方仅须支付尾款，不能再出现保证金应当退回投资方的表述。

（2）关于术语的定义应当表述清晰：

①一般建议不使用“协议签订后协议生效”，而是“协议签订次日起”“协议生效之日起”等表述，更加方便明确起算时间。

②关于过渡期，应当有明确期间，如“过渡期是指评估基准日至增资交易完成日的期间”。

③对于增资交易完成日亦应明确。

（3）涉及款项大小写的，一定要注意检查，按照标准填写：零、壹、贰、叁、肆、伍、陆、柒、捌、玖、拾、佰、仟、万、亿。

中文大写金额数字到“元”为止的，在“元”之后，应写“整”（或“正”）字；在“角”之后，可以不写“整”（或“正”）字；大写金额数字有“分”的，“分”后面不写“整”（或“正”）字。

中文大写金额数字前应标明“人民币”字样，大写金额数字应紧接“人民币”字样填写，不得留有空白。

（4）增资协议份数及分配等，应当考虑增资企业要求、结合交易各方主体数量等因素合理设置，宁多勿少。

十一、增资与股权转让的主要区别

增资与股权转让作为两种常见的经济行为，在公司并购、引入战略投资人时常作为备选比较方案，下表整理出增资与股权转让的主要区别，以供读者参考。

项目	产权转让	企业增资
目的	转让股权，收回投资	增加企业资本，引入新股东（可能）
收款方	转让方	标的企业
资金要求	同样股比，股权转让方式，受让方支付资金较少	同样股比，增资方式，增资企业支付资金较多
税费	转让溢价所得税（25%、15%等），印花税 0.05%	资金账簿印花税（0.05%）

续表

项目	产权转让	企业增资
决策	标的企业：股东会决议（其他股东过半数）、通知等 转让方：依据企业章程和内部管理制度决定	标的企业：股东会决议（2/3 以上表决权通过）不涉及转让方
上级审批	集团或者集团授权单位	同产权转让
审计	委托方：转让方参股权转让，可以不进行审计	委托方：增资企业
评估	1. 必须在挂牌前出具评估报告并备案； 2. 首次挂牌价格不得低于经备案的评估结果； 3. 委托方为转让方	1. 在交易完成前出具评估报告即可； 2. 挂牌期间可不公示增资价格，但最终成交价格不得低于评估结果； 3. 委托方为增资企业
挂牌时间	控股权项目：20+20 个工作日 参股权项目：20 个工作日	40 个工作日
投资人遴选方式	绝大部分为竞价	大部分为竞争性谈判或者综合评议
是否可以设置资格条件	不可以，确需设置需要国资监管机构批准	可以合理设置资格条件
价款支付方式	进场转让只能是货币结算，一年内付清，且需提供担保支付利息	可以非货币资产出资，可以分期出资
管理层收购/增资	管理层可以收购，但国有派出代表不能收购	视同员工持股，建议履行员工持股程序

十二、会计处理

1. 原投资构成控制的相关会计处理

（1）增资后依然构成控制。

增资前能够对被投资方构成控制，且原股东同比例增资，不改变投资方对被投资方持股比例的，增资前后均采用成本法对长期股权投资进行核算，根据增资金额增加长期股权投资的账面价值。

若增资后，投资方提高了对子公司的持股比例，会计处理如下：

①个别财务报表会计处理。

原投资构成控制时，个别财务报表采用成本法对被投资企业进行长期股权投资核算。增资后仍然构成控制的，《企业会计准则第 2 号——长期股权投资》（2014）第八条规定，“采用成本法核算的长期股权投资应当按照初始投资成本计价。追加或收回投资应当调整长期股权投资的成本”。

因此，对控股子公司增资时，母公司单体报表会计处理如下：

借：长期股权投资

　　贷：银行存款

　　　　固定资产清理

　　　　资产处置损益等

②合并财务报表会计处理。

若增资后，投资方对子公司的持股比例提高，相当于投资方从少数股东处购买了子公司股权，根据《〈企业会计准则第 33 号——合并财务报表〉（2014）应用指南》，母公司购买子公司少数股东拥有的子公司股权的，本准则第四十七条规定，因购买少数股权新取得的长期股权投资与按照新增持股比例计算应享有子公司自购买日（或合并日）开始持续计算的净资产份额之间的差额，应当调整资本公积（资本溢价或股本溢价），资本公积不足冲减的，调整留存收益。

合并财务报表中，子公司的有关资产、负债按照自购买日开始持续计算的价值进行合并，无须按照公允价值进行重新计量。调整母公司按新增持股比例计算应享有自购买日开始持续计算的净资产份额与新增长期股权投资之间的差额。

借：资本公积

　　盈余公积、未分配利润（如有）

　　贷：长期股权投资

编制合并报表时，按照权益法对长期股权投资进行调整，然后将母公司长期股权投资与子公司所有者权益抵销。

（2）投资方因其他投资方对其子公司增资而导致本投资方持股比例下降，从而丧失控制权但能实施共同控制或施加重大影响的。

①个别财务报表会计处理。

例：2013 年 5 月 31 日，B 公司全部净资产的账面价值为 1,500 万元（其中实收资本 1,000 万元，未分配利润 500 万元），评估值为 2,000 万元；A 公司对 B 公司的初始投资成本为 1,000 万元，拥有 B 公司 100%股权。2013 年 6 月 1 日，外部投资者 C 公司对 B 公司出资 3,000 万元，占增资扩股后B 公司60%的股权，A 公司保留 40%的股权。增资扩股后 B 公司的账面净资产为 4,500 万元，其中实收资本 2,500 万元，资本公积 1,500 万元，未分配利润 500 万元。

本案例中由于是通过引入外部股东单方面增资的“被动稀释”方式丧失控制权，并未从法律形式上直接转让股权，因此可以把整个交易过程分解为以下两个步骤，依次进行处理：首先由 A 公司对 B 公司增资，增资额等于引入外部股东的增资额，该步骤完成后 B 公司仍然是 A 公司的全资子公司；其次由 A 公司将前一步骤中新增的实收资本转让给引入的新股东，转让价格等于引入外部股东的增资额，保留 40%的股权。故应确认的处置损益=外部股东增资额-增资日 B 公司的增资后净资产×60%。

则在 A 公司的个别报表层面的处理如下：

A. 第一步，假设 A 公司自身先对 B 公司增资 3,000 万元，增资后对 B 公司的投资成本变为 4,000 万元。第二步，将该 4,000 万元长期股权投资的 60%（对应的成本为 4,000 万元×60%=2,400 万元）以 3,000 万元的价格出售给 C 公司，确认投资收益 600（3,000-2,400）万元。

借：长期股权投资（权益法）——B 公司（投资成本）　　1,600

　　贷：长期股权投资（成本法）——B 公司　　1,000

　　　　投资收益　　600

B. 相应地，剩余长期股权投资的账面价值（新的投资成本）为 1,600 万元，该 40%剩余股权在增资扩股后 B 公司的账面净资产（4,500 万元）中所享有的份额为 1,800 万元，与投资成本 1,600 万元之间的差额 200 万元恰好为 B 公司账面累计未分配利润 500 万元的 40%，因此需通过对剩余 40%股权进行权益法核算的方式予以确认。

借：长期股权投资（权益法）——B 公司（损益调整）　　200

　　贷：利润分配——未分配利润、盈余公积、投资收益　　200

将分录 A、B 整合：

借：长期股权投资　　800

贷：投资收益 600

利润分配——未分配利润、盈余公积、投资收益 200

另外，《企业会计准则解释第7号》（财会〔2015〕19号）第一条规定：投资方因其他投资方对其子公司增资而导致本投资方持股比例下降，从而丧失控制权但能实施共同控制或施加重大影响的，“在个别财务报表中，应当对该项长期股权投资从成本法转为权益法核算。首先，按照新的持股比例确认本投资方应享有的原子公司因增资扩股而增加净资产的份额，与应结转持股比例下降部分所对应的长期股权投资原账面价值之间的差额计入当期损益；然后，按照新的持股比例视同自取得投资时即采用权益法核算进行调整”。

根据该规定计算得出的结果与上述做法的结果应当是一致的。沿用上例数据，测算如下：

A. 按照新的持股比例确认本投资方应享有的原子公司因增资扩股而增加净资产的份额=外部投资者C的出资额3,000万元×新的持股比例40%=1,200万元。

B. 应结转持股比例下降部分所对应的长期股权投资原账面价值=长期股权投资原账面价值1,000万元×（原持股比例100%-新持股比例40%）=600万元。

C. 应确认的当期投资收益=A-B=1,200万元-600万元=600万元。

D. 新的持股比例视同自取得投资时即采用权益法核算进行调整的影响金额=股权比例稀释时点上的B公司留存收益余额500万元×40%=200万元。

会计调整分录与上面做法相同。

②合并财务报表会计处理。

增资后投资方丧失了对子公司的控制权，《企业会计准则第33号——合并财务报表》（2014）第五十条关于丧失对子公司控制权时合并报表层面处理原则为：“企业因处置部分股权投资等原因丧失了对被投资方的控制权的，在编制合并财务报表时，对于剩余股权，应当按照其在丧失控制权日的公允价值进行重新计量。处置股权取得的对价与剩余股权公允价值之和，减去按原持股比例计算应享有原有子公司自购买日或合并日开始持续计算的净资产的份额之间的差额，计入丧失控制权当期的投资收益，同时冲减商誉。与原有子公司股权投资相关的其他综合收益等，应当在丧失控制权时转为当期投资收益。”

沿用上述例子，A 公司在合并报表层面应确认的丧失控制权收益计算如下：处置股权取得的对价（0）+剩余 40%股权的公允价值（2,000 万元）-丧失控制权之日 B 公司账面净资产（1,500 万元）×原持股比例（100%）= 500 万元。在 A 公司合并报表层面，后续对 B 公司的 40%股权投资采用权益法核算的成本基础为该 40%剩余股权于丧失控制权之日的公允价值 2,000 万元，而不同于个别报表层面的 1,800 万元。

合并报表处理：

A. 原 100%长期股权投资权益法调整：

借：长期股权投资　　500

　　贷：利润分配——未分配利润、盈余公积、投资收益　　500

B. 视同原 100%长期股权投资进行权益法调整后全部处置，并回购其中 40%股权：

借：长期股权投资——新持股比例部分公允价值

（2,000+3,000）×0.4＝2,000

　　贷：长期股权投资——原 100%股权权益法调整后的金额

1,000+500＝1,500

　　　　投资收益——并表层面处置收益　　500

将前述 A、B 分录整合，即为最终合并报表层面的处理：

借：长期股权投资　　1,000

　　贷：投资收益　　500

　　　　利润分配——未分配利润、盈余公积、投资收益　　500

C. 从个别报表到合并报表的调整：

将上述整合后的分录与个别报表的分录进行比对，从个别报表调整到合并报表需要做的分录如下：

借：长期股权投资　　200

　　投资收益　　100

　　贷：利润分配——未分配利润、盈余公积、投资收益　　300

2. 原投资构成共同控制（合营企业）或重大影响（联营企业）的相关会计处理

（1）若增资完成后，依然是构成共同控制（合营企业）或重大影响（联营企业），仍采用权益法核算。

投资方因增加投资等原因对被投资单位的持股比例增加，但被投资单位仍然是投资方的联营企业或合营企业时，投资方应当按照新的持股比例对股权投资继续采用权益法进行核算。在新增投资日，如果新增投资成本大于按新增持股比例计算的被投资单位可辨认净资产于新增投资日的公允价值份额，不调整长期股权投资成本；如果新增投资成本小于按新增持股比例计算的被投资单位可辨认净资产于新增投资日的公允价值份额，应按该差额，调整长期股权投资成本和营业外收入。进行上述调整时，应当综合考虑与原持有投资和追加投资相关的商誉或计入损益的金额。

借：长期股权投资——投资成本

贷：银行存款

固定资产清理等非货币性资产（如有）

营业外收入（按追加投资后的持股比例计算的被投资单位可辨认净资产-原持有投资成本-追加投资成本）

（2）若增资完成后，由共同控制或重大影响变为控制，从而形成企业合并的，长期股权投资应从权益法转换为成本法。

增资前对被投资方构成共同控制或重大影响，增资后对被投资方形成控制，参照适用“多次交易分步实现的同一控制下企业合并”和“多次交易分步实现的非同一控制下企业合并”，具体处理方式请参见“第六章非公开协议转让六、会计处理 1. 协议转让股权会计处理（2）受让方取得股权的会计处理”。

3. 原投资按照《企业会计准则第 22 号——金融工具确认和计量》（2017）的会计处理

（1）增加投资后达到重大影响或者共同控制，则转换为权益法计量的长期股权投资。

原投资按照金融资产计量，增资后对被投资方达到重大影响或共同控制，需转换为权益法计量的长期股权投资。《〈企业会计准则第 2 号——长期股权投资〉（2014）应用指南》将金融资产计量模式转换为权益法核算的长期股权投资，具体操作方法明确如下：

“（一）公允价值计量转权益法核算

原持有的对被投资单位的股权投资（不具有控制、共同控制或重大影响的），按照金融工具确认和计量准则进行会计处理的，因追加投资等原因导致持股比例上升，能够对被投资单位施加共同控制或重大影响的，在转按权益法核算时，投资方应当按照金融工具确认和计量准则确定的原股权投资的公允价值加上为取得新增投资而应支付对价的公允价值，作为改按权益法核算的初始投资成本。原持有的股权投资分类为可供出售金融资产的，其公允价值与账面价值之间的差额，以及原计入其他综合收益的累计公允价值变动应当转入当期留存收益。”

然后，比较上述计算所得的初始投资成本与按照追加投资后全新的持股比例计算确定的应享有被投资单位在追加投资日可辨认净资产公允价值份额之间的差额，前者大于后者的，不调整长期股权投资的账面价值；前者小于后者的，差额应调整长期股权投资的账面价值，并计入当期营业外收入。

①确认初始投资成本。

借：长期股权投资——投资成本（原持有股权投资公允价值+新增投资支付对价公允价值）

　　贷：指定以公允价值进行计量且其变动计入其他综合收益/当期损益的金融资产（原持有的股权投资的公允价值）

　　　　银行存款等（新增投资而应支付对价的公允价值）

②之前计入其他综合收益的累计利得或损失应当从其他综合收益中转出，计入留存收益。

借：其他综合收益（原计入其他综合收益的累计公允价值变动）

　　贷：留存收益

③调整长期股权投资账面价值。

借：长期股权投资——投资成本

　　贷：营业外收入（应享有被投资单位在追加投资日可辨认净资产公允价值

份额-长期股权投资初始投资成本，差额为负则不调整）

例：2012 年 2 月，A 公司以 600 万元现金自非关联方处取得 B 公司 10%的股权。A 公司根据金融工具确认和计量准则将其作为可供出售金融资产。2013 年1 月2 日，A 公司又以 1,200 万元的现金自另一非关联方处取得 B 公司 12%的股权，相关手续于当日完成。当日，B 公司可辨认净资产公允价值总额为 8,000 万元，A 公司对 B 公司的可供出售金融资产的账面价值 1,000 万元，计入其他综合收益的累计公允价值变动为 400 万元。取得该部分股权后，按照 B 公司章程规定，A 公司能够对 B 公司施加重大影响，对该项股权投资转为采用权益法核算。

不考虑相关税费等其他因素影响。

本例中，2013 年 1 月 2 日，A 公司原持有 10%股权的公允价值为 1,000 万元，为取得新增投资而支付对价的公允价值为 1,200 万元，因此 A 公司对 B 公司 22%股权的初始投资成本为 2,200 万元。

A 公司对 B 公司新持股比例为 22%，应享有 B 公司可辨认净资产公允价值的份额为 1,760 万元（8,000 万元×22%）。由于初始投资成本（2,200 万元）大于应享有 B 公司可辨认净资产公允价值的份额（1,760 万元），因此，A 公司无须调整长期股权投资的成本。

2013 年 1 月 2 日，A 公司确认对 B 公司的长期股权投资，进行会计处理如下：

借：长期股权投资——投资成本　　2,200

　　其他综合收益　　400

　　贷：可供出售金融资产　　1,000

　　　　银行存款　　1,200

　　　　留存收益　　400

（2）增加投资后达到控制的程度，则转换为成本法计量。

原投资按照金融资产计量，增资后对被投资方构成控制的，需转换为按成本法计量的长期股权投资。根据《企业会计准则第 2 号——长期股权投资》（2014）第十四条，投资方因追加投资等原因能够对非同一控制下的被投资单位实施控制的，在编制个别财务报表时，应当按照原持有的股权投资账面价值加上新增投资成本之和，作为改按成本法核算的初始投资成本。

购买日之前持有的股权投资按照《企业会计准则第 22 号——金融工具确认和

计量》的有关规定进行会计处理的，原计入其他综合收益的累计公允价值变动应当在改按成本法核算时转入当期损益（企业执行《企业会计准则第 22 号——金融工具确认和计量》（2017）的，“原计入其他综合收益的累计公允价值变动应当在改按成本法核算时转入当期损益”应为“原计入其他综合收益的累计公允价值变动应当转入当期留存收益”）。

①个别财务报表会计处理。

A. 确认长期股权投资的初始投资成本。

借：长期股权投资——投资成本（原持有股权投资账面价值+新增投资支付对价公允价值）

　　贷：指定以公允价值进行计量且其变动计入其他综合收益/当期损益的金融资产（原持有的股权投资的账面价值）

　　　　银行存款等（新增投资而应支付对价的公允价值）

B. 之前计入其他综合收益的累计利得或损失应当从其他综合收益中转出，计入当期损益。

借：其他综合收益（原计入其他综合收益的累计公允价值变动）

　　贷：留存收益

C. 调整长期股权投资账面价值。

借：长期股权投资——投资成本

　　贷：营业外收入（应享有被投资单位在追加投资日可辨认净资产公允价值份额减去长期股权投资初始投资成本，差额为负则不调整）

②合并财务报表会计处理。

按照《企业会计准则第 20 号——企业合并》（以下简称“企业合并准则”）有关非同一控制下企业合并的相关规定，购买日编制合并抵销分录如下：

借：子公司净资产（子公司于购买日的可辨认净资产公允价值）

　　商誉（长期股权投资账面价值-享有的子公司于购买日的可辨认净资产公允价值份额）

　　贷：长期股权投资（账面价值）

　　　　少数股东权益

十三、涉税分析与税务筹划

企业增资的途径主要有以下几种：投资者投入现金或非货币资产；通过公司内部积累转增资本，即资本公积和留存收益转增资本；债转股，即企业的债务消失，资本金增加。

1. 以货币资产或非货币资产投资

投资者以货币资产或非货币资产投资的涉税分析与新设公司的涉税分析基本一致，具体请参见第一章第五节“涉税分析与税务筹划”。

2. 资本公积转增资本的涉税分析

资本公积主要包含资本溢价（股本溢价）和其他资本公积。资本溢价（股本溢价）是由于投资者投入超过合同约定比例部分形成的。

（1）所得税。

《国家税务总局关于贯彻落实企业所得税法若干税收问题的通知》（国税函〔2010〕79号）第四条第二款规定，被投资企业将股权（票）溢价所形成的资本公积转为股本的，不作为投资方企业的股息、红利收入，投资方企业也不得增加该项长期投资的计税基础。据此，由资本溢价（股本溢价）形成的资本公积转增股本，股东不缴纳企业所得税。

根据《企业会计准则》，其他资本公积是由特定资产计价变动形成，而并非在交易活动中形成的所得，所以当特定资产处置时，其他资本公积也应随之一并处置，因此具有临时归集过渡的性质，在该特定资产存在时不得用于直接转增资本或股本。

（2）印花税。

将资本公积转增资本，资本公积和实收资本的总额未发生变化，因此不应缴纳印花税。

3. 留存收益转增资本的涉税分析

留存收益属于税后利润，其包含盈余公积和未分配利润。盈余公积和未分配利润均可用于转增资本。而税法上将留存收益转增资本视为分配利润和投资增加资本两个环节，即投资者相当于取得被投资公司从盈余公积或未分配利润分得的股利，然后再将该部分资金投入被投资公司的过程。

（1）所得税。

留存收益转增资本企业所得税的处理应区分居民企业和非居民企业。根据企业所得税法的相关规定，投资者为居民企业和在中国境内设立机构、场所的非居民企业时，从居民企业取得的股息、红利等权益性投资收益免征企业所得税。投资者为不符合条件的非居民企业时，从居民企业取得的股息红利、利息、租金、特许权使用费等收入应计算缴纳企业所得税，且以支付人为扣缴义务人。因此，对于不符合条件的非居民企业投资者，被投资企业使用留存收益转增资本时应缴纳企业所得税，且被投资企业在转增资本时代扣代缴这部分税费。

（2）印花税。

留存收益转增资本，会使实收资本和资本公积总额增加，因此还应缴纳印花税。

4. 债转股的涉税分析

广义上，债转股指债权人将债权转为公司股权的行为。

狭义上，债转股是指在债务人财务发生困难的情况下，债权人将其债权转化为持有该债务人公司的股权，并做出相应让步的行为。这种行为属于债务重组业务。

（1）所得税。

债权人为法人时，根据现行企业会计准则，债权人和债务人应将债务重组的利得和损失确认为当期营业外收支。但对于所得税的处理需根据债转股的内容和条件区分一般性税务处理和特殊性税务处理。

在一般性税务处理的情况下，依据《企业债务重组业务所得税处理办法》及《财政部、国家税务总局关于企业重组业务企业所得税处理若干问题的通知》（财税〔2009〕59 号）规定，债转股业务中债务人应将债权人对其做出的让步确认为债务重组收益；债权人应将对债务人做出的让步确认为债务重组损失，并按公允价值确定取得股权的计税基础。因此，税法和会计上是一致的，应按照营业外收支计算缴纳企业所得税。

债转股业务如符合特殊性税务处理条件，债权人应按照原债权的账面价值确认股权投资的价值，即不应确认债务重组损失，因此债权人不会涉及企业所得税的缴纳；债务人应按照原债务的账面价值确认吸收资本的价值，债务人也不确认债务重组利得，即不需要缴纳企业所得税。

需要说明的是，依据《企业资产损失所得税税前扣除管理办法》（国家税务总局公告 2011 年第 25 号）的规定，企业因债转股业务确认的债务重组损失，应按规定的程序和要求向主管税务机关申报后方能在税前扣除。此外，依据财税〔2009〕59 号规定，债转股业务如果符合特殊性处理条件，且债务人因债转股确认的所得额占该企业当年应纳税所得额 50%以上的，债务人可以在 5 个纳税年度内，均匀将债务重组所得计入各年度的应纳税所得额。

（2）印花税。

由于债转股业务签订的合同不属于印花税税目税率表中列举的凭证和经财政部确定征税的其他凭证征税的项目，因此对于债权人和债务人均不需要按照债转股业务签订的协议或合同缴纳印花税。但是对于债务人而言，由于债权转股权后，其实收资本或股本增加，需要按照资本公积和实收资本合计金额计算缴纳印花税。

第三章

企业减资

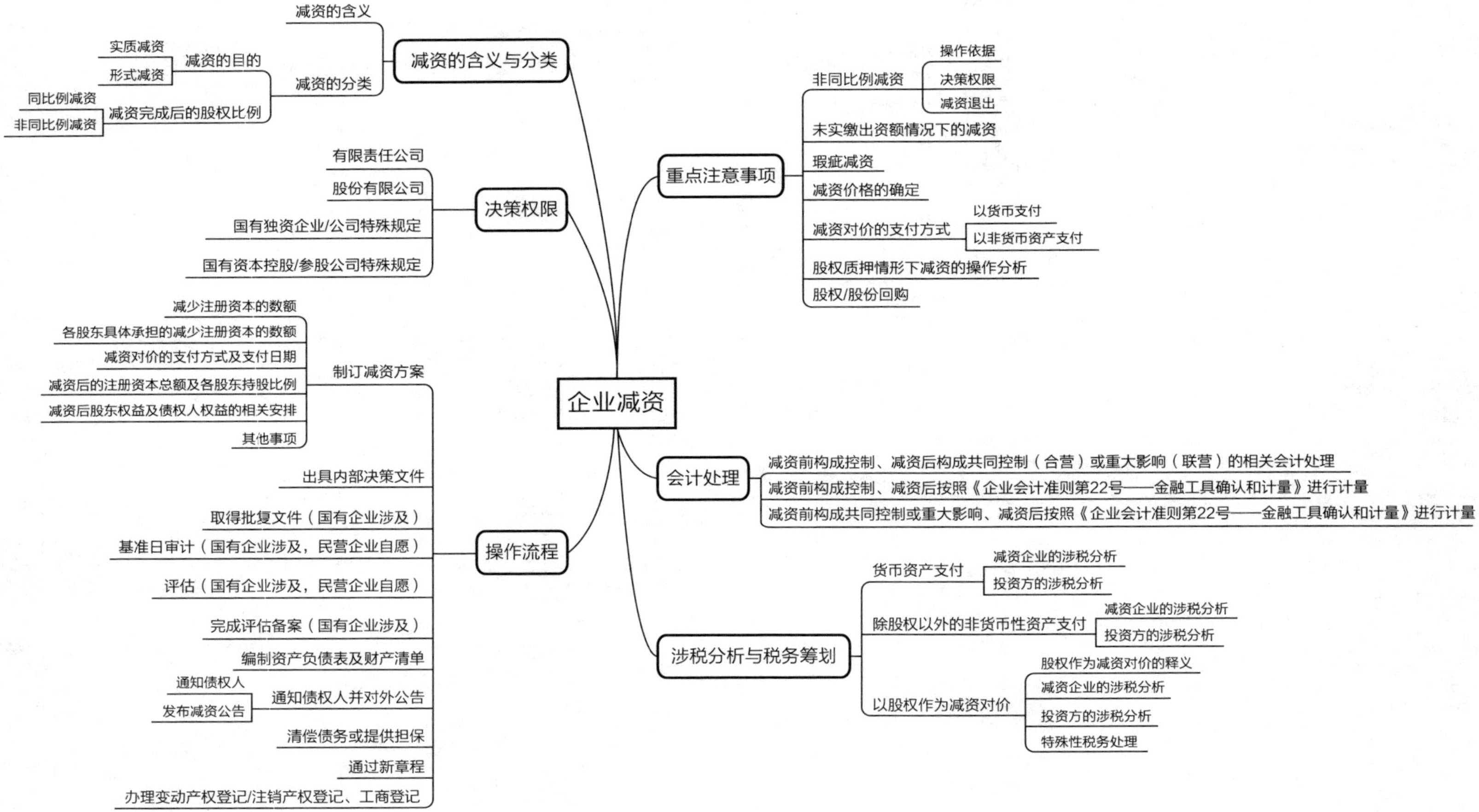
企业减资
减资的含义与分类
减资的含义
减资的分类
减资的目的
实质减资
形式减资
减资完成后的股权比例
同比例减资
非同比例减资
决策权限
有限责任公司
股份有限公司
国有独资企业/公司特殊规定
国有资本控股/参股公司特殊规定
操作流程
制订减资方案
减少注册资本的数额
各股东具体承担的减少注册资本的数额
减资对价的支付方式及支付日期
减资后的注册资本总额及各股东持股比例
减资后股东权益及债权人权益的相关安排
其他事项
出具内部决策文件
取得批复文件（国有企业涉及）
基准日审计（国有企业涉及，民营企业自愿）
评估（国有企业涉及，民营企业自愿）
完成评估备案（国有企业涉及）
编制资产负债表及财产清单
通知债权人并对外公告
通知债权人
发布减资公告
清偿债务或提供担保
通过新章程
办理变动产权登记/注销产权登记、工商登记
重点注意事项
非同比例减资
操作依据
决策权限
减资退出
未实缴出资额情况下的减资
瑕疵减资
减资价格的确定
减资对价的支付方式
以货币支付
以非货币资产支付
股权质押情形下减资的操作分析
股权/股份回购
会计处理
减资前构成控制、减资后构成共同控制（合营）或重大影响（联营）的相关会计处理
减资前构成控制、减资后按照《企业会计准则第22号——金融工具确认和计量》进行计量
减资前构成共同控制或重大影响、减资后按照《企业会计准则第22号——金融工具确认和计量》进行计量
涉税分析与税务筹划
货币资产支付
减资企业的涉税分析
投资方的涉税分析
除股权以外的非货币性资产支付
减资企业的涉税分析
投资方的涉税分析
以股权作为减资对价
股权作为减资对价的释义
减资企业的涉税分析
投资方的涉税分析
特殊性税务处理

一、减资的含义与分类

1. 减资的含义

减资是指企业资本过剩或亏损严重，根据经营业务的实际情况，依法减少注册资本（或股本，下同）的行为。

2. 减资的分类

根据减资的目的，可以划分为实质减资和形式减资；根据减资完成后的股东持股比例，可以划分为同比例减资和非同比例减资。

（1）实质减资和形式减资。

实质减资是指企业资本过剩，为避免资本浪费而进行的减资。实质减资有以下特点：

第一，净资产由公司流向股东。

第二，企业的偿债能力降低。

形式减资是指企业因经营不善导致严重亏损，为弥补亏损而进行的减资。形式减资有以下特点：

第一，净资产不流出。

第二，企业的偿债能力不发生变化。

（2）同比例减资和非同比例减资。

同比例减资是指以不改变出资比例为前提，减少各股东出资。减资完成后，企业注册资本减少，各股东持股比例保持不变。

非同比例减资是指减少注册资本总额，同时改变原出资比例。减资完成后，企业注册资本减少，各股东的持股比例发生变化。

二、决策权限

1. 有限责任公司

根据《公司法》的相关规定，有限责任公司减少注册资本，应当由股东会做出决议，且必须经代表三分之二以上表决权的股东通过。

2. 股份有限公司

根据《公司法》的相关规定，股份有限公司减少注册资本，应当由股东大会做出决议，且必须经出席会议的股东所持表决权的三分之二以上通过。

3. 国有独资企业/公司特殊规定

根据《企业国有资产法》《企业国有资产监督管理暂行条例》的相关规定，国有独资企业、国有独资公司减少注册资本的，由履行出资人职责的机构（即国有资产监督管理机构，下同）决定。

除依照有关法律、行政法规及企业章程的规定，由履行出资人职责的机构决定的以外，国有独资企业由企业负责人集体讨论决定，国有独资公司由董事会决定。

4. 国有资本控股/参股公司特殊规定

国有资本控股公司、国有资本参股公司减少注册资本的，依照法律、行政法规以及公司章程的规定，由公司股东会、股东大会或者董事会决定。由股东会、股东大会决定的，履行出资人职责的机构委派的股东代表应当参加，并按照委派机构的指示提出提案、发表意见、行使表决权，并将其履行职责的情况和结果及时报告委派机构。

三、操作流程

1. 制订减资方案

减资方案应当包含以下内容：

（1）减少注册资本的数额。

（2）各股东具体承担的减少注册资本的数额。

（3）减资对价的支付方式及支付日期。

（4）减资后的注册资本总额及各股东持股比例。

（5）减资后股东权益及债权人权益的相关安排。

（6）其他事项。

2. 出具内部决策文件

企业决策机构应根据法律、行政法规以及章程的规定出具内部决策文件，内部决策文件原则上应包含减资方案中的重点内容。

3. 取得批复文件（国有企业涉及）

国家出资企业负责的各级子企业决定减资的，应按照内部管理制度履行审批程序，并取得有效的同意减资的批复文件。

4. 基准日审计（国有企业涉及，民营企业自愿）

针对占有国有资产的企业和事业单位的减资行为，一般应委托具有资质的审计机构开展审计工作，并出具基准日审计报告。

5. 评估（国有企业涉及，民营企业自愿）

根据《国有资产评估管理若干问题的规定》（财政部令第 14 号）的相关规定，占有国有资产的企业和事业单位（上市公司除外）原股东股权比例变动的，应当对相关国有资产进行评估。

若减资行为为非同比例减资，减资完成后，原股东的股权比例发生变动，此种情形应当进行评估。

若减资行为为同比例减资，《国有资产评估管理若干问题的规定》（财政部令第 14 号）并未要求必须评估，为保障减资操作的合规性，维护国有资产出资人的合法权益，占有国有资产的企业和事业单位减资，建议进行评估。

6. 完成评估备案（国有企业涉及）

根据《企业国有资产评估管理暂行办法》（国务院国资委令第 12 号）的相关

规定，企业在收到资产评估机构出具的评估报告后应逐级报送国有资产监督管理机构或其所属国家出资企业，提出备案申请。国有资产监督管理机构或国家出资企业决定是否予以备案。

7. 编制资产负债表及财产清单

企业减少注册资本时，必须编制资产负债表和财产清单。

8. 通知债权人并对外公告

企业应当自做出减资决议之日起十日内通知债权人，并于三十日内在报纸上公告。

（1）通知债权人。

①企业债务的确认。

企业应就减资时已知债务履行通知债权人的义务。公司主要通过债务金额是否确定、还款义务是否确定来确认是否为已知债务。若债务金额确定且还款义务确定，则该债务属已知债务，减资时应履行通知债权人的义务。

②通知的主体。

根据《公司法》的相关规定及相关司法判例，履行通知义务的主体应为减资企业，减资企业的股东应当尽到合理注意义务。

③通知的方式。

《公司法》对通知债权人的方式并没有明确的规定，根据相关司法判例，针对能直接通知的债权人，应采用直接通知的方式，而不能仅采用公告的方式。直接通知的方式一般包括 EMS 快递、电子邮件、传真等。

（2）发布减资公告。

发布减资公告一般需要的资料如下：

①营业执照副本复印件；

②减资的决策文件；

③法定代表人身份证复印件。

具体的公告要求以及公告方式应根据当地市场监督管理局的要求办理。以北京市场监督管理局监管要求为例，《北京市工商行政管理局关于印发〈企业登记电子公告试行办法〉的通知》（京工商发〔2016〕67号）第五条规定："中关村国家自主创新示范区或北京市其他适用区域内公司决定减资、合并、分立的，可通过北京市企业信用信息网企业登记公告子系统发布相应公告，可不再通过报纸发布公告。"

9. 清偿债务或提供担保

债权人自接到减资企业通知书之日起三十日内，未接到通知书的自公告之日起四十五日内，有权要求减资企业清偿债务或者提供相应的担保，减资企业应就相关债务进行清偿或提供相应担保。

10. 通过新章程

减资完成后，减资企业对章程注册资本条款、股东名称条款、股东出资条款等进行变更并经股东（大）会审议通过。

如有其他章程条款变更的，可一并修改。

11. 办理变动产权登记/注销产权登记、工商登记

减资涉及企业注册资本的变更，应先进行变动产权登记后进行工商登记；因减资导致企业出资人中不再存续履行出资人职责的机构和履行出资人职责的企业，应先进行产权注销登记后进行工商登记。

企业在发布减资公告之日起45日后方可申请工商登记。

（1）变动产权登记。

《国家出资企业产权登记管理暂行办法》（国务院国有资产监督管理委员会令第29号）第十三条、《财政部关于修订〈企业国有资产产权登记管理办法实施细则〉的通知》（财管字〔2000〕116号）第二十条规定，企业注册资本改变或企业国有资本出资额发生增减变动的，应当申办变动产权登记。变动产权登记应提交的文件、材料参照《财政部关于修订〈企业国有资产产权登记管理办法实施细则〉的通知》（财管字〔2000〕116号）第二十三条规定。

（2）注销产权登记。

《国家出资企业产权登记管理暂行办法》（国务院国有资产监督管理委员会令第29号）第十四条规定，企业因减资导致企业出资人中不再存续履行出资人职责的机构和履行出资人职责的企业的，应当办理注销产权登记。注销产权登记应提交

的文件、材料参照《财政部关于修订〈企业国有资产产权登记管理办法实施细则〉的通知》(财管字〔2000〕116号)第二十八条规定。

(3)工商登记。

《中华人民共和国公司登记管理条例》第二十六条规定:“公司变更登记事项,应当向原公司登记机关申请变更登记。”

《中华人民共和国公司登记管理条例》第三十一条规定:“公司减少注册资本,应当自公告之日起45日后申请变更登记,并应当提交公司在报纸上登载公司减少注册资本公告的有关证明和公司债务清偿或者债务担保情况的说明。”

办理工商变更登记需要提交的文件、材料参照各地行政监督管理局办事指南。

四、重点注意事项

1. 非同比例减资

(1)操作依据。

根据《国家工商行政管理总局关于公司减少注册资本办理变更登记有关问题的答复》(工商企字〔2003〕12号),公司成立后,以实物、工业产权、非专利技术、土地使用权出资的股东、发起人,未能在法定期限内办理财产权转移手续,登记机关做出行政处罚后仍不能出资的;或者公司因经营的需要,经股东会做出决议,全体股东等比例减少出资,或公司部分股东减少其出资的,公司申请减少注册资本,登记机关应予以办理变更登记,但申请变更登记程序及变更后的股东人数和注册资本数额应符合法律、法规的规定。

根据国家工商行政管理总局(现更名为国家市场监督管理总局)相关要求,企业可进行非同比例减资。

(2)决策权限。

根据《公司法》的相关规定,公司减资应经股东会(股东大会)决议,且须经持有三分之二以上表决权的股东通过(股份有限公司:出席股东大会会议的股东所持表决权的三分之二以上通过)。

针对非同比例减资，相关法律及司法解释并无其他特殊规定，但司法实践中存在仅经全体/出席会议的代表三分之二以上表决权的股东表决通过，未征得小股东同意的情况下进行非同比例减资，决议被认定无效的判例。

因非同比例减资会直接突破股东间原稳定存续的股权分配情况，为保护持有小比例股权股东的权益，建议非同比例减资经全体股东一致同意，全体股东另有约定的除外。

（3）减资退出。

国有企业可以通过减资方式实现退出，但在实务操作中，是否采用减资退出，应根据集团内部管理制度做出判断。国有企业减资退出时应注意以下几点：

①减资退出的价格。

减资退出的价格应在评估报告的评估结果基础上，各股东协商一致确认。

②减资企业的名称、商标、品牌问题。

减资企业的名称中含有国有企业的字号，以及减资企业使用国有企业品牌、商标的，减资退出时应在减资方案以及决议中明确。减资退出后，减资企业不再继续使用国有企业的字号，应办理企业名称的变更手续；如继续使用国有企业品牌、商标的，应签署相关协议，并明确使用年限及使用费等。

③债权债务处理。

减资企业的债权应由减资后的企业承继，减资企业的债务除提前清偿的债务外由减资后的企业承继。

④职工安置。

国有企业减资退出的，应在减资方案中明确是否涉及职工安置事宜。国有企业持有股权为参股权的，一般不涉及职工安置；国有企业持有股权为控股权的，可能会涉及职工安置。涉及职工安置的，应由减资企业制订职工安置方案，并经职工（代表）大会表决通过。

2. 未实缴出资额情况下的减资

目前我国实行注册资本认缴登记制，也即市场监督管理部门只登记公司认缴的注册资本总额，无须登记实收资本，另有规定的除外。注册资本认缴登记制不代表只认不缴，各股东应在认缴期限内缴足出资。股东未实缴出资额的情况下，企业仍可进行减资，但应严格按照法定的条件和程序进行减资。

3. 瑕疵减资

企业及其股东违反《公司法》的规定，未按照法定的条件和程序进行减资的，属于瑕疵减资。在实操中，瑕疵减资主要体现在“通知债权人”阶段，也即在减资过程中未通知债权人而径行减资。

我国法律未具体规定未按照法定程序进行减资导致债权人利益受损时股东应承担的责任。但《公司法》规定，有限责任公司的股东以其认缴的出资额为限对公司承担责任；股份有限公司的股东以其认购的股份为限对公司承担责任。

企业进行减资一是减小了股东承担责任的限额，二是可能削弱企业对外偿债的能力。企业未全面履行通知债权人的义务，可能会影响到债权人的利益。根据相关司法判例，若企业减资虽未通知债权人，存在一定的瑕疵，但实质上不损害债权人的利益，减资股东不承担民事责任；若企业减资未通知债权人且实质上损害债权人的利益，导致企业减资前已存在的债权无法得到清偿，减资股东应在减资范围内承担补充赔偿责任。

4. 减资价格的确定

《公司法》及相关法律法规未对公司如何进行减资分配进行明确规定，也即并未明确确定减资价格的方式。但是基于公平公正原则，公司和股东应在净资产公允价值的基础上协商确定减资价格并进行减资分配。

针对同比例减资，因为不会导致股东持股比例的变化，故可以以净资产评估值为基础进行减资分配，亦可以按照净资产的账面价值进行减资分配。对于国有企业来说，《国有资产评估管理若干问题的规定》（财政部令第 14 号）并未要求同比例减资必须评估，股东可在参照净资产的基础上通过协商一致的方式确定减资价格；但从国有资产保值增值原则考虑，建议通过评估的方式确定各股东的减资金额。

针对非同比例减资，在实践中，通常按照公司净资产评估值确定减资价格。国有企业减资，应当按照《国有资产评估管理若干问题的规定》（财政部令第 14 号）进行评估，以评估值为基础与各股东协商确定减资价格并进行减资分配。

5. 减资对价的支付方式

减资对价的支付方式主要可分为两类：一是以货币支付；二是以非货币性资产支付。在具体操作中，可结合股东意愿、企业现状以及税收优惠政策等选择合适的支付方式。

（1）以货币支付。

以货币支付对价是指企业向减资股东以现金支付减资对价的方式。

（2）以非货币性资产支付。

以非货币性资产支付是指企业向减资股东以实物、知识产权、土地使用权等可以用货币估价并可以依法转让的非货币财产支付减资对价的方式。以非货币性资产支付又可分为以动产支付和以不动产支付。

①以动产支付。

根据《民法典》的相关规定，动产物权的转让，自交付时发生效力，但法律另有规定的除外。

以车辆、设备等动产向减资股东支付对价的，企业应将动产的占有现实地转移给减资股东。需办理过户登记的，应当办理相关过户手续。

②以不动产支付。

根据《民法典》相关规定，不动产物权的转让，经依法登记，发生效力；未经登记，不发生效力，但法律另有规定的除外。

以房屋、土地使用权或需要进行权属登记的知识产权等不动产向减资股东支付对价的，应将不动产交付减资股东且应办理权属变更手续。

6. 股权质押情形下减资的操作分析

（1）操作可行性。

国家市场监督管理总局发布的《工商行政管理机关股权出质登记办法》对股权质押后能否减资未做明确的规定。根据《关于印发〈重庆市有限责任公司股权出质登记试行办法〉的通知》的相关规定，办理股权出质登记后，未经出质人与质权人协商一致，该股权不得转让，出质人也不得减少相应的出资；经出质人与质权人协商一致同意出质人减少相应出资的，除办理注册资本变更登记外，还应当同时办理股权出质变更登记。

根据上述规定，目前法律、行政法规并未明文禁止股权质押后减资的行为。在实操中，股权质押后是否可以减资可从以下两个角度判断：

①地方政策对股权质押后减资是否有禁止性规定，如有禁止性规定则股权质押后不可减资。

②质押协议中对股权质押后减资行为是否有相关约定，如质押协议中对减资有禁止性规定，则股权质押后不可减资；如质押协议中对减资有限制性约定，依据质押协议执行；质押协议中无约定的，原则上也应当经质权人同意后企业方可减资。

（2）质权人可以要求提供担保或清偿债务。

根据《民法典》的相关规定，因不可归责于质权人的事由可能使质押财产毁损或者价值明显减少，足以危害质权人权利的，质权人有权请求出质人提供相应的担保；出质人不提供的，质权人可以拍卖、变卖质押财产，并与出质人协议将拍卖、变卖所得的价款提前清偿债务或者提存。

股权质押后企业减资会危害到质权人的权益，质权人有权要求出质人提供相应的担保或提前清偿。

7. 股权/股份回购

（1）有限责任公司股权回购。

股权回购是指企业依据相关规定或协议，回购公司股东股权的行为。

①操作依据。

根据《公司法》第七十四条，有限责任公司有下列情形之一的，对股东会该项决议投反对票的股东可以请求公司按照合理的价格收购其股权：

A. 公司连续五年不向股东分配利润，而公司该五年连续盈利，并且符合本法规定的分配利润条件的。

B. 公司合并、分立、转让主要财产的。

C. 公司章程规定的营业期限届满或者章程规定的其他解散事由出现，股东会会议通过决议修改章程使公司存续的。

自股东会会议决议通过之日起六十日内，股东与公司不能达成股权收购协议的，股东可以自股东会会议决议通过之日起九十日内向人民法院提起诉讼。

根据《最高人民法院关于适用〈中华人民共和国公司法〉若干问题的规定（五）》，人民法院审理涉及有限责任公司股东重大分歧案件时，应当注重调解。当事人协商一致以公司回购部分股东股份的方式解决分歧，且不违反法律、行政法规的强制性规定的，人民法院应予支持。

根据《公司注册资本登记管理规定》（国家工商行政管理总局令第64号），有限责任公司依照上述规定收购其股东的股权的，应当依法申请减少注册资本的变更登记。

②股权回购的方式。

A. 协议回购。

协议回购是指公司出现《公司法》及其司法解释规定的可回购股权的情形，股东与公司协商一致，由公司回购股东股权。

B. 诉讼回购。

诉讼回购是指股东与公司无法就股权回购达成一致，股东向人民法院提起诉讼，要求公司回购股权。

根据《公司法》的相关规定，自股东会会议决议通过之日起六十日内，股东与公司不能达成股权收购协议的，股东可以自股东会会议决议通过之日起九十日内向人民法院提起诉讼。

③股权回购的价格。

根据《公司法》的相关规定，股东可要求公司以合理的价格回购股权，合理价格的确定主要有以下两种方式：

A. 协商确定。

协商确定是指股东与公司协商一致确定股权回购价格。

B. 评估确定。

评估确定是指通过委托具有合法资质的评估机构对公司股东全部权益进行评估，根据评估结果确定回购股权价格。

④股权回购后的处理。

公司回购股权后应在法律及相关司法解释规定期限内办理减少注册资本的手续。

（2）股份有限公司股份回购。

股份回购是指公司按一定的程序购回发行或流通在外的本公司股份的行为。

①操作依据。

《公司法》第一百四十二条规定，股份有限公司不得收购本公司股份。但是，有下列情形之一的除外：

A. 减少公司注册资本。

B. 与持有本公司股份的其他公司合并。

C. 将股份用于员工持股计划或者股权激励。

D. 股东因对股东大会做出的公司合并、分立决议持异议，要求公司收购其股份。

E. 将股份用于转换上市公司发行的可转换为股票的公司债券。

F. 上市公司为维护公司价值及股东权益所必需。

根据《最高人民法院关于适用〈中华人民共和国公司法〉若干问题的规定（二）》，人民法院审理解散公司诉讼案件，应当注重调解。当事人协商同意由公司或者股东收购股份，或者以减资等方式使公司存续，且不违反法律、行政法规强制性规定的，人民法院应予支持。当事人不能协商一致使公司存续的，人民法院应当及时判决。经人民法院调解公司收购原告股份的，公司应当自调解书生效之日起六个月内将股份转让或者注销。

②股份回购的决策。

《公司法》第一百四十二条规定，公司因减资情形收购本公司股份的，应当经股东大会决议。

③股份回购的价格。

主要可通过以下方式确定股份回购的价格：

A. 按照估值确定。

委托具有合法资质的评估机构对公司全部权益进行评估，根据评估结果确定股份回购的价格。

B. 按照净资产确定。

根据股份有限公司某一时点的净资产确定股份回购的价格。因公司净资产会随着经营损益的变化而变化，故在股权回购协议中需明确净资产的计算时点。

C. 协商确定。

公司与股东根据企业的实际情况，协商确定股份回购的价格。

④股份回购的处理。

根据《公司法》的相关规定，股份有限公司收购公司股权属于减资情形的，应当自收购之日起十日内注销。

（3）对赌协议中的股权回购。

对赌协议是指投资方与融资方在达成股权性融资协议时，为解决交易双方对目标公司未来发展的不确定性、信息不对称以及代理成本而设计的包含了股权回购、金钱补偿等对未来目标公司的估值进行调整的协议。

①股权回购条款的效力。

根据《全国法院民商事审判工作会议纪要》，投资方与目标公司订立的“对赌协议”在不存在法定无效事由的情况下，目标公司仅以存在股权回购或者金钱补偿约定为由，主张“对赌协议”无效的，人民法院不予支持。

《民法典》第一百四十三条规定：“具备下列条件的民事法律行为有效：

（一）行为人具有相应的民事行为能力；

（二）意思表示真实；

（三）不违反法律、行政法规的强制性规定，不违背公序良俗。”

《民法典》第一百四十六条规定：“行为人与相对人以虚假的意思表示实施的民事法律行为无效。”

《民法典》第一百五十三条规定：“违反法律、行政法规的强制性规定的民事法律行为无效。但是，该强制性规定不导致该民事法律行为无效的除外。违背公序良俗的民事法律行为无效。”

《民法典》第一百五十四条规定：“行为人与相对人恶意串通，损害他人合法权益的民事法律行为无效。”

也即对赌协议在无《民法典》规定的无效情形时，即为有效，股权回购条款自然有效。

②股权回购的执行。

根据《全国法院民商事审判工作会议纪要》，投资方请求目标公司回购股权的，人民法院应当依据《公司法》第三十五条关于“股东不得抽逃出资”或者第一百四十二条关于股份回购的强制性规定进行审查。经审查，目标公司未完成减资程序的，人民法院应当驳回其诉讼请求。

根据上述规定，股权回购是否可以履行还需对以下三个方面进行审查：

A. 是否构成抽逃出资。

《最高人民法院关于适用〈中华人民共和国公司法〉若干问题的规定（三）》第十二条规定：“公司成立后，公司、股东或者公司债权人以相关股东的行为符合下列情形之一且损害公司权益为由，请求认定该股东抽逃出资的，人民法院应予支持：

（一）将出资款项转入公司账户验资后又转出；

（二）通过虚构债权债务关系将其出资转出；

（三）制作虚假财务会计报表虚增利润进行分配；

（四）利用关联交易将出资转出；

（五）其他未经法定程序将出资抽回的行为。”

具体应判断股权回购是否构成上述抽逃出资的行为。

B. 是否违反《公司法》对股份有限公司的强制性规定。

通过《公司法》允许的股权回购情形进行股权回购不违背《公司法》的强制性规定。

C. 目标公司是否完成减资程序。

减资程序为股权回购的必经程序，必须经过减资程序实现股权回购。

五、会计处理

对被投资方减资的会计处理，参照处置长期股权投资进行处理。

减资前对被投资方构成控制、减资后仍构成控制的，按照“不丧失控制权情况下处置部分子公司股权”进行会计处理。具体处理方式请参照本书第四章“七、会计处理”中“1. 转让方在转让前对标的公司构成控制、转让后仍构成控制的相关会计处理”。

（1）减资前构成控制、减资后构成共同控制（合营）或重大影响（联营）的相关会计处理——成本法转权益法。

减资前对被投资方构成控制、减资后构成共同控制或重大影响，按照“处置部分股权从而丧失对被投资方控制权”进行会计处理，具体处理方式请参照“第四章企业产权转让（公开进场转让）七、会计处理 2. 转让方在转让前对标的公司构成控制、转让后构成共同控制（合营企业）或重大影响（联营企业）的相关会计处理——成本法转权益法（1）转让方的会计处理”。

（2）减资前构成控制、减资后按照《企业会计准则第 22 号——金融工具确认和计量》进行计量——成本法转公允价值计量。

减资前对被投资方形成控制、减资后按照金融资产进行核算，会计处理由成本法计量的长期股权投资转换为按照公允价值计量的金融资产，具体处理方式请参照“第四章企业产权转让（公开进场转让）七、会计处理 3. 转让方在转让前对标的公司构成控制、转让后按照《企业会计准则第 22 号——金融工具确认和计量》进行计量的相关会计处理——成本法转公允价值计量（1）转让方的会计处理”。

（3）减资前构成共同控制或重大影响、减资后按照《企业会计准则第 22 号——金融工具确认和计量》进行计量——权益法转公允价值计量。

减资前对被投资方形成共同控制或重大影响、减资后按照金融资产进行核算，会计处理由权益法计量的长期股权投资转换为按照公允价值计量的金融资产，具体处理方式请参照“第四章企业产权转让（公开进场转让）七、会计处理 4. 转让方在转让前对标的公司构成共同控制或重大影响、转让后按照《企业会计准则第 22 号——金融工具确认和计量》进行计量的相关会计处理——权益法转公允价值计量（1）转让方的会计处理”。

六、涉税分析与税务筹划

与公司增资时股东可用货币或者非货币资产支付一样，减资时公司也可用货币或者非货币资产进行支付。我们对不同支付方式分别进行税务分析。

1. 货币资产支付

（1）减资企业的涉税分析。

在用货币资产作为对价支付时，被投资企业不产生纳税义务。

（2）投资方的涉税分析。

企业所得税纳税分析：

《国家税务总局关于企业所得税若干问题的公告》（国家税务总局2011年第34号公告）第五条规定，投资企业撤回或减少投资的税务处理为：投资企业从被投资企业撤回或减少投资，从减资企业取得的货币资产中，相当于初始出资的部分，应确认为投资收回，不确认为企业所得税应纳税所得；相当于被投资企业累计未分配利润和累计盈余公积按减少实收资本比例计算的部分，应确认为股息所得；其余部分确认为投资资产转让所得。

《中华人民共和国企业所得税法》第二十六条第二项规定："符合条件的居民企业之间的股息、红利等权益性投资收益作为免税收入，免缴企业所得税。"

综上，对于符合条件的居民企业股东，仅需就减资价款超出原始投资及对应的股息红利部分按照适用税率纳税。

关于"居民股息红利"条件：

《中华人民共和国企业所得税法实施条例》（国务院令〔2007〕512号）第八十三条规定："《企业所得税法》第二十六条第（二）项所称符合条件的居民企业之间的股息、红利等权益性投资收益，是指居民企业直接投资于其他居民企业取得的投资收益。《企业所得税法》第二十六条第（二）项和第（三）项所称股息、红利等权益性投资收益，不包括连续持有居民企业公开发行并上市流通的股票不足12个月取得的投资收益。"

上述“符合条件的居民企业之间的股息、红利等权益性投资收益”有三点要求需要注意：

A. 居民企业之间，不包括居民企业投资“独资企业、合伙企业、非居民企业”。

B. 直接投资，不包括“间接投资”。

C. 连续持有居民企业公开发行并上市流通的股票在一年（12 个月）以上取得的投资收益，不包括处置及处置以后取得的收入。

2. 除股权以外的非货币性资产支付

当非货币性资产作为减资对价时，被投资企业视为销售作为对价的非货币性资产。以下分情况讨论：

（1）减资企业的涉税分析。

当减资企业以货物、无形资产、不动产作为对价支付时，税法上视同销售，减资企业会涉及增值税、土地增值税、印花税和企业所得税的纳税义务。

①增值税。

根据《增值税暂行条例实施细则》第四条，单位或者个体工商户“视同销售货物”行为的第七项，“将自产、委托加工或者购进的货物分配给股东或者投资者”，企业用货物类资产支付股东减资款，应视同销售货物，缴纳增值税。

根据《财政部　国家税务总局关于全面推开营业税改征增值税试点的通知》（财税〔2016〕36 号）附件 1 第一条，“在中华人民共和国境内（以下简称境内）销售服务、无形资产或者不动产（以下简称应税行为）的单位和个人，为增值税纳税人，应当按照本办法缴纳增值税，不缴纳营业税”，被投资企业用无形资产、不动产作为减资对价，应按视同销售处理，缴纳增值税。

②土地增值税。

根据《中华人民共和国土地增值税暂行条例》（国务院令第 138 号）第二条，“转让国有土地使用权、地上的建筑物及其附着物并取得收入的单位和个人，为土地增值税的纳税义务人，应当依照本条例缴纳土地增值税”，被投资企业用不动产作为减资对价，可能还会涉及土地增值税的缴纳。

③印花税。

前文已述及，用非货币性资产支付减资款，税务上视同销售。因此企业及股东需要就非货币性资产（货物、无形资产、不动产）按照适用印花税税率分别缴纳印花税。

④企业所得税。

根据《中华人民共和国企业所得税法》和《中华人民共和国企业所得税法实施条例》，被投资企业用货物、无形资产、不动产作为减资对价，需视同销售，按照公允价值确认销售收入，缴纳企业所得税。

（2）投资方的涉税分析。

当被投资企业用不动产作为减资对价时，减资的股东除了会涉及企业所得税外，一般还会涉及契税和印花税。

①企业所得税。

以非货币性资产支付减资价款时，股东企业所得税纳税分析与“以货币支付”纳税相同。具体请参见本节“1. 货币资产支付（2）投资方的涉税分析”。

②契税。

根据《中华人民共和国契税暂行条例》等，在中华人民共和国境内转移土地、房屋权属，承受的单位和个人为契税的纳税人，应当依照规定缴纳契税。故被投资企业用不动产作为减资对价时，股东作为承受方需缴纳契税。

③印花税。

与减资企业印花税分析相同，股东需要按照视同销售，缴纳印花税。

3. 以股权作为减资对价

（1）股权作为减资对价的释义。

例：假设A公司持有B公司一定比例的股权，B公司持有C公司一定比例的股权，A公司决定对B公司减资，B公司用其持有的C公司股权作为对价支付，这种情况，即为“股权作为减资对价”。

“股权作为减资对价”，也可以理解为“股权置换”，是企业重组的一个重要手段。

（2）减资企业的涉税分析：一般性税务处理。

在用股权作为减资对价的情况下，减资企业涉及企业所得税（在采用一般性税务处理规定时）、印花税的纳税义务。

①企业所得税。

企业转让股权的行为属于转让财产，为应税行为；转让股权收入扣除为取得该股权所发生的成本后，为股权转让所得，应当按照规定缴纳企业所得税。

②印花税。

根据《中华人民共和国印花税暂行条例》《中华人民共和国印花税暂行条例施行细则》等，股权转让协议签订双方，应当按照产权转移书据税目，以协议金额的万分之五的税率缴纳印花税。

（3）投资方的涉税分析：一般性税务处理。

在用股权作为减资对价的情况下，投资方（减资方）会涉及企业所得税（在采用一般性税务处理规定时）、印花税的纳税义务。

①企业所得税。

对于投资方来说，减资企业取得的股权对价中，相当于初始出资的部分，应确认为投资收回，不确认为企业所得税应纳税所得；相当于被投资企业累计未分配利润和累计盈余公积按减少实收资本比例计算的部分，应确认为股息所得，又根据《中华人民共和国企业所得税法》第二十六条第二项："符合条件的居民企业之间的股息、红利等权益性投资收益作为免税收入，免缴企业所得税。"故该部分股息所得不缴纳企业所得税（连续持有居民企业公开发行并上市流通的股票不足12个月取得的投资收益除外）；其余部分确认为投资资产转让所得，需缴纳企业所得税。

②印花税。

根据《中华人民共和国印花税暂行条例》《中华人民共和国印花税暂行条例施行细则》等，股权转让协议签订双方，应当按照产权转移书据税目，以协议金额的万分之五的税率缴纳印花税。

（4）特殊性税务处理。

根据《关于企业重组业务企业所得税处理若干问题的通知》（财税〔2009〕59

号）第五条：“企业重组同时符合下列条件的，适用特殊性税务处理规定：

（一）具有合理的商业目的，且不以减少、免除或者推迟缴纳税款为主要目的。

（二）被收购、合并或分立部分的资产或股权比例符合本通知规定的比例。

（三）企业重组后的连续 12 个月内不改变重组资产原来的实质性经营活动。

（四）重组交易对价中涉及股权支付金额符合本通知规定比例。

（五）企业重组中取得股权支付的原主要股东，在重组后连续 12 个月内，不得转让所取得的股权。”

又根据将《关于企业重组业务企业所得税处理若干问题的通知》第六条“股权收购，收购企业购买的股权不低于被收购企业全部股权的 75%”的规定调整为“股权收购，收购企业购买的股权不低于被收购企业全部股权的 50%”（财税〔2014〕109 号），“且收购企业在该股权收购发生时的股权支付金额不低于其交易支付总额的 85%，可以选择按以下规定处理：

（一）被收购企业的股东取得收购企业股权的计税基础，以被收购股权的原有计税基础确定。

（二）收购企业取得被收购企业股权的计税基础，以被收购股权的原有计税基础确定。”当符合特殊性税务处理条件时，被投资方（被减资方）可选择暂不确认股权转让所得，也就无须缴纳对应的企业所得税。

特殊性税务处理举例：

在本小节“（1）股权作为减资对价的释义”的例子中，即 A 公司持有 B 公司一定比例的股权，B 公司持有 C 公司一定比例的股权，A 公司决定对 B 公司减资，B 公司用其持有的 C 公司股权作为对价支付。在特殊情况下，当B 公司用于支付的 C 公司的股权超过 C 公司全部股权的 50%，且由于 A 公司对于获得 C 公司股权使用了 100%股权支付（即对价全部使用 B 公司的股权支付，不涉及现金补足差价），这种情况适用特殊性税务处理。B 公司可选择暂不确认股权转让所得，也就无须缴纳对应的企业所得税。A 公司也不确认其收回投资所得。

第四章

企业产权转让（公开进场转让）

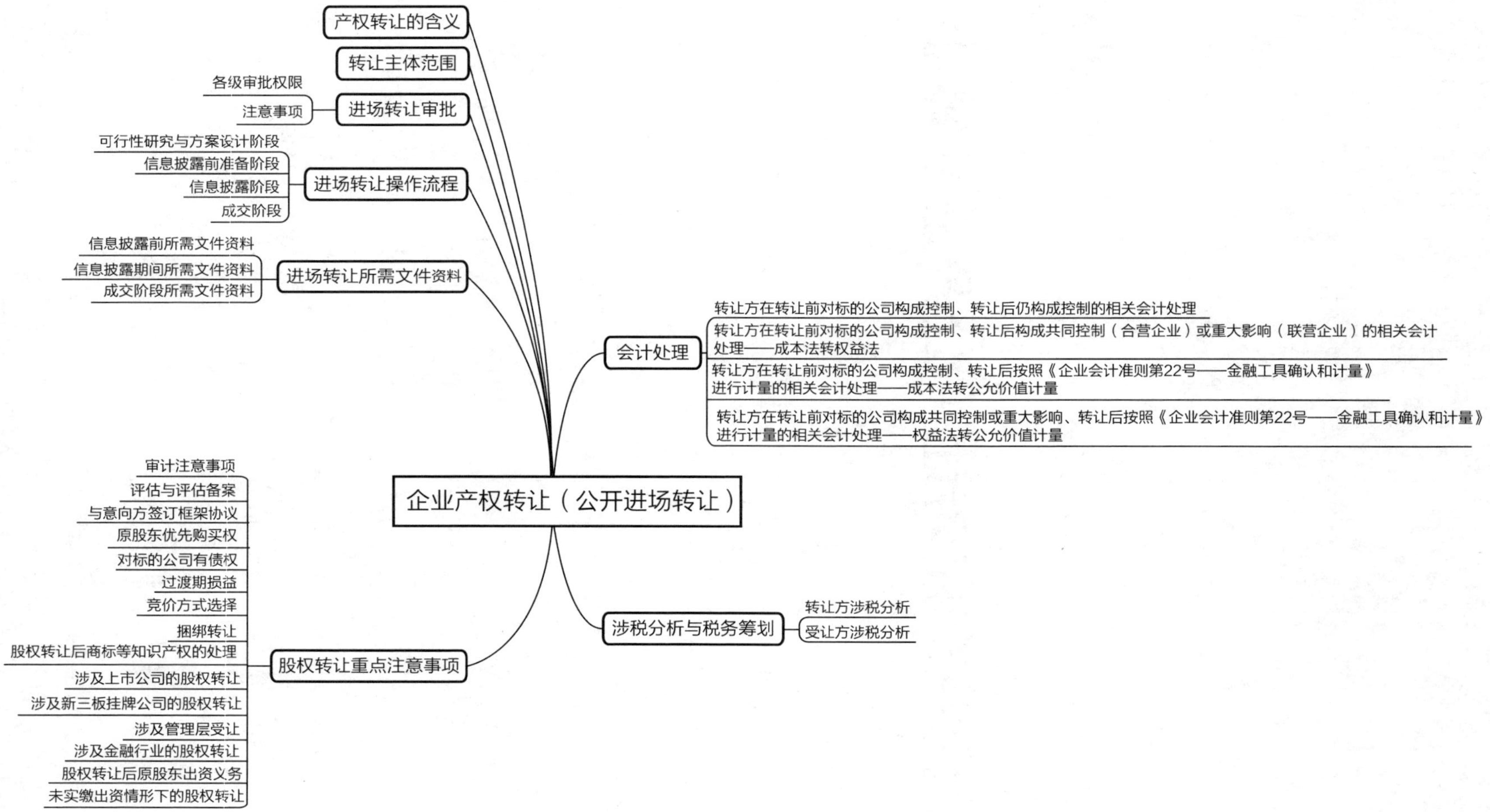
企业产权转让（公开进场转让）
产权转让的含义
转让主体范围
进场转让审批
各级审批权限
注意事项
进场转让操作流程
可行性研究与方案设计阶段
信息披露前准备阶段
信息披露阶段
成交阶段
进场转让所需文件资料
信息披露前所需文件资料
信息披露期间所需文件资料
成交阶段所需文件资料
股权转让重点注意事项
审计注意事项
评估与评估备案
与意向方签订框架协议
原股东优先购买权
对标的公司有债权
过渡期损益
竞价方式选择
捆绑转让
股权转让后商标等知识产权的处理
涉及上市公司的股权转让
涉及新三板挂牌公司的股权转让
涉及管理层受让
涉及金融行业的股权转让
股权转让后原股东出资义务
未实缴出资情形下的股权转让
会计处理
转让方在转让前对标的公司构成控制、转让后仍构成控制的相关会计处理
转让方在转让前对标的公司构成控制、转让后构成共同控制（合营企业）或重大影响（联营企业）的相关会计处理——成本法转权益法
转让方在转让前对标的公司构成控制、转让后按照《企业会计准则第22号——金融工具确认和计量》进行计量的相关会计处理——成本法转公允价值计量
转让方在转让前对标的公司构成共同控制或重大影响、转让后按照《企业会计准则第22号——金融工具确认和计量》进行计量的相关会计处理——权益法转公允价值计量
涉税分析与税务筹划
转让方涉税分析
受让方涉税分析

一、产权转让的含义

产权转让是指转让对企业各种形式出资所形成权益的行为。严格意义上，《企业国有资产交易监督管理办法》（国务院国资委、财政部第32号）所说的产权仅包括依照《公司法》成立的有限责任公司、股份有限公司。但实际操作中，中外合资企业、中外合作企业以及全民所有制企业、集体所有制企业中的国有权益也包括在内，但不包括依照《合伙企业法》成立的合伙企业中的国有权益份额。

二、转让主体范围

根据《企业国有资产交易监督管理办法》（国务院国资委、财政部令第32号），国有及国有控股企业、国有实际控制企业转让产权、重大资产，需要通过产权交易市场公开进行。其中国有及国有控股企业、国有实际控制企业的定义与第二章“企业增资”定义相同，在此不再重复。

需要注意的是，产权转让是否需要进场要看转让方的性质，即转让方是否为国有、国有控制、国有实际控制企业，而不是标的企业。

例如，中国石油天然气集团有限公司持有A公司51%的股权，则A公司为国有控股企业。A公司持有某混合所有制B公司10%的股权，B为国有参股企业。这种情形下，虽然B不是国有控股、国有实际控制企业，但A公司转让B公司产权时，需要进场转让。

三、进场转让审批

1. 各级审批权限

《企业国有资产交易监督管理办法》（国务院国资委、财政部令第 32 号）第八条规定，国家出资企业应当制定其子企业产权转让管理制度，确定审批管理权限。其中，对主业处于关系国家安全、国民经济命脉的重要行业和关键领域，以及主要承担重大专项任务子企业的产权转让，须由国家出资企业报同级国资监管机构批准。

转让方为多家国有股东共同持股的企业，由其中持股比例最大的国有股东负责履行相关批准程序；各国有股东持股比例相同的，由相关股东协商后确定其中一家股东负责履行相关批准程序。

转让方应依据本企业所属集团制定的管理制度将转让行为上报有权限的主管部门进行批复。

2. 注意事项

（1）对于项目启动前，转让方已洽谈了成熟意向方的，此行为仅作为前期招商，不得在上级批复文件及相关请示、决议中提及意向方名称。

（2）批复中对于挂牌价格不能明确写出的，可指导性地写为首次挂牌价格不得低于评估备案结果。

四、进场转让操作流程

1. 可行性研究与方案设计阶段

（1）可行性研究。

转让方可对转让事宜进行可行性研究，完成转让预案，预案为内部决策使用，不需要报送产权交易机构。

（2）方案设计。

转让方案主要内容包括转让标的企业的基本情况、转让可行性及必要性、转让定价、转让方式、债权债务处理、职工安置方案、主要风险等。

2. 信息披露前准备阶段

（1）前期招商。

根据项目具体情况，确定是否需要前期接触意向投资人。前期接触意向投资人有助于意向投资人充分了解项目情况，给予其充分时间研判项目并履行内部收购审批程序；也有助于转让方结合意向投资人兴趣，合理定价。

前期接触意向投资人需要注意项目保密。

（2）内部决策。

内部决策包括转让方决策以及标的公司决策。

转让方决策形式（如总经办、党委会、董事会、股东会）按照公司章程和内部管理制度确定。

标的企业决策形式一般为股东会或股东大会决议（也可以发函通知其他股东告知转让意向），建议在股东会决议上明确其他股东是否放弃优先购买权（如未明确，则需要另行给其他股东发函咨询其是否放弃优先购买权）。对于时间紧急的项目，如其他股东同意，可以在股东会决议上明确要求不放弃优先购买权的股东，通过产权交易机构行权。

根据实际操作经验，有些企业的内部决策程序可能需要在取得上级批复意见之后才能进行。

（3）取得上级批复。

转让方按照集团管理制度要求，逐级上报集团审批，以取得集团对转让行为的批复；如非集团批复，则需提交内部管理制度，以证明下级单位具有批准权限。

有些集团实行两报两批制度，即需要先进行立项批复，立项批复后开始审计评估等程序，然后正式批复；有些集团实行一报一批，直接正式批复。

（4）预披露。

因产权转让导致转让标的企业的实际控制权发生转移的，需要进行预披露。转让方应当在上级批复（立项批复）完成后10个工作日内，通过产权交易机构进行预披露，时间不得少于20个工作日。

（5）完成审计。

会计师事务所出具基准日审计报告（基准日为12月31日的，可用年度审计报告代替基准日审计报告）。

基准日审计报告的委托方应为转让方，年度审计报告可为标的公司。

（6）完成资产评估及备案。

资产评估公司出具资产评估报告后由集团出具评估备案表。

评估报告有效期为：自基准日后一年内。

须保证评估报告在正式挂牌的第一天还在有效期内。

（7）完成职工安置方案。

对于转让后失去控制权的项目，如标的企业仍有职工，则需出具职工安置方案，安置方案需要经职工代表大会或职工大会审议通过。如标的企业全部为劳动合同制员工，职工安置方案可以写不需要安置（即全部劳动合同继续履行），但该方案也需要职代会或职工大会审议通过。

如标的企业无职工，可以由转让方出具不涉及职工安置说明。

职代会需要三分之二以上的职工代表出席，同时须经全体职工代表的过半数同意方能表决通过。

（8）出具法律意见书。

如有需要，可聘请律师事务所出具转让法律意见书，并作为转让程序依法合规履行的备查资料。注意委托方必须是转让方，而不是标的企业。

目前针对央企或国企项目，产权交易机构不再强制要求出具法律意见书。如项目存在权属不清等问题，需要出具法律意见书，论证有关问题不影响转让。

（9）确定主要交易条件，完成产权转让信息披露申请书。

申请书可由产权交易服务机构拟定初稿，并由转让方审核确定。申请书中需由转让方决策的事项包括：

①挂牌价格。

通常情况下，挂牌价格以资产评估结果为基础确定，股权转让首次挂牌价格应不低于经备案的资产评估结果。

②过渡期损益或分红归属。

有关过渡期损益和分红归属的具体要求详见本章“六、股权转让重点注意事项”。

③保证金。

这主要包括保证金比例（一般不超过挂牌价格的百分之三十）、缴纳时间（挂牌期间或者资格确认后）、保证金罚则。

④竞价方式。

目前国有产权转让可采取网络竞价、招投标、拍卖、权重报价等几种竞价方式，可根据项目的具体情况选择合适的竞价方式。

⑤签约时间要求。

一般在确定最终受让方后5个工作日内进行签约。

⑥交易价款支付方式及时间。

价款的支付方式主要分为一次性付款和分期付款。

根据《企业国有资产交易监督管理办法》（国务院国资委、财政部令第32号），交易价款原则上应当自合同生效之日起5个工作日内一次付清。

金额较大、一次付清确有困难的，可以采取分期付款方式。采用分期付款方式的，首期付款不得低于总价款的30%，并在合同生效之日起5个工作日内支付；其余款项应当提供转让方认可的合法有效担保，并按同期银行贷款利率支付延期付款期间的利息，付款期限不得超过1年。

采用分期付款方式的，建议转让方在交易合同中明确分期付款方式的细节，如首付款比例、尾款支付期限（自合同生效之日起1年内的任何时段）、延期付款期间利息的起算时间等，尾款担保形式可提前在合同中明确，也可在签约后由转让方和受让方另行协商。

⑦资料保密安排。

提交给产权交易机构的文件中，可能涉及转让方或者标的企业商业机密。为了保护有关商业机密，可以要求意向投资方查阅有关资料前，提供保密承诺函。

（10）准备其他挂牌文件。

其他文件主要包括产权交易委托合同、转让方和标的公司的主体资格文件、公证认证文件、产权登记表等。其中申请书可由产权交易服务机构协助拟定并由转让方最终审定。

3. 信息披露阶段

（1）申请正式披露。

所有挂牌资料准备齐全后，产权交易服务机构先进行审核，审核完成后提交至产权交易机构，申请正式披露。

（2）正式披露。

正式披露时间应不少于20个工作日。

意向受让方须在正式披露期间按照挂牌信息的要求向产权交易机构提交股权受让申请和相关的受让材料，按照产权交易机构的要求操作报名。

（3）继续招商。

根据项目情况需要，确定是否需要继续招商。

（4）意向投资人尽调。

意向投资人在挂牌期间可以在产权交易机构查阅备查资料，对标的企业进行尽职调查。转让方与标的企业可以根据意向投资人实力、意向等因素确定是否需要给予其现场尽职调查机会。

转让方也可提前准备标的企业有关资料，编制成资料库，供意向投资人查阅。

转让方可以要求意向投资方递交保密承诺函、营业执照后查阅有关资料。

（5）意向投资人递交受让申请。

意向投资人完成尽调后，如拟受让标的股权，则在挂牌期间递交投资申请。如挂牌公告要求在挂牌期间缴纳保证金，则意向投资人须在此期间缴纳保证金。

（6）延牌与最长挂牌期限。

①延牌：信息披露期满未征集到意向受让方的，信息披露公告可以延期，一般会在申请挂牌时在申请书中写明是否需要延牌以及延牌的周期。

延牌周期：一般以5个工作日为一个延牌周期进行自动延牌。

②最长挂牌期限。

如果延牌期间一直未征集到意向投资人，则在挂牌一年后不能再继续延牌。即最长挂牌时间不超过 12 个月，起始日为挂牌第一天，终结日为自动延牌的最后一个周期的截止日。

（7）降价。

首次挂牌期满后，若未征集到买家，转让方可申请降低转让底价重新进行信息披露，重新披露时间不得少于 20 个工作日。

如降价后新的转让底价低于评估结果的 90%，则需由原批准单位批准，提供批准文件。如降价后新的转让底价不低于评估结果的 90%，则无须上级集团再进行书面批复，可由转让方自行决定。

4. 成交阶段

（1）确认意向受让方资格。

挂牌期满后产权交易机构一般会在 3 个工作日内确认意向受让方资格。如项目时间紧急，产权交易服务机构将协调产权交易机构在挂牌期满后 1 个工作日内完成资格确认。产权交易机构确认后将发函给转让方，由转让方回函最终确认受让方资格。

（2）意向受让方支付保证金。

意向受让方一般应在资格确认完成后 3 个工作日内缴纳保证金，保证金缴纳比例一般不超过挂牌价格的 30%。

保证金的确切支付时间和金额需以项目信息披露公告为准。

（3）竞价与确定受让方。

①无优先购买权人。

对于无优先购买权人的项目，若项目挂牌期间仅征集到一家意向投资人，则项目不需要竞价，转让方与征集到的受让方直接协议成交。

若项目挂牌期间征集到两家或两家以上意向投资人，则需要竞价确定受让方，出价最高（或者得分最高）的投资人成为受让方。

以网络报价为例，竞价主要程序如下：首先由转让方、转让方会员、产权交易机构确定竞价方案，竞价方案主要包括竞价时间、竞价加价幅度、竞价服务费以及成交后拟签署的交易合同、各竞买方需要递交的竞买承诺函等内容。各竞买方在规定的时间内递交竞买承诺函后，产权交易机构发送竞价账号及密码。竞买方通过竞价系统参与竞价。

竞价需要 5~10 个工作日。

②存在优先购买权人。

若项目存在未放弃优先购买权的原股东，挂牌期间可能出现以下几种情形：

A. 只有一家未放弃优先购买权的原股东进场摘牌，则项目采取协议转让方式成交。

B. 有两家或两家以上未放弃优先购买权的原股东，没有其他意向受让方。由进场优先购买权人通过竞价确定最高出价方作为受让方，但转让方与场内行权的其他股东一致同意以协商方式确定受让方的情形除外。场内竞价确定最高出价方后不再征询其他未进场的优先购买权人。

C. 有一家不具有优先购买权的意向受让方（有或者没有优先购买权人进场），该意向受让方进行一次报价后进入原股东征询环节。

若有进场行权的优先购买权人，则首先征询进场的优先购买权人，若其行权，则行权股东成为受让方。若所有进场的优先购买权人不行权，再征询场外优先购买权人，若其行权，则场外行权股东成为受让方。

若所有优先购买权人都放弃行权，该一次报价的意向受让方成为受让方。

D. 有两家及以上不具有优先购买权的意向受让方（有或者没有优先购买权人进场），确定受让方的步骤如下：

第一步，竞价。由不具有优先购买权的意向受让方采取竞价方式确定最高报价方，然后进入优先购买权人征询环节。

第二步，征询优先购买权人。

同 C 类似，若有进场行权的优先购买权人，则首先征询进场的优先购买权人，若其行权，则行权股东成为受让方。若所有进场的优先购买权人不行权，再征询场外优先购买权人，若其行权，则场外行权股东成为受让方。

若所有优先购买权人都放弃行权，该最高报价的意向受让方成为受让方。

具体行权操作规则详见本章“六、股权转让重点注意事项 4. 原股东优先购买权”。

（4）签订交易合同。

受让方确定后应在挂牌条件约定的期限内（一般为 3~5 个工作日）与转让方签订交易合同。

（5）支付剩余转让价款和交易服务费。

按照项目进度及项目公告要求，转让方支付交易服务费，受让方支付交易服务费和剩余价款。

（6）履行行政审批。

需政府部门审批的股权转让，相关方将股权转让事项报政府有关部门进行审批。

（7）产权交易机构出具交易凭证。

交易双方签订交易合同，受让方依据合同约定将交易价款支付至产权交易机构指定资金结算账户，且交易双方支付服务费用后，产权交易机构一般会在 3 个工作日内出具产权交易凭证，并通知交易双方的产权交易服务机构领取。

需行政审批的项目，在审批前，产权交易机构出具交易证明。行政审批完成后，产权交易机构出具正式交易凭证。

（8）产权交易机构向转让方划款。

产权交易机构在出具交易凭证后，会在转让方申请办理交易价款划转手续（一般提交划款函）之日起 3 个工作日内完成向转让方的交易价款划转。产权交易服务机构可负责协调，并申请价款利息。如选择场外结算，则不涉及此环节。

（9）工商变更及产权登记表变更。

转受双方在拿到交易凭证后可按照有关要求办理。

五、进场转让所需文件资料

1. 信息披露前所需文件资料

（1）预披露需要提供的文件资料清单如下表所示：

序号	文件资料名称	签字盖章要求
1	预披露申请书（若非法定代表人签字，还需提供授权文件）	原件（一式三份）加盖公章、法定代表人签章
2	产权交易委托合同	原件（一式三份）加盖公章、法定代表人签章
3	转让方营业执照	复印件加盖公章
4	转让方公司章程	复印件加盖公章
5	上级批准文件	原件或复印件加盖公章
6	标的企业营业执照	复印件加盖公章
7	标的企业公司章程	复印件加盖公章
8	标的企业上一年度审计报告	原件或复印件加盖公章
9	标的企业近期财务报表	复印件加盖公章
10	其他根据项目具体情况需要提供的资料	复印件加盖公章

注：①以上文件资料清单仅供参考，实际应根据具体项目情况予以个案调整；②除特殊注明外，仅需一份，若非最新文件还需提供相应说明；③若提供的上述文件为英文文件的，还需提供中文翻译件。

（2）正式披露前需要准备的文件资料清单。

①正式披露前转让方需要准备的文件资料清单：

序号	文件资料名称	签字盖章要求
1	产权转让信息正式披露申请书（若非法定代表人签字，需提供授权书）	原件（一式三份）加盖公章、法定代表人签章
2	国有产权登记表	复印件加盖公章
3	董事会决议（或其他内部决策文件，根据公司章程）	原件或复印件加盖公章
4	标的企业评估基准日审计报告	原件或复印件加盖公章
5	标的企业资产评估报告	原件或复印件加盖公章
6	标的企业资产评估备案表	原件或复印件加盖公章
7	法律意见书（可以不提供）	原件或复印件加盖公章
8	根据项目具体情况需要提供的其他资料	原件或复印件加盖公章

注：①以上文件资料清单仅供参考，实际应根据具体项目情况予以个案调整；②除特殊注明外，仅需一份，若非最新文件还需提供相应说明；③若提供的上述文件为英文文件的，还需提供中文翻译件。

②正式披露前标的公司需要准备的文件资料清单：

序号	文件资料名称	签字盖章要求
1	国有产权登记表	复印件加盖公章
2	股东会决议（或其他内部决策文件，根据公司章程）	原件或复印件加盖公章
3	其他相关材料（根据具体情况确定）	原件或复印件加盖公章

注：①以上文件资料清单仅供参考，实际应根据具体项目情况予以个案调整；②除特殊注明外，仅需一份，若非最新文件还需提供相应说明；③若提供的上述文件为英文文件的，还需提供中文翻译件。

2. 信息披露期间所需文件资料

挂牌期间，受让方向交易所递交受让文件资料，文件资料清单如下表所示：

序号	文件资料名称	签字盖章要求
1	产权受让委托合同 （若非法定代表人签字，还需提供授权文件）	原件（一式三份）加盖公章、法定代表人签章（签字、手签章、人名章均可）
2	产权受让申请书 （若非法定代表人签字，还需提供授权文件）	原件（一式三份）加盖公章、法定代表人签章（签字、手签章、人名章均可）
3	营业执照副本	复印件加盖公章
4	公司章程	复印件加盖公章
5	股东会或董事会决议 （或其他内部决策文件，根据公司章程）	原件或复印件加盖公章
6	承诺函	原件加盖公章
7	摘牌前一个月的财务报表	原件或复印件加盖公章
8	挂牌公告里要求的其他资料	原件或复印件加盖公章

注：①以上文件资料清单仅供参考，实际应根据具体项目情况予以个案调整；②除特殊注明外，仅需一份，若非最新文件还需提供相应说明；③若提供的上述文件为英文文件的，还需提供中文翻译件。

3. 成交阶段所需文件如下表所示：

序号	文件资料名称	相关方	签字盖章要求
1	意向受让方资格确认函回函	转让方	原件加盖公章
2	竞价实施方案（如产生竞价）	转让方 （产权交易服务机构协助制定）	原件加盖公章
3	响应文件（如产生竞价）	受让方	原件加盖公章
4	关于优先购买权的征询函及回函 （涉及优先购买权项目可能需要）	转让方、原股东	原件或复印件 加盖公章
5	产权交易合同	转让方、受让方	原件加盖公章
6	划款函	转让方	原件加盖公章

六、股权转让重点注意事项

1. 审计注意事项

（1）是否需要审计。

产权转让事项经批准后，由转让方委托会计师事务所对转让标的企业进行审计。涉及参股权转让不宜单独进行专项审计的，转让方应当取得转让标的企业最近一期年度审计报告。

（2）审计机构选择。

审计机构的选择首先需要明确转让方所属集团是否对审计机构有备选库，如有备选库，则转让方应当在库中选择审计机构。

2. 评估与评估备案

（1）是否需要评估。

根据《企业国有资产交易监督管理办法》（国务院国资委、财政部令第 32 号）第十二条：对按照有关法律法规要求必须进行资产评估的产权转让事项，转让方应当委托具有相应资质的评估机构对转让标的进行资产评估，产权转让价格应以经核准或备案的评估结果为基础确定。

实际操作中，进入产权交易机构公开挂牌转让的产（股）权项目无论金额大小都必须进行资产评估，资产转让除按照所属集团资产管理办法规定无须评估的小金额项目外，大多数项目都需要进行资产评估。

（2）评估机构选择。

中央企业均已建立了评估机构备选库，各转让方需从评估备选库中选择评估机构开展资产评估工作。

（3）基准日选择与评估备案时间要求。

基准日理论上选择任何一天都可以，并没有强制性要求。但实际操作中股权转让项目基本都是以月末、季度末或者年末为基准日的。因为在评估前需要进行审计工作，而审计需要以会计核算期结账为前提。

国有资产评估基准日的选择还应考虑国有资产评估报告核准或备案的相关要求。根据《企业国有资产评估管理暂行办法》（国务院国资委第 12 号令），涉及核准的项目，企业收到资产评估机构出具的评估报告后应当逐级上报初审，经初审同意后，自评估基准日起 8 个月内向国有资产监督管理机构提出核准申请；涉及备案的项目，企业收到资产评估机构出具的评估报告后，将备案材料逐级报送给国有资产监督管理机构或其所出资企业，自评估基准日起 9 个月内提出备案申请。

（4）评估报告有效期。

评估报告有效期为评估基准日起一年内，转让项目首次正式披露信息起始日不得超过评估报告有效期。转让项目处于连续挂牌期间，如评估报告有效期届满仍可继续挂牌，直至转让项目自首次正式披露信息之日起超过 12 个月未征集到合格受让方，应当重新履行资产评估等产权转让工作程序。评估报告有效期满后，转让项目处于信息终结状态，则不能继续使用该评估报告挂牌。

（5）评估委托方。

项目转让方为评估委托方，有多个股东的企业发生资产评估事项，多个股东可共同作为评估委托方，也可经协商一致授权国有股最大股东作为评估委托方且依照其产权关系办理核准或备案手续。

（6）评估目的。

评估目的与经济行为批复文件的内容保持一致。

3. 与意向方签订框架协议

为了防止项目流拍，确保有意向方进场摘牌，进场交易前转让方可以与意向方签订框架协议。

签订框架协议需要注意：

（1）转让方不能保证意向方成功摘牌，只能保证进场挂牌。

（2）转让方将公平地对待所有意向方。

（3）转让方可设置一定的诚意金，要求意向方在转让价格不高于某一价格的情况下必须进场递交受让申请，否则将没收诚意金。

（4）框架协议的其他内容不可与挂牌公告相冲突。

4. 原股东优先购买权

原股东可以选择场内行权或者场外行权。

（1）场内行权：原股东进场摘牌①。

若只有原股东一家摘牌，则协议成交。

若有多名原股东摘牌，则竞价确定受让方（转让方与场内行权的原股东一致同

---

① 进场摘牌指在挂牌期间向产权交易机构递交受让文件及缴纳保证金。

意以协商方式确定受让方的情形除外）。

若有原股东也有非股东摘牌，则非股东先报价（或竞价），然后原股东当场行权。两个及以上原股东当场表态行使优先购买权的，应协商确定各自的购买比例，协商不成的，按照各自的出资比例行使优先购买权。

（2）场外行权：原股东在挂牌期间不进场摘牌。

若挂牌期间无人摘牌，则延牌。

若挂牌期间有非股东摘牌也有原股东摘牌，并且原股东表示行权，则不再征询场外股东。

若挂牌期间只有非股东进场摘牌，则挂牌期满场外征询原股东是否行使优先购买权，征询期为30天。若有两个及以上原股东要求行权，原股东先协商，协商不成的，按照各自的出资比例行使优先购买权。

表示行权的原股东需提交受让申请、缴纳交易保证金。

5. 对标的公司有债权

如果转让方对标的公司有债权，建议转让方在转让股权的同时将债权一并转让，这样转让方可以完全退出标的公司。债权不必单独评估，可以是评估报告中已经评估过的债权，也可以是评估基准日后产生的债权。建议在转让方内部决策中体现债权转让事宜，且转让方及标的公司共同出具关于债权金额及相应利息（如有）的确认书。股权与债权一并转让，分以下两种形式：

（1）股权+债权共同作为挂牌标的。

①产权交易机构相关规定：转让方将对标的企业债权或其他资产与股权进行捆绑转让时，其他股东主张行使优先购买权的，应一并受让其债权或其他资产。

②操作方式：该方式下，挂牌价格为债权金额与股权价格的总和，保证金以该总挂牌价格来设置，服务费以总挂牌价格计算。挂牌公告里应披露如挂牌标的产生竞价，溢价部分的归属。一般溢价归属于股权增值，但如出现债权打折的情况，则溢价应先归属于债权增值，剩余部分归属于股权增值。

③方式优点：该方式要求受让方一并支付股权交易价款及债权价款，除分期付款形式外，均应当在出具交易凭证前完成支付，有利于转让方一次性实现股权及债

权的收回。

（2）股权作为挂牌标的。

该方式下，仅股权自身作为挂牌标的，而债权的实现仅作为其中一项条件。对债权人的债权实现保障力度稍逊于股权与债权共同作为挂牌标的的方式。

6. 过渡期损益

过渡期损益是指产权转让评估基准日至产权交割日标的公司所产生的期间损益，其中产权交割日是指工商变更登记日或者交易双方约定的时间。

《企业国有资产交易监督管理办法》（国务院国资委、财政部令第 32 号）第二十三条规定，“受让方确定后，转让方与受让方应当签订产权交易合同，交易双方不得以交易期间企业经营性损益等理由对已达成的交易条件和交易价格进行调整”。产权交易合同签订后，不得对交易价格进行任何调整，过渡期损益由受让方按照股权比例享有收益或承担损失，因而产权交易公告中建议不要约定过渡期损益由转让方享有或承担。

如过渡期损益为正，转让方想享有过渡期的收益，可以对其进行预估，将该部分收益提前加到交易价款中；如过渡期损益为负，不能因此降低首轮挂牌底价，如价格过高导致未有意向受让方愿意受让，可通过降价处理。

7. 竞价方式选择

（1）价高者得的方式（一次报价、多次报价、动态报价）。

①网络竞价（一次报价）。

A. 一次报价的概念：是指在产权交易机构的组织下，竞买人接受转让方确定的交易条件，通过产权交易机构网络竞价系统，在规定时间内一次性提交报价，将报价最高者确定为受让方的竞价方式。

B. 一次报价的操作流程：竞买人在交易所规定的竞价时间内办理手续并通过身份验证，登录交易所指定的网络竞价系统，在规定的报价时间内进行一次报价。

C. 一次报价的注意事项：竞买人的报价不得低于转让标的的转让底价。价格相同的，报价时间在先的竞买人为最终受让方。因此报价时在确定报价金额无误的情况下，越快提交报价越好。另外，报价时可将报价金额最后一位数定为“9”，这样有可能以高于次高报价方9元而成为最高报价方。

②网络竞价（多次报价）。

A. 多次报价的概念：是指在产权交易机构的组织下，竞买人接受转让方确定的交易条件，通过产权交易机构的网络竞价系统进行动态递增报价，将报价最高者确定为受让方的竞价方式。

B. 多次报价的操作流程：竞买人在交易所规定的竞价时间内办理手续并通过身份验证，登录交易所指定的网络竞价系统，在规定的应价时间内自行报价。

多次报价分为自由竞价期和限时竞价期（上交所称为定时报价期和连续报价期）。其中自由竞价期一般不少于5分钟，限时竞价期一般不少于2分钟。

首次报价不得低于转让标的的转让底价；下一次报价应当高于上一次报价，成为当前报价。每次加价应当为竞价方案确定的加价幅度或加价幅度的整数倍。竞价结束时间一般没有限制，限时报价期无人报价，则竞价结束，当前报价方即为最高报价方。报价时间截止，所有竞买人均未报价，则本次网络竞价终结。

C. 多次报价的注意事项：

a. 在自由报价期内可报价也可不报价，一方报价后其他竞价人也可再次报价。

b. 建议意向受让方在自由报价期内抢报底价。

c. 单个连续报价期时间较短，为避免由于网络或其他问题引起的不能及时报价，建议最迟在剩余时间不少于60秒钟的时间报价。

d. 选择加价幅度倍数：报价时以点击加价幅度倍数进行报价。应看清加价幅度倍数，避免误操作。

e. 有效报价：若所有参与竞价的意向受让方均未报价，将扣除所有参与竞价的意向受让方保证金，建议至少有一次有效报价。

f. 报价授权：建议报价人事先充分授权，并在竞价过程中保持与决策领导的随时沟通，出现紧急情况时可以临时授权调高报价。价格决策领导最好能亲自到报价室，如果未能亲临报价室，则建议有两台以上电话能够随时联系到价格决策领导，最好能够有其他同事在领导身边。

无论是一次报价还是多次报价，在有优先购买权人时，优先购买权人均不需参与竞价。普通竞买人产生最高报价方时（选择多次报价方式，最高报价方在限时报价期结束后还有一次报价机会），优先购买权人进入行权期。选择场内行权的优先购买权人登录网络竞价系统，根据竞价方案的时间要求，选择行权或放弃行权；选择场外行权的优先购买权人，在收到转让方的书面征询函后进行书面回函。选择行权的优先购买权人为最终受让方。

③动态报价。

动态报价是产权交易所设立的一种竞价方式，是指产权转让信息正式披露（以下简称信息披露）公告发布次日零时起，由产权交易所依据公告中的相关约定，组织竞买人通过产权交易所指定的动态报价系统竞争受让转让标的的行为。

上交所对应的竞价方式为开放报价。

A. 动态报价特点。

开始挂牌即公布竞价方案（动态报价实施方案）、交易合同。

挂牌期间缴纳保证金（网络竞价也可以在挂牌期间缴纳保证金，但一般是在资格确认之后缴纳保证金）。

动态报价项目不能设置资格条件。

资格确认规则：依据《北京产权交易所企业国有产权转让动态报价实施办法》第十二条，北交所在收到受让申请材料并确认保证金到账之日起 1 个工作日内完成对意向受让方的资格审核，并向意向受让方发出《动态报价受让资格确认通知书》。实践中，交易所一般在最后一两个工作日内进行资料审核，审核完成之后再发竞价账号、密码。如对意向受让方资格条件存在不确定之处，交易所也会给转让方发函征求其意见。

动态报价自由报价期最少为 22 个工作日，一般第 23 个工作日上午 10 点开始限时报价。对于需要积极招商的项目，建议与客户协商，适当延长挂牌时间及自由报价时间。

B. 动态报价优势。

a. 能够节省时间。

b. 挂牌期间缴纳保证金，可以防止串标。

c. 提前确定竞价成交受让方收费比例，有利于防止受让方压价。

C. 动态报价审核要点。

a. 保证金缴纳截止时间：公告中如果无明确时间，则保证金截止时间为挂牌截止日 24 时。

b. 挂牌期限：需积极招商项目可与转让方协商适当延长挂牌期限。

c. 竞价成交受让方收费比例：需注意收费是否经转让方同意。

d. 转让方、交易所是否提前审核完毕产权交易合同。

e. 限时报价周期时长：一般为 3 分钟，即 180 秒。

④上交所开放报价与产权交易所动态报价区别。

目前开放报价方式，如果挂牌期间未征集到意向受让方，项目不能自动按照 5 个工作日一周期进行延牌，需要转让方提交申请书、竞价方案、变更申请表 3 个文件后延牌不少于 5 个工作日。

产权交易所动态报价，首轮挂牌期间如未征集到意向受让方，可以按照 5 个工作日为一个周期进行延牌。

（2）权重报价。

权重报价为北京产权交易所独有的竞价方式，属于网络竞价的一种，但与一次报价、多次报价相比差异较大，与招投标较为类似。

权重报价是指根据事先设定的评分体系确定最终受让方的竞价方式。评分体系由权重指标和指标分值构成，并在信息披露公告中公布。转让方应当根据转让标的涉及的各项综合因素，设定权重指标及各指标的分值。

权重报价与招投标差异主要在于权重报价的指标更为客观，招投标评分指标更为灵活。另外，根据产权交易所规则，采用招投标竞价方式的项目，一开始即需要委托一家招投标会员，也就是同时委托产权经纪会员及招投标会员。但因为招投标项目非常少见，实践中是否这样操作需要与交易所进行沟通确定。

权重报价信息披露内容与网络竞价（一次报价、多次报价）基本相同，唯一不同在于一次报价、多次报价纯粹是以价高者的方式确定受让方，而权重报价除了考虑价格因素外，还要考虑其他因素。

权重报价较为适合于转让部分股权的项目，转让后转让方继续持有标的公司部分股权。目前权重报价在国务院国资委监管的央企中比较罕见，但在财政部监管的企业中偶有采用。

（3）拍卖。

采用拍卖竞价方式的项目，信息披露公告期满征集到两个及两个以上符合条件的竞买人的，由拍卖机构主持拍卖。信息披露公告期满只征集到一个符合条件的竞买人的，不举行拍卖，由交易所按照信息披露公告公示内容组织交易。信息披露公告期满未征集到符合条件的竞买人的，产权转让终结。

拍卖与网络竞价多次报价类似，都是纯粹以价高者得的方式确定受让方。

（4）招投标。

一般转让方转让部分股权时可考虑采用招投标方式，但实践中选择招投标方式的案例较少，若拟选择招投标方式，需提前与交易所沟通。

8. 捆绑转让

捆绑转让的项目，如形成竞价，则应在挂牌公告中明确竞价起始价及成交价格增值部分的分配比例。

（1）与转让方其他转让项目捆绑。

①同一转让方可将其所持多个标的企业的股权进行捆绑转让，但需要转让方出具捆绑说明。

②如果被捆绑的标的企业有其他原股东，则原股东仅能针对其具有优先购买权的项目行使优先购买权。

拟参与捆绑的标的企业，如果有其他股东不放弃优先购买权，捆绑转让前需要征得不放弃优先购买权的原股东同意。

③捆绑转让如产生竞价：

A. 竞价起始价可以为捆绑项目挂牌价的总和，最终由一个受让方受让捆绑项目。

B. 竞价起始价也可以设定为捆绑项目各自的挂牌价，即各捆绑项目单独竞价。先竞价项目的最高报价方必须参与后竞价项目的报价，最终受让方可以为一个或多个。具体事宜还需提前与产权交易机构沟通确定。

（2）与标的公司其他股东捆绑。

①不同转让方可以捆绑转让同一个标的企业的股权，但需要所有转让方出具捆绑说明（可在一个捆绑说明上同时盖章或分别出具捆绑说明）。

②捆绑转让的两种形式。

A. 可以分两个项目挂牌，在交易条件中披露两个项目捆绑。

B. 挂牌一个项目，标的股权为多个转让方转让的股权比例之和。

③所有转让方可出具授权委托书，共同授权委托其中一个转让方签署委托合同，委托评估/审计机构进行评估/审计、资格确认、缴纳交易服务费等。

④产权登记表。

A. 如各转让方均归属同一国有资产监督管理机构监管，则针对提供产权登记表的一方有如下规定：

同一国有资产监督管理机构及其管理的多个履行出资人职责的企业共同出资的企业，由拥有实际控制权的一方负责申请办理产权登记；任何一方均不拥有实际控制权的，由持股比例最大的一方负责申请办理产权登记；各方持股比例相等的，由其共同推举一方负责申请办理产权登记。

B. 如转让方归属两个及两个以上国有资产监督管理机构监管，则非同一国有资产监督管理机构及其管理的多个履行出资人职责的企业共同出资的企业，由各方分别申请办理产权登记。

⑤评估备案。

A. 如转让方归属同一集团，则只需其中一个转让方报至集团进行备案即可。

B. 如转让方归属两个及两个以上不同集团，无论是否为同一国有资产监督管理机构监管，均可分别进行备案或者由一方进行备案之后，其他转让方的备案机构出具认可其备案的说明。

（3）花式捆绑。

同一集团公司下属的两个及两个以上转让方转让不同标的企业股权，要求捆绑转让的，一般需在集团批复中明确捆绑事宜。

（4）关联方债权。

若转让方的关联方对标的企业存在债权，该关联企业可对转让方转让该债权的行为进行授权，这样可以由转让方代为收回关联方债权。该部分债权既可以放在挂牌标的中，也可以置于交易条件中。

若转让方对标的企业的关联方（标的企业的全资子企业）存在债权，该部分债权可以与标的企业股权一并转让，常置于交易条件中。

9. 股权转让后商标等知识产权的处理

（1）标的公司名称变更。

一般情况下标的公司名称若带有商标，会要求受让方在变更标的名称时舍去此类商标。举例如下：

某项目在挂牌公告的“与转让相关的其他条件”中写道：在标的企业股权变更登记手续完成的同时，完成标的企业名称变更登记，变更后的标的企业名称中不应存在“×××”字样。

（2）与转让方或转让方集团有关的知识产权。

一般情况下，转让方会在挂牌公告条件中规定，受让方不能继续使用转让方及其他不归属于标的企业的转让方集团及集团成员等的知识产权，但转让方另行事先书面同意的情况除外。举例如下：

转让方会要求受让方自《产权交易合同》签订之日起，不得生产、印制、制作任何含有转让方及其他不归属于标的企业的相关知识产权的纸质或非纸质包装、礼盒、纸箱、手册、标签或其他宣传物（包材及宣传物），但转让方另行事先书面同意的情况除外。

10. 涉及上市公司的股权转让

转让方为上市公司或者上市公司子公司，应对照《上市公司信息披露管理办法》的规定在正式挂牌前完成信息披露。

受让方为上市公司或者上市公司子公司，也可能存在信息披露要求，如信息披露中提及收购所需通过的决议，则在提交受让申请之前应取得相关决议文件。

对于重大收购项目，还需要提醒受让方是否可能构成重大资产重组。

11. 涉及新三板挂牌公司的股权转让

（1）挂牌前办理证券查询。

在挂牌准备前期，转让方需要向中国证券登记结算有限责任公司（以下简称“中国结算”）申请办理证券查询业务，查询拟转让股份的持有情况，确认拟转让股份不存在限售、司法冻结等限制转让的情形。应当向“中国结算”提出查询拟转让股份持有状况的申请，并提交以下文件：

①股份查询申请表；

②股份持有人有效身份证明文件及复印件；

③“中国结算”要求提交的其他文件。

“中国结算”对股份查询的申请材料进行形式审核，符合要求的，予以查询，并出具持有证明文件。

建议转让方提前进行查询，确认持有股份情况，避免后续出现问题。同时可申请电子查询数据，免收费用。

相关办理流程及所需文件可参考《全国中小企业股份转让系统挂牌公司股份特定事项协议转让细则》。

（2）信息披露相关约定。

《非上市公众公司收购管理办法》第十三条规定：

“有下列情形之一的，投资者及其一致行动人应当在该事实发生之日起2日内编制并披露权益变动报告书，报送全国股份转让系统，同时通知该公众公司；自该事实发生之日起至披露后2日内，不得再行买卖该公众公司的股票：

（一）通过全国股份转让系统的做市方式、竞价方式进行证券转让，投资者及其一致行动人拥有权益的股份达到公众公司已发行股份的10%；

（二）通过协议方式，投资者及其一致行动人在公众公司中拥有权益的股份拟达到或者超过公众公司已发行股份的10%。

投资者及其一致行动人拥有权益的股份达到公众公司已发行股份的10%后，其拥有权益的股份占该公众公司已发行股份的比例每增加或者减少5%（即其拥有权益的股份每达到5%的整数倍时），应当依照前款规定进行披露。自该事实发生之日起至披露后2日内，不得再行买卖该公众公司的股票。”

（3）转让价格。

具体定价可参照《全国中小企业股份转让系统挂牌公司股份特定事项协议转让细则》。

（4）办理过户登记。

产权交易机构流程与全国股转系统流程是互不冲突的，签订股权转让协议（即产权交易合同）之后，办理特定事项协议转让业务即可。特定事项协议转让业务办理流程可参考《全国中小企业股份转让系统挂牌公司股份特定事项协议转让细则》和《全国中小企业股份转让系统挂牌公司股份特定事项协议转让业务办理指南》。

①办理证券查询业务。

此流程可参照本小节（1）的内容，在挂牌前期完成此项操作。

②提交特定事项协议转让申请。

转受双方向全国中小企业股份转让系统有限责任公司（以下简称全国股转公司）现场提交以下文件：

A.《全国股转系统挂牌公司股份特定事项协议转让确认申请表》；

B. 股份转让协议；

C. 转让双方或转让双方代理人身份证明；

D. “中国结算”出具的拟转让股份的持有证明文件；

E. 全国股转公司要求的其他申请文件。

除依法须经行政审批、备案等特殊情形外，应当在协议签署之日起 6 个月内提交转让申请。

③全国股转公司出具确认意见。

对于符合特定事项协议转让业务适用情形，且申请文件基本齐备的，全国股转公司受理其转让确认申请。

全国股转公司对申请文件进行形式审核，对其中符合条件的申请，于受理之日起（需要相关当事人补充文件的，自申请文件齐备之日起）3 个交易日内出具确认意见，并向申请人出具转让经手费收费通知书。

④前往“中国结算”办理过户登记。

申请人完成缴费后，领取本次特定事项协议转让的确认函，申请人持以下文件至“中国结算”办理过户登记。

A. 股份转让过户登记申请表；

B. 股份转让协议正本；

C. 全国股转公司出具的股份转让确认书；

D. 股份转让双方的有效身份证明文件及复印件；

E.“中国结算”要求提交的其他文件。

⑤“中国结算”对过户登记申请材料进行形式审核，审核通过的，于收到过户税费后3个交易日内办理过户登记手续。

12. 涉及管理层受让

涉及管理层受让注意事项如下：

（1）转让方在挂牌前经与管理层确认其拟参与项目受让的，需在挂牌信息中披露拟参与受让的管理层名称等信息。

（2）拟参与受让的管理层不能参与审计、评估的选聘和委托。

（3）如果是法定代表人受让，包括通过其所控制的公司参与受让，该法定代表人为国有派出身份，需要进行经济责任审计。如该法定代表人为非国有派出身份，则可不进行经济责任审计，但需转让方出具该法定代表人为非国有身份的证明。

（4）有经济责任审计的项目，经办人员须查看审计报告，经认定对经济下降负有直接责任的管理层，不能参与受让。

13. 涉及金融行业的股权转让

金融行业通常对股东准入设置了一定条件。因此金融行业公司股权转让具有一定特殊性，现将特殊注意事项整理如下：

（1）注意转让方入股时间是否已达到监管机构要求的最低持股期限。

（2）在挂牌公告中要明确，意向受让方自行审查受让资格，判断是否符合受让资格。金融类股权项目的资格条件一般不做特别约定，转让方也不对受让方是否符合监管机构的要求做出判断。

（3）一般来说，有限合伙企业持股比例在金融类股权中都有持股上限的限制，所以在大股比转让的项目中需要特别注意受让主体资格条件中是否接纳有限合伙企业和自然人作为受让主体。

（4）挂牌公告中最好明确最晚获得审批的时间要求及未满足相应要求所对应的罚则，提醒转让方是否要写明，最终由转让方确定。

（5）需要审批的金融类产权转让项目的《产权交易合同》一般在相关监管部门审批后生效，也有个别项目约定在合同签订后即生效。

（6）对于需监管部门审批后生效的《产权交易合同》，产权交易机构将在取得审批文件后出具《产权交易凭证》，鉴于此，转让方可在交易条件中设定受让方支付交易价款后，产权交易机构应将该笔交易价款在多少个工作日后划转至转让方。

14. 股权转让后原股东出资义务

转让方认缴出资期限尚未届满前，转让股权后的出资义务通常由受让股东承担。股权转让时标的公司必会修改章程，而其中载明的股权认缴及出资期限的义务承担人已变更为受让股东，应由受让股东独立承担资本补足义务。该事项应在挂牌条件中进行披露。

15. 未实缴出资情形下的股权转让

如标的公司原股东同比例实缴出资，但未达到认缴出资的，转让标的评估值为拟转让股比对应标的公司净资产评估值。

如标的公司原股东非同比例实缴出资，转让标的评估值为拟转让股比折算的实际收益权比例对应标的公司净资产评估值。

七、会计处理

1. 转让方在转让前对标的公司构成控制、转让后仍构成控制的相关会计处理

转让前对被投资方构成控制，转让部分股权后仍对被投资方构成控制的，按照“不丧失控制权情况下处置部分子公司股权”进行会计处理。

（1）转让方的会计处理。

①个别财务报表。

根据《企业会计准则第2号——长期股权投资》（2014）第十七条，“处置长期股权投资，其账面价值与实际取得价款之间的差额，应当计入当期损益”。即出售股权取得的价款或对价的公允价值与所处置投资账面价值的差额，应作为投资收益或损失记入处置投资当期母公司的个别财务报表。

因此，投资方的会计处理如下：

借：银行存款等

贷：长期股权投资

投资收益（差额，也可在借方）

②合并财务报表。

对不丧失控制权情况下处置部分子公司股权，在合并报表层面认定为权益性交易，不得因该交易影响合并报表层面的损益，也不应影响包含在合并财务报表中的资产（包括商誉）和负债的计量。

《企业会计准则第33号——合并财务报表》（2014）第四十九条规定，“母公司在不丧失控制权的情况下部分处置对子公司的长期股权投资，在合并财务报表中，处置价款与处置长期股权投资相对应享有子公司自购买日或合并日开始持续计算的净资产份额之间的差额，应当调整资本公积（资本溢价或股本溢价），资本公积不足冲减的，调整留存收益”。

实务处理中存在争议，部分专家建议，不应该机械适用《企业会计准则第33号——合并财务报表》第四十九条，应将处置价款与“处置长期股权投资相对应享有子公司自购买日或合并日开始持续计算的净资产份额+商誉”之间差额，调整资本公积。

假设处置发生在期初：

A. 对于处置价款与处置长期股权投资相对应享有子公司自购买日或合并日开始持续计算的净资产份额+商誉之间的差额，调整资本公积。

借：投资收益

贷：资本公积

B. 处置长期股权投资相对应享有子公司自购买日或合并日开始持续计算的净资产份额与“所处置股权账面价值-商誉”的差额，调整期初所有者权益科目（实质是将处置部分对应的子公司实现的净利润、其他权益科目变动在合并报表中体现出来）。

借：投资收益

贷：资本公积——其他资本公积——期初

其他综合收益——期初

盈余公积——期初

未分配利润——期初

股权账面价值本身包含商誉，这里还原为处置长期股权投资相对应享有子公司自购买日或合并日开始持续计算的净资产份额与“处置长期股权投资相对应享有子公司在购买日的净资产份额”的差额，实际是将处置部分股权从购买日到处置日实现的净损益直接追溯调整未分配利润，从而不影响当期合并利润表投资收益。

C. 剩余长期股权投资与子公司所有者权益的抵销按照《企业会计准则第20号——企业合并》（2006）正常进行处理。

（2）受让方的会计处理。

股权转让完成后，转让方对标的公司仍构成控制的情况下，根据具体的商业条款，受让方可能对标的公司构成重大影响，也可能不构成重大影响从而按照金融资产进行计量。

若受让方对标的公司构成重大影响，会计处理请参见本书第六章“六、会议处理”中“1. 协议转让股权会计处理（2）受让方取得股权的会计处理②构成共同控制（合营企业）或重大影响（联营企业）的相关会计处理”。

若受让方对标的公司股权按照金融资产进行计量，会计处理请参见本书第六章“六、会计处理”中“1. 协议转让股权会计处理（2）受让方取得股权的会计处理③不构成控制、共同控制或重大影响时的相关会计处理”。

（3）举例说明。

例：假设A公司2013年1月1日支付100万元购买取得B公司100%股权。B公司在购买日可辨认净资产公允价值为90万元，存在商誉10万元。2013年12月31日，B公司净资产公允价值为120万元（假设净资产增加全部来源于子公司净利润增加导致的留存收益增加，即B公司2013年实现净利润30万元）。A公司2014年1月1日处置其持有的对B公司长期股权投资10%的份额，假设处置价款为15万元（假设不计提盈余公积），C公司取得该部分股权。假设2014年一整年，A公司与B公司均没有发生其他任何业务，2014年末编制合并财务报表。

①转让方的会计处理：

第一步，母公司个别报表确认投资收益为5万元：

借：银行存款　　15

　　贷：长期股权投资　　10

　　　　投资收益　　5

第二步，2014 年编制合并报表时，按照合并报表模拟权益法，调整 A 公司核算的长期股权投资：

借：长期股权投资——损益调整　　27（90%×30）

　　贷：年初未分配利润　　27

对于处置价款与“处置长期股权投资对应的子公司净资产公允价值+商誉”之间的差额，调整资本公积 15-（120×10%+10×10%）= 2（万元）：

借：投资收益　　2

　　贷：资本公积　　2

对于处置日处置长期股权投资对应的子公司净资产公允价值与“处置长期股权投资在母公司个别报表上账面价值-商誉”的差额 120×10%-（100×10%-10×10%）= 3（万元），调整期初所有者权益（实质是将子公司在 2013 年实现的净利润 30 万元的 10%，直接追溯调整未分配利润，不影响当期合并利润表投资收益）：

借：投资收益　　3

　　贷：未分配利润——期初　　3

【实务常见问题提示】实务界处理该问题时，存在机械适用《企业会计准则第 33 号——合并财务报表》第四十七条的问题，将调整资本公积的金额计算为 15-120×10%=3（万元）（处置价款与处置长期股权投资相对应享有子公司自购买日或合并日开始持续计算的净资产份额之间的差额，应当调整资本公积），将调整期初所有者权益金额计算为 120×10%-100×10%=2（万元）（处置的比例对应的母公司长期股权投资账面价值，与对应的子公司自购买日或合并日开始持续计算的净资产份额的差额，追溯调整合并报表期初所有者权益），并未将商誉的影响恰当考虑在内。

借：实收资本——年末　　90

　　未分配利润——年末　　30

　　商誉　　10（商誉金额保持不变）

贷：长期股权投资　　117

少数股东权益　　13（130×10%，内含10%股权对应的商誉）

借：年初未分配利润　　30

贷：期末未分配利润　　30

经过上述处理，母公司个别报表确认的投资收益被全部抵销，体现权益性交易原则。

②受让方的会计处理。

受让方C公司从转让方A公司处取得B公司10%的股权，由于未表明B公司是上市公司，因此对该部分股权采用“以公允价值计量且其变动计入其他综合收益的金融资产”进行计量。

借：以公允价值计量且其变动计入其他综合收益的金融资产　　15

贷：银行存款　　15

2. 转让方在转让前对标的公司构成控制、转让后构成共同控制（合营企业）或重大影响（联营企业）的相关会计处理——成本法转权益法

（1）转让方的会计处理。

①个别财务报表。

根据《企业会计准则第2号——长期股权投资》（2014）第十五条，“投资方因处置部分权益性投资等原因丧失了对被投资单位的控制的，在编制个别财务报表时，处置后的剩余股权能够对被投资单位实施共同控制或施加重大影响的，应当改按权益法核算，并对该剩余股权视同自取得时即采用权益法核算进行调整”。

具体会计处理如下：

A. 因处置投资等原因导致对被投资单位由能够实施控制转为具有重大影响或者与其他投资方一起实施共同控制的，首先应按处置投资的比例结转应终止确认的长期股权投资成本。

借：银行存款

贷：长期股权投资（处置部分的长期股权投资成本）

投资收益（差额，也可在借方）

B. 比较剩余长期股权投资的成本与按照剩余持股比例计算原投资时应享有被投资单位可辨认净资产公允价值的份额，前者大于后者的，属于投资作价中体现的商誉部分，不调整长期股权投资的账面价值；前者小于后者的，在调整长期股权投资成本的同时，调整留存收益。

调整长期股权投资账面价值：

借：长期股权投资——投资成本

贷：盈余公积、未分配利润（按照剩余持股比例计算原投资时应享有被投资单位可辨认净资产公允价值的份额-剩余长期股权投资的成本）

C. 对于原取得投资时至处置投资时（转为权益法核算）被投资单位实现净损益中投资方应享有的份额，一方面应当调整长期股权投资的账面价值，另一方面对于原取得投资时至处置投资当期期初被投资单位实现的净损益（扣除已宣告发放的现金股利和利润）中应享有的份额，调整留存收益，对于处置投资当期期初至处置投资之日被投资单位实现的净损益中享有的份额，调整当期损益。

借：长期股权投资——损益调整

贷：盈余公积、未分配利润［原取得投资时至减资当期期初被投资单位实现的净损益（扣除已宣告发放的现金股利和利润）中应享有的份额］

投资收益（转让当期期初至转让之日被投资单位实现的净损益中享有的份额）

D. 在被投资单位其他综合收益变动中应享有的份额，在调整长期股权投资账面价值的同时，应当计入其他综合收益；除净损益、其他综合收益和利润分配外的其他原因导致被投资单位其他所有者权益变动中应享有的份额，在调整长期股权投资账面价值的同时，应当计入资本公积（其他资本公积）。

借：长期股权投资——其他综合收益

长期股权投资——其他权益变动

贷：其他综合收益

资本公积——其他资本公积

长期股权投资自成本法转为权益法后，未来期间应当按照长期股权投资准则规定计算确认应享有被投资单位实现的净损益、其他综合收益和所有者权益的其他变动的份额。

②合并财务报表。

在合并财务报表中，应当按照《企业会计准则第 33 号——合并财务报表》第五十条的有关规定进行会计处理。

企业因处置部分股权投资等原因丧失了对被投资方的控制权的，在编制合并财务报表时，对于剩余股权，应当按照其在丧失控制权日的公允价值进行重新计量。处置股权取得的对价与剩余股权公允价值之和，减去按原持股比例计算应享有原有子公司自购买日或合并日开始持续计算的净资产的份额之间的差额，计入丧失控制权当期的投资收益，同时冲减商誉。与原有子公司股权投资相关的其他综合收益等，应当在丧失控制权时转为当期投资收益。

A. 对于剩余股权，应当按照其在丧失控制权日的公允价值进行重新计量。

借：长期股权投资——成本（剩余股权在丧失控制权日的公允价值）

　　贷：长期股权投资［剩余部分长期股权投资的成本（经权益法调整后的账面价值），包含了商誉］

　　　　投资收益（差额）

B. 对于个别财务报表中的部分处置收益的归属期间进行调整。出售的部分股权应享有的被投资方净利润在个别报表确认为投资收益，在合并报表中将这部分由投资收益转为未分配利润。

借：投资收益

　　贷：未分配利润（出售的部分股权应享有的被投资方净利润）

C. 从资本公积中转出与剩余股权相对应的计入权益的其他综合收益和其他所有者权益（对应个别财务报表处理的分录 D），重分类计入投资收益。

借：资本公积——其他资本公积

　　其他综合收益

　　贷：投资收益

（2）受让方的会计处理。

股权转让完成后，转让方对标的公司丧失控制权的情况下，根据具体的商业条款，受让方可能对标的公司构成共同控制、重大影响，也可能不构成共同控制、重大影响从而按照金融资产进行计量。

若受让方对标的公司构成共同控制、重大影响，会计处理请见本书第六章“六、会议处理”中“1. 协议转让股权会计处理（2）受让方取得股权的会计处理②构成共同控制（合营企业）或重大影响（联营企业）的相关会计处理”。

若受让方对标的公司股权按照金融资产进行计量，会计处理请参见本书第六章“六、会议处理”中“1. 协议转让股权会计处理（2）受让方取得股权的会计处理③不构成控制、共同控制或重大影响时的相关会计处理”。

（3）举例说明。

例：A公司原持有B公司60%的股权，能够对B公司实施控制。2012年11月6日A公司对B公司的长期股权投资的账面价值为6,000万元，未计提减值准备，A公司将其持有的对B公司长期股权投资中的1/3出售给关联方C公司，取得价款3,600万元，当日被投资单位可辨认净资产公允价值总额为16,000万元。相关手续于当日完成，A公司不再对B公司实施控制，但能与C公司一起对B公司进行共同控制。

A公司原取得B公司60%的股权时，B公司可辨认净资产公允价值总额为9,000万元（假定公允价值与账面价值相同）。自A公司取得对B公司长期股权投资后至部分处置投资前，B公司实现净利润5,000万元。其中，自A公司取得投资日至2012年年初实现净利润4,000万元。

假定B公司一直未进行利润分配。除所实现净损益外，B公司未发生其他计入资本公积的交易或事项。A公司按净利润的10%提取盈余公积。不考虑相关税费等其他因素影响。

①转让方的会计处理。

本例中，在出售20%的股权后，A公司对B公司的持股比例为40%，丧失对B公司的控制权，但能与C公司一起对B公司进行共同控制。对B公司长期股权投资应由成本法改为按照权益法核算。有关会计处理如下：

A. 个别财务报表。

a. 确认长期股权投资处置损益：

借：银行存款　　　　3,600

贷：长期股权投资　　　　　　　　　　　　2,000

　　投资收益　　　　　　　　　　　　　　1,600

b. 调整长期股权投资账面价值：

剩余长期股权投资的账面价值为4,000万元，与原投资时应享有被投资单位可辨认净资产公允价值份额之间的差额400（4,000−9,000×40%）万元为商誉，该部分商誉的价值不需要对长期股权投资的成本进行调整。

处置投资以后按照持股比例计算享有被投资单位自购买日至处置投资日期初实现的净损益为1,600（4,000×40%）万元，应调整增加长期股权投资的账面价值，同时调整留存收益；处置期初至处置日实现的净损益400万元，应调整增加长期股权投资的账面价值，同时计入当期投资收益。企业应进行以下会计处理：

借：长期股权投资　　　　　　　　　　2,000

　　贷：盈余公积　　　　　　　　　　　　160

　　　　利润分配——未分配利润　　　　　1,440

　　　　投资收益　　　　　　　　　　　　400

将上述分录a、b整合为：

借：银行存款　　　　　　　　　　　　3,600

　　贷：盈余公积　　　　　　　　　　　　160

　　　　利润分配——未分配利润　　　　　1,440

　　　　投资收益　　　　　　　　　　　2,000

B. 合并财务报表。

A公司在合并报表层面应确认的丧失控制权收益计算如下：处置股权取得的对价（3,600万元）+剩余40%股权的公允价值（6,400万元）−丧失控制权之日B公司账面净资产（14,000万元）×原持股比例（60%）= 1,600（万元）。在A公司合并报表层面，后续对B公司的40%股权投资采用权益法核算的成本基础为该40%剩余股权于丧失控制权之日的公允价值6,400万元，而不同于个别报表层面的6,000万元。

合并报表处理：

a. 原60%长期股权投资权益法调整：

借：长期股权投资　　　　　　　　　　3,000

贷：盈余公积 240

利润分配——未分配利润 2,160

投资收益 600

b. 原60%长期股权投资权益法调整后全部处置：

借：长期股权投资——新持股比例部分公允价值 6,400

银行存款 3,600

贷：长期股权投资——原100%股权权益法调整后的金额

6,000+3,000=9,000

投资收益——并表层面处置收益 1,000

将前述a、b分录整合，即为最终合并报表层面的处理：

借：长期股权投资 400

银行存款 3,600

贷：盈余公积 240

利润分配——未分配利润 2,160

投资收益 1,600

C. 从个别报表到合并报表的调整。

将上述整合后的分录与个别报表的分录进行比对，从个别报表调整到合并报表需要做的分录如下：

借：长期股权投资 400

投资收益 400

贷：盈余公积 80

利润分配——未分配利润 720

②受让方的会计处理。

股权转让完成后，受让方C公司与A公司对标的公司构成共同控制，因此采用权益法进行初始计量。

借：长期股权投资——B公司 3,600

贷：银行存款 3,600

3. 转让方在转让前对标的公司构成控制、转让后按照《企业会计准则第22号——金融工具确认和计量》进行计量的相关会计处理——成本法转公允价值计量

（1）转让方的会计处理。

《企业会计准则第2号——长期股权投资》第十五条规定，“原持有的对被投资单位具有控制的长期股权投资，因部分处置等原因导致持股比例下降，不能再对被投资单位实施控制、共同控制或重大影响的，应改按金融工具确认和计量准则进行会计处理，其在丧失控制之日的公允价值与账面价值之间的差额计入当期投资收益”。

①转让后构成“指定以公允价值计量且其变动计入其他综合收益的金融资产”的相关会计处理。

A. 确认处置时的损益：

借：银行存款

　　贷：长期股权投资

　　　　投资收益（收回投资金额-转让部分对应的长期股权投资账面价值）

B. 剩余股权投资转为金融资产：

借：指定以公允价值计量且其变动计入其他综合收益的金融资产

　　贷：长期股权投资

　　　　投资收益（剩余股权的公允价值-剩余股权的账面价值，也可在借方）

②转让后构成“以公允价值计量且其变动计入当期损益的金融资产”的相关会计处理。

A. 确认处置时的损益：

借：银行存款

　　贷：长期股权投资

　　　　投资收益（收回投资金额-转让部分对应的长期股权投资账面价值）

B. 剩余股权投资转为金融资产：

借：指定以公允价值计量且其变动计入其他综合收益的金融资产

贷：长期股权投资

投资收益（剩余股权的公允价值-剩余股权的账面价值，也可在借方）

（2）受让方的会计处理。

股权转让完成后，转让方对标的公司丧失控制权的情况下，根据具体的商业条款，受让方可能对标的公司构成控制、共同控制或重大影响，也可能不构成共同控制、重大影响从而按照金融资产进行计量。

若受让方对标的公司构成控制，会计处理请参见本书第六章“六、会计处理”中“1. 协议转让股权会计处理（2）受让方取得股权的会计处理①对子公司构成控制的相关会计处理”。

若受让方对标的公司构成共同控制、重大影响，会计处理请参见本书第六章“六、会计处理”中“1. 协议转让股权会计处理（2）受让方取得股权的会计处理②构成共同控制（合营企业）或重大影响（联营企业）的相关会计处理”。

若受让方对标的公司股权按照金融资产进行计量，会计处理请参见本书第六章“六、会计处理”中“1. 协议转让股权会计处理（2）受让方取得股权的会计处理③不构成控制、共同控制或重大影响时的相关会计处理”。

4. 转让方在转让前对标的公司构成共同控制或重大影响、转让后按照《企业会计准则第22号——金融工具确认和计量》进行计量的相关会计处理——权益法转公允价值计量

（1）转让方的会计处理。

根据《企业会计准则第2号——长期股权投资》第十五条，原持有的对被投资单位具有共同控制或重大影响的长期股权投资，因部分处置等原因导致持股比例下降，不能再对被投资单位实施共同控制或重大影响的，应改按金融工具确认和计量准则对剩余股权投资进行会计处理，其在丧失共同控制或重大影响之日的公允价值与账面价值之间的差额计入当期损益。

原采用权益法核算的相关其他综合收益应当在终止采用权益法核算时，采用与被投资单位直接处置相关资产或负债相同的基础进行会计处理。

①转让后构成“指定以公允价值计量且其变动计入其他综合收益的金融资产”的相关会计处理。

A. 确认处置时的损益：

借：银行存款

　　贷：长期股权投资

　　　　投资收益（收回投资金额-转让部分对应的长期股权投资账面价值）

B. 因被投资方除净损益、其他综合收益和利润分配以外的其他所有者权益变动而确认的所有者权益，应当按比例结转入当期投资收益。

借：其他综合收益

　　资本公积——其他资本公积

　　贷：投资收益

C. 投资方部分处置权益法核算的长期股权投资，剩余股权仍采用权益法核算的，原权益法核算的相关其他综合收益应当采用与被投资单位直接处置相关资产或负债相同的基础处理并按比例结转。

a. 转入当期损益。

其他综合收益属于被投资单位金融资产的公允价值变动，应按处置比例相应结转入当期投资收益。

借：其他综合收益

　　贷：投资收益

b. 转入其他的权益科目。

其他综合收益属于被投资单位重新计量设定受益计划净负债或净资产所产生的变动，应按处置比例并按照被投资单位处置相关资产或负债相同的基础进行会计处理。

《企业会计准则解释第 7 号》（财会〔2015〕19 号）规定，重新计量设定受益计划净负债或者净资产的变动计入其他综合收益，在后续会计期间不允许转回至损益，在原设定受益计划终止时应当在权益范围内将原计入其他综合收益的部分全部结转至未分配利润。

因此应做如下会计分录：

借：其他综合收益

　　贷：未分配利润

D. 剩余股权投资转为金融资产：

借：指定以公允价值计量且其变动计入其他综合收益的金融资产

　　贷：长期股权投资

　　　　投资收益（剩余股权的公允价值-剩余股权的账面价值，也可在借方）

②转让后构成“以公允价值计量且其变动计入当期损益的金融资产”的相关会计处理。

A. 确认处置时的损益：

借：银行存款

　　贷：长期股权投资

　　　　投资收益（收回投资金额-转让部分对应的长期股权投资账面价值）

B. 因被投资方除净损益、其他综合收益和利润分配以外的其他所有者权益变动而确认的所有者权益，应当按比例结转入当期投资收益。

借：其他综合收益

　　资本公积——其他资本公积

　　贷：投资收益

C. 采用投资方部分处置权益法核算的长期股权投资，剩余股权仍采用权益法核算的，原权益法核算的相关其他综合收益应当采用与被投资单位直接处置相关资产或负债相同的基础处理并按比例结转。

a. 转入当期损益。

其他综合收益属于被投资单位金融资产的公允价值变动，应按处置比例相应结转入当期投资收益。

借：其他综合收益

　　贷：投资收益

b. 转入其他的权益科目。

其他综合收益属于被投资单位重新计量设定受益计划净负债或净资产所产生的变动，应按处置比例并按照被投资单位处置相关资产或负债相同的基础进行会计处理。

《企业会计准则解释第 7 号》（财会〔2015〕19 号）规定，重新计量设定受益计划净负债或者净资产的变动计入其他综合收益，在后续会计期间不允许转回至损益，在原设定受益计划终止时应当在权益范围内将原计入其他综合收益的部分全部结转至未分配利润。

因此应做如下会计分录：

借：其他综合收益

　　贷：未分配利润

D. 剩余股权投资转为金融资产：

借：指定以公允价值计量且其变动计入当期损益的金融资产

　　贷：长期股权投资

　　　　投资收益（剩余股权的公允价值-剩余股权的账面价值，也可在借方）

（2）受让方的会计处理。

股权转让完成后，根据具体的商业条款，受让方可能对标的公司构成共同控制或重大影响，也可能不构成共同控制、重大影响从而按照金融资产进行计量。

若受让方对标的公司构成共同控制、重大影响，会计处理请参见本书第六章“六、会计处理”中“1. 协议转让股权会计处理（2）受让方取得股权的会计处理②构成共同控制（合营企业）或重大影响（联营企业）的相关会计处理”。

若受让方对标的公司股权按照金融资产进行计量，会计处理请参见本书第六章“六、会计处理”中“1. 协议转让股权会计处理（2）受让方取得股权的会计处理③不构成控制、共同控制或重大影响时的相关会计处理”。

八、涉税分析与税务筹划

1. 转让方涉税分析

（1）企业所得税。

根据《企业所得税法》等相关规定，企业每一纳税年度的收入总额，减除不征税收入、免税收入、各项扣除以及允许弥补的以前年度亏损后的余额，为应纳税所得额。企业的应纳税所得额乘以适用税率，减去依照相关税收优惠的规定减免和抵免的税额后的余额，为应纳税额。

转让股权收入扣除为取得该股权所发生的成本后，为股权转让所得，汇总计入企业年度所得，按照适用税率纳税。由于企业所得税为汇总纳税，不需要就股权转让行为单独纳税，如果企业整体亏损则不需要缴纳企业所得税。

（2）印花税。

根据《中华人民共和国印花税暂行条例》等机关规定，股权转让协议签订双方，应当按照产权转移书据税目，以协议金额的万分之五的税率缴纳印花税。

（3）增值税。

若转让标的为非上市公司股票（权），则股权转让方不涉及增值税；若转让标的为上市公司股票①（权），则转让方需要按照金融商品转让的规定就转让溢价部分缴纳增值税。

新三板公司不属于上市公司，转让其股票原则上不属于转让金融商品，目前税法也没有对其进行规定。但实务中是否参照转让上市公司股票，从而缴纳增值税，各地税务局有不同的理解和适用。

2. 受让方涉税分析

受让方应当缴纳的印花税与转让方相同，具体请参见本节“1. 转让方涉税分析（2）印花税”。

① 国有上市公司股权转让不需通过产权交易所进场转让。但国有新三板公司股权转让需要通过产权交易所公开进行。

第五章

重大资产进场公开转让

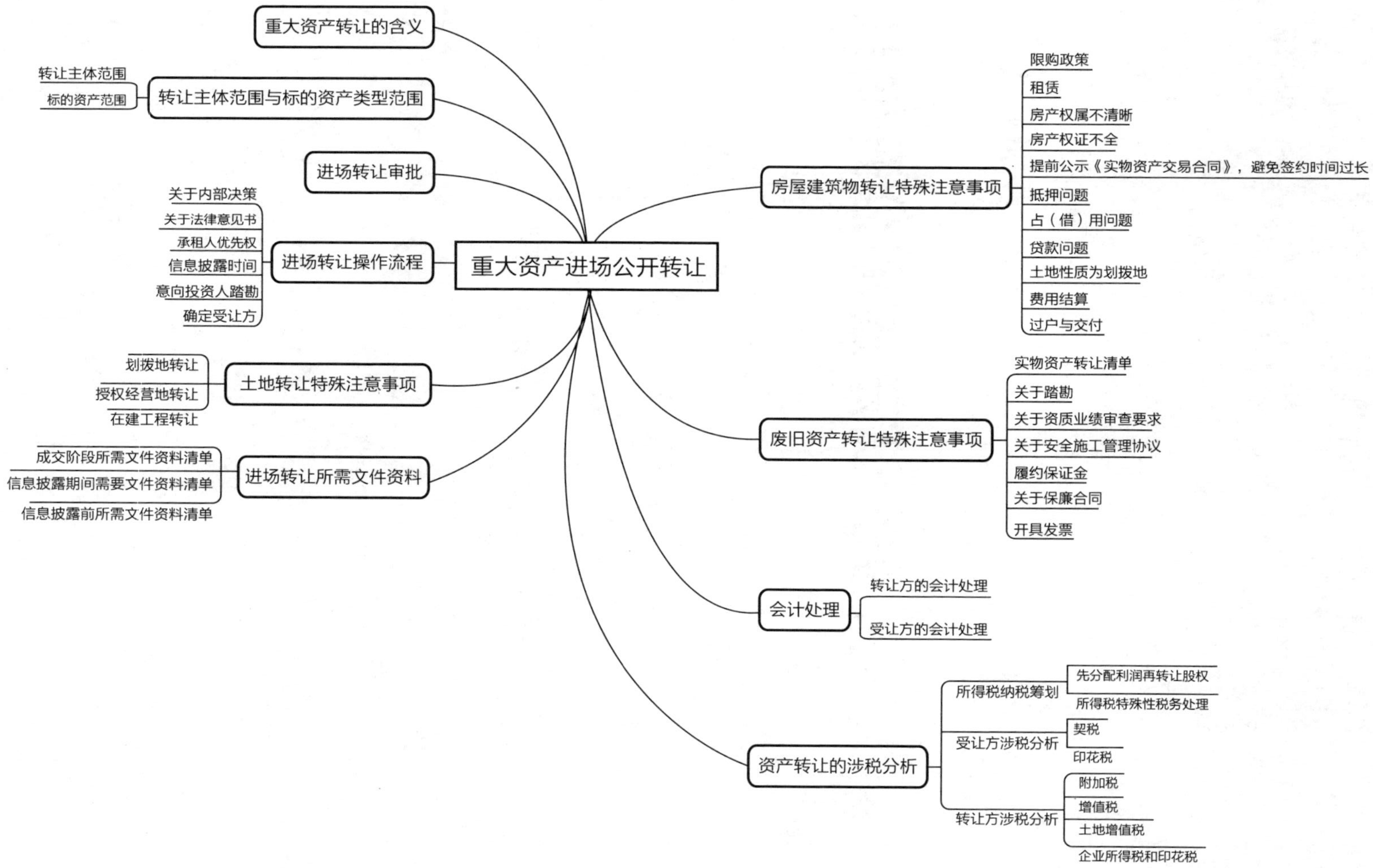

重大资产进场公开转让
重大资产转让的含义
转让主体范围与标的资产类型范围
转让主体范围
标的资产范围
进场转让审批
进场转让操作流程
关于内部决策
关于法律意见书
承租人优先权
信息披露时间
意向投资人踏勘
确定受让方
土地转让特殊注意事项
划拨地转让
授权经营地转让
在建工程转让
进场转让所需文件资料
成交阶段所需文件资料清单
信息披露期间需要文件资料清单
信息披露前所需文件资料清单
房屋建筑物转让特殊注意事项
限购政策
租赁
房产权属不清晰
房产权证不全
提前公示《实物资产交易合同》，避免签约时间过长
抵押问题
占（借）用问题
贷款问题
土地性质为划拨地
费用结算
过户与交付
废旧资产转让特殊注意事项
实物资产转让清单
关于踏勘
关于资质业绩审查要求
关于安全施工管理协议
履约保证金
关于保廉合同
开具发票
会计处理
转让方的会计处理
受让方的会计处理
资产转让的涉税分析
所得税纳税筹划
先分配利润再转让股权
所得税特殊性税务处理
受让方涉税分析
契税
印花税
转让方涉税分析
附加税
增值税
土地增值税
企业所得税和印花税

一、重大资产转让的含义

重大资产转让是指企业一定金额以上的生产设备、房产、在建工程以及土地使用权、债权、知识产权等资产对外转让。注意，《企业国有资产交易监督管理办法》（以下简称 32 号令）并没有明确具体多大金额以上要求进场，需要进场转让的资产类别也可由集团企业在资产管理制度中确定（报国资委备案）。

二、转让主体范围与标的资产类型范围

1. 转让主体范围

转让主体的范围与产权转让一样，包括国有、国有控股及国有实际控制企业。关于企业的具体定义及释义可以参照第二章“企业增资”与第四章“企业产权转让（公开进场转让）”有关内容。

2. 标的资产范围

根据 32 号令第四十八条，企业一定金额以上的生产设备、房产、在建工程以及土地使用权、债权、知识产权等资产对外转让，应当按照企业内部管理制度履行相应决策程序后，在产权交易机构公开进行。

同时，32 号令第四十九条要求，国家出资企业负责制定本企业不同类型资产转让行为的内部管理制度，明确责任部门、管理权限、决策程序、工作流程，对其中应当在产权交易机构公开转让的资产种类、金额标准等做出具体规定，并报同级国资监管机构备案。

关于以上两条要求，进一步解读如下：

（1）从32号令第四十九条可以看出，进场转让的资产种类、金额标准由国家出资企业（集团）根据其制度进行明确。但正常理解，资产种类应该包括32号令第四十八条已经列出的几类资产。

（2）虽然32号令第四十九条未规定最低进场交易金额，但结合32号令第五十条，转让底价高于100万元、低于1,000万元的资产转让项目，信息公告期应不少于10个工作日；转让金额高于100万元的资产，如果属于进场转让的类型，应该进场公开转让。但国家出资企业（集团）也可在制度中要求更低金额的（如高于50万元）进场交易下限。

（3）对于企业的房产，如果属于房地产开发企业的存货对外销售，属于企业的正常生产经营范围，不需要进场转让。如果房地产开发企业已经将其转为固定资产或者投资性房地产，再转让时，则需要进场公开转让。

三、进场转让审批

重大资产转让审批及注意事项可以参考第四章“企业产权转让（公开进场转让）”有关内容。

四、进场转让操作流程

实物资产进场转让交易流程与产权转让基本相同，在此不再一一叙述。以下对实物资产进场转让特殊之处进行说明：

1. 关于内部决策

产权转让项目，需要提供转让方和标的企业的决策文件。实物资产转让项目，不存在标的企业决策文件的问题。

转让方决策形式（如总经办、党委会、董事会、股东会）按照公司章程和内部管理制度确定。

2. 关于法律意见书

目前针对央企转让项目，部分产权交易机构不再强制要求出具法律意见书，除非所涉及资产存在权属不清等问题。实物资产转让项目，尤其是不动产项目，经常存在权属瑕疵问题，如代持、没有房产证、证载权利人与实际权利人不一致，这些情形下，转让方可聘请律师事务所出具转让法律意见书，并作为转让程序依法合规履行的备查资料。

3. 承租人优先权

若标的资产挂牌期间处于对外出租状态，承租人具有优先购买权，须确认承租人是否放弃其对标的资产的优先购买权。

4. 信息披露时间

在实物资产转让项目与产权转让项目信息披露时间方面存在两方面重大差异：

（1）实物资产转让项目不需要预披露。

（2）正式披露方面。与产权转让统一的正式披露 20 个工作日不同，实物资产正式披露时间根据转让金额不同而有所差别：

转让底价高于 100 万元、低于 1,000 万元的资产转让项目，信息公告期应不少于 10 个工作日；转让底价高于 1,000 万元的资产转让项目，信息公告期应不少于 20 个工作日。

5. 意向投资人踏勘

一般产权转让项目，意向投资方自行决定是否需要尽调，是否进行现场踏勘。但实物资产项目，由于实物形态对于其实际价值影响重大，因此，特殊实物资产转让项目要求意向投资人必须踏勘后方能进行受让。

6. 确定受让方

（1）不涉及优先购买权项目。

对于不涉及优先购买权项目，若只征集到一家意向受让方，则直接按照挂牌底价协议成交；若征集到两家或两家以上意向方，则通过竞价确定最终受让方。实物资产转让项目，竞价绝大部分采用价高者得的方式，采用招投标方式的项目极为罕见。

（2）涉及优先购买权项目。

对于房产转让项目，可能涉及承租人优先购买权问题，需根据项目情况判断承租人是否具有优先购买权。若承租人具有优先购买权，则首先由承租人以外的意向受让方进行出价，出价最高者为待定受让方（若只有一个意向受让方，则直接由其一次报价）。待定受让方及其最高出价确定后，征询承租人是否以该价格及挂牌条件确定的其他交易条件进行行权。若承租人行使优先购买权，则该承租人为最终受让方，若其不行使优先购买权，则待定受让方为受让方。

优先购买权人行权规则参照第四章“企业产权转让（公开进场转让）”相关内容。

五、进场转让所需文件资料

1. 信息披露前所需文件资料清单

（1）房产项目所需文件资料如下表所示。

序号	文件资料名称	签字盖章要求
1	实物资产转让信息发布申请书（若非法定代表人签字，还需提供授权文件）	原件（一式三份）加盖公章、法定代表人签章
2	委托合同（若非法定代表人签字，还需提供授权文件）	原件（一式三份）加盖公章、法定代表人签章
3	转让方营业执照副本	复印件加盖公章
4	转让方公司章程	复印件加盖公章
5	转让方内部决策文件（依据公司章程）	复印件加盖公章
6	上级主管部门批文（若非集团批文，还需提供授权文件）	复印件加盖公章
7	房地产权证	复印件加盖公章
8	其他具有法律效力的权属证明文件	复印件加盖公章
9	评估报告（含全部附件、明细表）	原件或复印件加盖公章
10	评估备案表	复印件加盖公章
11	房屋租赁协议（如有）	复印件加盖公章

续表

序号	文件资料名称	签字盖章要求
12	转让方履行优先购买权相关义务的书面材料（如有则征询承租人是否行使优先购买权的书面文件，包括转让方送达的文件及承租人回复的文件）	原件或复印件加盖公章
13	其他相关材料	复印件加盖公章

注：①以上文件资料清单仅供参考，实际应根据具体项目情况予以个案调整；②除特殊注明外，仅需一份，若非最新文件还需提供相应说明；③若提供的上述文件为英文文件的，还需提供中文翻译件。

（2）设备及其他资产项目所需文件资料如下表所示。

序号	文件资料名称	签字盖章要求
1	实物资产转让信息发布申请书（若非法定代表人签字，还需提供授权文件）	原件（一式三份）加盖公章、法定代表人签章
2	产权交易委托合同（若非法定代表人签字，还需提供授权文件）	原件（一式三份）加盖公章、法定代表人签章
3	营业执照副本	复印件加盖公章
4	公司章程	复印件加盖公章
5	转让方内部决策文件（依据公司章程）	复印件加盖公章
6	上级主管部门批文（若非集团批文，还需提供授权文件）	复印件加盖公章
7	资产评估报告（含评估说明、明细表等附件）	复印件加盖公章
8	评估备案表	复印件加盖公章
9	关于转让资产范围的说明（若只转让评估报告中部分资产需提供）	复印件加盖公章
10	关于资质审查要求（涉及拆除的需提供）	首页加盖公章
11	现场踏勘管理办法（若要求必须踏勘才能摘牌的需提供）	首页加盖公章
12	资产清单（纸质及电子版）	首页加盖公章
13	转让资产照片	
14	其他相关文件	

注：①以上文件资料清单仅供参考，实际应根据具体项目情况予以个案调整；②除特殊注明外，仅需一份，若非最新文件还需提供相应说明；③若提供的上述文件为英文文件的，还需提供中文翻译件。

（3）交通运输工具类项目所需文件资料如下表所示。

序号	文件资料名称	签字盖章要求
1	产权交易委托合同	原件（一式三份）加盖公章、法定代表人签章
2	车辆处置申请表	原件加盖公章
3	转让方企业法人营业执照	复印件加盖公章
4	营业执照副本	复印件加盖公章
5	转让方公司章程	复印件加盖公章
6	转让方内部决策文件	复印件加盖公章
7	有权批准机构同意转让的批复或决议	复印件加盖公章
8	转让标的资产评估报告	复印件加盖公章
9	资产评估项目核准表或备案表	复印件加盖公章
10	机动车行驶证复印件	年检时间必须是有效的
11	车辆登记证复印件	三证合一的企业需将组织机构代号变更为统一社会信用代码
12	车辆保险单	强制险、商业险（如有）
13	处置车辆明细表	
14	车辆照片	每车三张（正前、侧45度角、正后各一张）
15	开票信息采集表	电子版即可
16	交易所要求提交的其他文件	

注：①以上文件资料清单仅供参考，实际应根据具体项目情况予以个案调整；②除特殊注明外，仅需一份，若非最新文件还需提供相应说明。

2. 信息披露期间所需文件资料清单

（1）人工审核项目所需文件资料清单。

挂牌期间，如果挂牌项目是需要人工审核的，则受让方需向交易所递交受让资料，文件资料清单如下：

受让方是法人主体时需提供的文件资料如下表所示：

序号	文件资料名称	签字盖章要求
1	物权受让申请书	三份，签字盖章
2	产权交易委托合同	三份，签字盖章
3	营业执照副本复印件	一份，盖章
4	公司章程	一份，盖章

续表

序号	文件资料名称	签字盖章要求
5	近期财务报表复印件（资产负债表、利润表、现金流量表）	一份，盖章
6	内部决策文件（如股东决定、董事会决议等）	一份，签字盖章
7	承诺函	一份，盖章
8	挂牌公告要求的其他文件	

受让方是自然人时需提供的文件资料如下表所示：

序号	文件资料名称	签字盖章要求
1	物权受让申请书	三份，签字捺手印
2	产权交易委托合同	三份，签字捺手印
3	自然人身份证复印件	一份，签字捺手印
4	承诺函	一份，签字捺手印
5	挂牌公告要求的其他文件	

（2）非人工审核项目所需文件资料清单。

非人工审核项目，意向受让方注册登录各交易所网站，找到对应的项目直接线上报名，按照系统提示操作即可。

3. 成交阶段所需文件资料清单

序号	文件资料名称	相关方	签字盖章要求
1	意向受让方资格确认函回函	转让方	原件加盖公章
2	竞价实施方案（如产生竞价）	转让方 （产权交易服务机构协助制定）	原件加盖公章
3	响应文件（如产生竞价）	受让方	原件加盖公章
4	关于优先购买权的征询函及回函（涉及优先购买权项目可能需要）	转让方、原股东	原件或复印件加盖公章
5	产权交易合同	转让方、受让方	原件加盖公章
6	划款函	转让方	原件加盖公章

六、土地转让特殊注意事项

1. 在建工程转让

（1）需要提供的文件。

在建工程转让需要提供国有土地使用权证、建设用地规划许可证、建设工程规划许可证、建筑工程施工许可证。

（2）开发投资强度。

根据《城市房地产管理法》第三十九条：“以出让方式取得土地使用权的，转让房地产时，应当符合下列条件：

（一）按照出让合同约定已经支付全部土地使用权出让金，并取得土地使用权证书；

（二）按照出让合同约定进行投资开发，属于房屋建设工程的，完成开发投资总额的百分之二十五以上，属于成片开发土地的，形成工业用地或者其他建设用地条件。”

因此，在建工程的转让需要确保开发投资金额（不包含购买土地的成本）已达到总投资额的25%以上，产权交易机构需要转让方对此出具承诺函，但不会进行实质审查。

实际中通常没有具体的文件证明投资额是否达到25%，由转让方自行估算投资进度。如项目投资额明显已达25%，则可正常挂牌转让；如项目未达到上述条件，成交之后可能不能完成过户，甚至面临诉讼风险。

（3）持续在建的工程。

若在建工程处于持续在建状态，则可在交易条件中约定自评估基准日至交易合同签订日期间的在建费用可由转受双方共同委托的中介机构（如工程造价咨询公司、会计师事务所）进行工程造价审计确定，并由受让方承担。为了保障受让方利益，持续在建的工程转让项目，可以在转让公告中披露过渡期间在建费用的上限。

过渡期间的在建费用也可分为两个阶段进行收回——从评估基准日到挂牌日、

从挂牌日到交易合同签订日。第一阶段的价值在挂牌前就已经确定，因此可将其放到挂牌价格中。

（4）在建工程的评估值。

在建工程的评估报告中需包含地上建筑物的评估价值。

（5）未履行完毕的合同。

针对在建工程未履行完毕的合同，如施工合同、设计合同、监理合同等，可要求受让方承继。

（6）强制踏勘。

如项目复杂，可强制要求受让方进行踏勘，了解项目情况，提交踏勘确认书。

（7）披露土地使用权证相关信息。

注意土地使用权证上的相关信息，虽然不强制进行披露，但建议据实披露关键信息，如土地用途。

（8）在建工程对应的负债。

在建工程和工程对应的负债不能一起转让。但如果是债权人来买，交易价款能否与债权抵销需要原经济行为批准单位同意。

（9）转让土地证的部分土地。

若转让方只转让土地证的部分土地，可有两种转让方式：一是先进行土地分割，后挂牌转让；二是先挂牌转让，成交之后再进行土地分割。无论采用哪种方式，都需要提前向国土部门咨询确认是否可行。

（10）尽职调查。

部分项目，除了普遍要求的资料外，转让方还准备了供意向受让方了解项目的其他资料，这些资料可放在交易所，也可放在转让方处供受让方尽调。如将尽调资料放在转让方处，则需提交一份资料清单置于交易所。

2. 授权经营地转让

（1）国有企业对授权经营地享有使用权。

根据《国有企业改革中划拨土地使用权管理暂行规定》第四条："国家根据需要，可以一定年期的国有土地使用权作价后授权给经国务院批准设立的国家控股公司、作为国家授权投资机构的国有独资公司和集团公司经营管理。”授权经营土地是国有企业取得土地使用权的一种合法形式，故国有企业对授权经营地享有使用权。

（2）转让前报批与补缴土地出让金。

《国土资源部[①]关于加强土地资产管理 促进国有企业改革和发展的若干意见》中要求：“以授权经营方式处置的，土地使用权在使用年期内可依法作价出资（入股）、租赁，或在集团公司直属企业、控股企业、参股企业之间转让，但改变用途或向集团公司以外的单位或个人转让时，应报经土地行政主管部门批准，并补缴土地出让金。”故国有企业转让授权经营地时应当报土地行政主管部门批准，并补缴土地出让金。

大部分企业在转让授权经营地时，可能出于资金不足或流程过于复杂等原因不愿意在转让前补缴土地出让金，而希望转让后由受让方补缴土地出让金，能否这样操作取决于土地行政主管部门意见，如主管部门明确反对，则不能先行转让。

3. 划拨地转让

根据《中华人民共和国城镇国有土地使用权出让和转让暂行条例》第四十五条：“符合下列条件的，经市、县人民政府土地管理部门和房产管理部门批准，其划拨土地使用权和地上建筑物、其他附着物所有权可以转让、出租、抵押：

（一）土地使用者为公司、企业、其他经济组织和个人；

（二）领有国有土地使用证；

（三）具有地上建筑物、其他附着物合法的产权证明；

（四）依照本条例第二章的规定签订土地使用权出让合同，向当地市、县人民政府补缴土地使用权出让金或者以转让、出租、抵押所获收益抵缴土地使用权出让金。”

与授权经营用地类似，国有企业转让划拨地时应当报土地管理部门批准，并补缴土地出让金，土地出让金缴纳时点的分析与前述授权经营用地类似。

---

① 2018年3月，根据中共第十三届全国人民代表大会第一次会议批准的《国务院机构改革方案》，组建自然资源部；将国土资源部的职责，国家发展和改革委员会的组织编制主体功能区规划职责，住房和城乡建设部的城乡规划管理职责，水利部的水资源调查和确权登记管理职责，农业部的草原资源调查和确权登记管理职责，国家林业局的森林、湿地等资源调查和确权登记管理职责，国家海洋局的职责，国家测绘地理信息局的职责整合，组建中华人民共和国自然资源部，作为国务院组成部门；不再保留国土资源部。

七、房屋建筑物转让特殊注意事项

房屋建筑物转让过程中可能出现的复杂情况较多，如承租人优先权、权属瑕疵、出让金补缴等，以下为房屋建筑物转让过程中特殊注意事项：

1. 限购政策

如标的房产所在地存在限购政策，可在挂牌公告中要求意向受让方自行了解标的房产所在地的相关政策及规定，并需符合标的房产所在地相关部门或机构对房屋购买者设置的资格条件，不得以不了解标的所在地相关政策和购房条件导致不能过户等理由退还标的房产。如因不符合标的所在地的房屋买卖政策或法规而造成不良后果，由意向受让方承担全部责任。

2. 租赁

如房屋挂牌期间仍处于租赁状态，则可能涉及承租人优先权问题。

转让方挂牌前需向承租人发征询函，告知其房屋转让信息，并且征询其是否放弃优先购买权。

（1）关于是否享有优先购买权。

根据《中华人民共和国民法典》，租赁物在承租人按照租赁合同占有期限内发生所有权变动的，不影响租赁合同的效力。出租人出卖租赁房屋的，应当在出卖之前的合理期限内通知承租人，承租人享有以同等条件优先购买的权利。承租部分房屋的承租人在出租人整体出卖房屋时是否享有优先购买权需要综合考虑，如下表所示。

重点关注	具体情况	承租人是否享有优先购买权
房屋使用功能	承租人承租的部分房屋与房屋的其他部分是可分的，使用功能可相对独立	仅对于其承租的部分房屋享有优先购买权
	承租人承租的部分房屋与房屋的其他部分是不可分的，使用功能整体性较明显	对出租人所卖全部房屋享有优先购买权
承租人承租的部分房屋占全部房屋的比例	承租人承租的部分房屋占出租人出卖的全部房屋一半以上的	对出租人出卖的全部房屋享有优先购买权
	承租人承租的部分房屋未占出租人出卖的全部房屋一半的	对出租人出卖的全部房屋不享有优先购买权

注：详见最高人民法院在2005年7月26日发出的《关于承租部分房屋的承租人在出租人整体出卖房屋时是否享有优先购买权的复函》。

（2）关于征询承租人事宜。

对享有优先购买权的承租人，转让方应履行相应的征询和通知义务。

在正式挂牌转让前，转让方应向承租人发征询函（现场直接送达或邮寄送达），告知其房屋拟转让的信息，并征询其是否放弃优先购买权。承租人应当以书面形式回复是否放弃优先购买权。

正式挂牌之日起5个工作日内，转让方应向明确表示不放弃优先购买权的承租人再次发出通知，告知其挂牌时间、价格、网址及办理受让申请的提示。

根据产权交易机构优先购买权人行权规则，不放弃优先购买权的承租人未在挂牌期间办理受让申请的，转让方在征集到其他意向方后，应当就该意向方的最高报价再次征询承租人是否行使优先购买权。承租人行权的，则承租人成为最终受让方；承租人明确放弃行权，或在约定的期限内未予回复的，视为放弃行权，则最高报价的意向方成为最终受让方。

（3）承租人不配合征询时的处理。

①关于送达方式。

对承租人的征询函，首先考虑通过直接送达或邮寄送达方式发送。

采用直接送达方式的，应制作签收回执，并要求签收人书面签字。采用邮寄送达的，首先，建议使用EMS；其次，建议在快递单上标明快递的具体文件为《关于贵司承租的××房屋转让事项征询意见函》，以避免承租人在可能发生的纠纷中以不知情为由进行抗辩。

如承租人不予接收或不予回函，在此极端情况下可以采用公证送达。即由公证机构派员亲临送达现场，证明转让方以直接送达、邮寄送达等方式向承租人送达征询函，已履行书面告知义务并履行了征询程序。

②关于征询时间。

如承租人不配合回函，建议转让方在挂牌前征询和确定最高报价的意向方后再征询时，均留足征询期，一般建议15日以上。以免承租人以转让方未充分征询为由，要求撤销交易。

3. 房产权属不清晰

如房产证所载权利人与实际持有人不一致，可以通过出具法律意见书判断实际持有人对房产的处置权，并咨询当地不动产登记中心权证变更涉及的税费及程序后，在挂牌公示中如实披露。

4. 房产权证不全

如房产的权属证明文件不齐全，只能提供房屋所有权证或土地使用权证，则需要转让方去房管部门核实是否影响过户，并出具不影响过户的说明。

5. 提前公示《实物资产交易合同》，避免签约时间过长

如项目签约过程中转受双方针对合同条款一直未能达成一致，会导致签约时间过长，为避免此种情况，可选择在挂牌前公示实物资产交易合同。

6. 抵押问题

如房屋存在抵押情况，挂牌转让前应获得抵押权人的书面同意。如挂牌前抵押权人未出具书面意见，转让方应承诺在项目成交之前取得抵押权人的书面同意。

7. 占（借）用问题

房屋转让之前应梳理房屋现状，如存在占（借）用行为，应及时清理。如转让前无法清理，则应如实披露现状。

8. 贷款问题

房屋转让过程中，可能存在受让方一次性支付价款困难的情况。部分产权交易机构允许受让方采用贷款的形式支付价款，具体还需依据各产权交易机构的规则确定。

9. 土地性质为划拨地

如房屋土地性质为划拨地，则可在挂牌前由转让方补办出让手续或者在挂牌公告中如实披露，要求受让方承担土地出让金。

10. 费用结算

转让方可以根据房屋状况在交易条件中明确税费、过户费、水费、电费、取暖费、物业费等费用的承担主体及承担主体变更的时间节点。

11. 过户与交付

房屋建筑物成交后，转受双方需要配合到房屋建筑物当地房管部门进行过户。

完成过户后，转让方将房屋交付给受让方，在此之前，转让方应做好对标的房屋的善良管理义务。在过户前，转受双方根据挂牌条件中确定的水、电、暖、气、物业费等结算方式及结算状况，结清相关费用。

八、废旧资产转让特殊注意事项

1. 实物资产转让清单

废旧物资转让项目通常在信息披露中公示《实物资产转让清单》，意向方可凭此了解资产具体内容。《实物资产转让清单》中所列资产不得超出《资产评估报告》范围，且在数量、型号方面与实物保持一致，可供意向方现场踏勘时对照查看。实物资产转让清单中仅列明资产型号、计量单位及数量，不将资产评估值写入其中。

2. 关于踏勘

由于废旧物资实物状态各异，为避免意向方成交后对实物状态产生歧义，一般强制要求意向受让方在挂牌公示期间进行踏勘，所有意向受让方必须对标的资产进行踏勘。意向受让方需在报名时提供转让方及意向受让方盖章的现场踏勘确认书。

若未强制要求意向受让方进行踏勘，意向受让方可根据自身意愿自由选择是否前往标的现场进行踏勘，如意向受让方进行踏勘，转让方需进行相应配合。但在挂牌公示中一般会明确意向受让方一经提交受让申请并缴纳保证金即视为已完成对标的的尽职调查，已充分了解转让方提供的标的资产全部情况并接受本项目公告的所有内容。

另外，在进行现场踏勘前转让方提前将资产进行区分，对转让资产做明显标识。

3. 关于资质业绩审查要求

部分项目涉及拆除房屋建筑物、特种设备或专业设备的，为确保安全拆除，可要求受让方符合一定资质业绩条件。一般有以下两种操作方式：

（1）在与转让相关条件中，要求意向受让方书面承诺自身具备或在成为受让方后委托具备资质的企业进行施工，意向受让方在提交受让申请时，提供书面承诺即可，无须提供资质文件。在成为受让方后，再向转让方提供相应资质文件即可。

这种情况下，所有意向受让方均可参与报名，在被确认为受让方后提供相应资质即可。

（2）在挂牌公告中要求，所有意向受让方在通过资质业绩审查并完成现场踏勘之后方可报名，意向受让方需在进行现场踏勘之前按照《关于资质业绩审查要求》提供相应资质文件，资质业绩审查合格的意向受让方前往踏勘，转让方在《现场踏勘确认函》上盖章，《资质业绩审查确认函》《现场踏勘确认函》为报名必备要件。

这种情况下，意向受让方需自身具备资质业绩或与具备资质业绩的意向受让方组成联合体。转让方一般会在《关于资质业绩审查要求》中要求意向受让方（如为联合体）在进行资质审查时提供联合受让协议，联合受让协议需明确主办方及联合体各方拟承担的工作和责任。联合体各方就本项目向转让方承担连带责任。

4. 关于安全施工管理协议

涉及拆除、施工的项目，一般需要在挂牌信息中公示《安全管理协议》，转让方根据项目具体情况在《安全管理协议》中明确施工人员要求、施工现场管理要求、施工期限、拆除范围及顺序、相关安全条例及罚则等。转让方及受让方在签订《实物资产交易合同》的同时签订《安全管理协议》。

5. 履约保证金

涉及资产拆除的项目，为保障后期现场施工有序进行，可要求受让方在支付交易余款的同时支付一定金额的履约保证金。

履约保证金一般在受让方拆除项目完成且经转让方验收合格后 3 个工作日无息原路退回。

6. 关于保廉合同

保廉合同是指意向受让方在施工期间要保持廉洁，不得贿赂转让方相关人员，转让方及受让方在签署实物资产交易合同、安全管理协议的同时可以签署保廉合同。

7. 开具发票

废旧资产项目资产评估价格多为不含税价格，转让方在确定挂牌价格时需在评估值基础上顺加增值税，即挂牌价格需为含增值税的价格，且在信息公示中披露挂牌价格涉及的税率。

九、会计处理

1. 转让方的会计处理

进场公开转让重大资产时，转让对价与标的资产账面价值的差额计入资产处置损益科目。

（1）若转让的资产为非流动资产，如机器设备、车辆、在建工程等固定资产，会计处理方式如下：

第一步，将挂牌转让的资产转入“持有待售非流动资产”科目。

借：持有待售非流动资产

　　累计折旧

　　累计摊销

　　贷：固定资产——原值

　　　　在建工程

　　　　无形资产

第二步，资产转让完成后，确认资产处置损益。

借：银行存款

　　贷：持有待售非流动资产

　　　　资产处置损益（差额）

（2）若转让的资产为存货、应收账款等流动资产，会计处理方式如下：

借：银行存款

　　贷：应收账款（账面价值）

　　　　存货（账面价值）

　　　　资产处置损益（差额）

2. 受让方的会计处理

公开转让资产时，受让方以支付对价对取得的标的资产进行计量。

借：固定资产、存货等（公允价值）

　　贷：银行存款

若转让方和受让方是控制或被控制的关系，或者受同一最终控制方控制，该笔交易在合并报表时应做抵销处理。

十、涉税分析与税务筹划

1. 转让方涉税分析

（1）企业所得税和印花税。

转让方在资产转让中涉及的企业所得税和印花税原理同本书第四章“八、涉税分析与税务筹划”中“1. 转让方涉税分析（1）企业所得税（2）印花税”中论述，在此不再赘述。

特别的是，根据转让资产的不同性质，适用印花税的不同税目和税率。

（2）土地增值税。

按照《中华人民共和国土地增值税暂行条例》等相关规定，转让国有土地使用权、地上的建筑物及其附着物（以下简称转让房地产）并取得收入的单位和个人，为土地增值税的纳税义务人（以下简称纳税人），应当依照规定缴纳土地增值税。

在资产转让中，如果转让资产中涉及房地产，转让方需要按照相应规定缴纳土地增值税。

（3）增值税。

在中华人民共和国境内销售货物或者加工、修理修配劳务（以下简称劳务），销售服务、无形资产、不动产以及进口货物的单位和个人，为增值税的纳税人，应当依照规定缴纳增值税。因此，资产转让属于增值税应税行为，由转让方按照相应规定缴纳增值税。

①销售不动产增值税。

销售二手房屋是国有企业进场交易的常见转让类型。根据《关于全面推开营业税改征增值税试点的通知》（财税〔2016〕36 号）附件 2，企业销售不动产应缴纳的增值税根据不同情况确定。

营改增后销售不动产增值税纳税情况：

纳税人类型	取得方式	取得时间	计税方法	计税依据	计算公式
一般纳税人	非自建	2016 年 4 月 30 日前	简易计税	取得的全部价款和价外费用扣除不动产购置原价或者取得不动产时的作价后的余额	征收率 5%： 销售额÷(1+5%)×5%
		2016 年 5 月 1 日后	一般计税	取得的全部价款和价外费用	销售额÷(1+9%)×9%
	自建	2016 年 4 月 30 日前	简易计税	取得的全部价款和价外费用	征收率 5%： 销售额÷(1+5%)×5%
		2016 年 5 月 1 日后	一般计税	取得的全部价款和价外费用	销售额÷(1+9%)×9%
小规模纳税人	非自建	不分	简易计税	取得的全部价款和价外费用扣除不动产购置原价或者取得不动产时的作价后的余额	征收率 5%： 销售额÷(1+5%)×5%
	自建	不分		取得的全部价款和价外费用	

注：①适用一般计税方式的，按照5%的预征率预缴增值税，向机构所在地主管税务机关申报纳税；②选择简易计税的，也允许开具增值税专用发票；③一般纳税人取得房屋的区分时间节点一般以《建筑工程施工许可证》注明的合同开工日期为准。

②销售旧固定资产增值税。

根据《财政部　国家税务总局关于部分货物适用增值税低税率和简易办法征收增值税政策的通知》（财税〔2009〕9 号）、《财政部　国家税务总局关于简并增值税征收率政策的通知》（财税〔2014〕57 号）、《国家税务总局关于一般纳税人销售自己使用过的固定资产增值税有关问题的公告》（国家税务总局公告 2012 年第 1 号），纳税人销售使用过的固定资产按照以下不同情形区别缴纳增值税：

A. 一般纳税人销售自己使用过的属于《中华人民共和国增值税暂行条例》第十条规定的不得抵扣且未抵扣进项税额的固定资产，按照简易办法依照 3%征收率减按 2%征收增值税。

2009 年 1 月 1 日以后，中国实行消费型增值税，即购进固定资产发生的增值税进项税额均可以抵扣销售进项。因此，2009 年 1 月 1 日后购进的固定资产，使用后再对外转让，需要按照适用税率进行纳税。

东北地区于 2004 年 7 月 1 日以后在部分行业实行了购进固定资产进项税额抵扣销项税额，因此，对于东北地区的企业转让使用过的固定资产，购置日期在 2009 年 1 月 1 日以前的，需要注意其是否抵扣了销项，如果已经抵扣，则需要按照适用税率进行纳税；如未进行抵扣，则按照简易办法依照 3%征收率减按 2%征收增值税。

B. 小规模纳税人（除其他个人外，下同）销售自己使用过的固定资产，减按 2%征收率征收增值税。

（4）附加税。

凡缴纳了增值税的企业，则需要按照规定缴纳城市维护建设税和教育费附加。

2. 受让方涉税分析

（1）印花税。

受让方应当缴纳的印花税同转让方，在此不再赘述。

（2）契税。

根据《中华人民共和国契税暂行条例》等规定，在中华人民共和国境内转移土地、房屋权属，承受的单位和个人为契税的纳税人，应当依照规定缴纳契税。

因此，资产转让中，如涉及土地、房屋权属转让，受让方应当按照规定缴纳契税。

3. 所得税纳税筹划

（1）所得税特殊性税务处理。

在一般情况下，进场转让要求采用货币支付，不能满足所得税特殊性税务重组条件，无法利用特殊性税务处理优惠政策。本节不对特殊性税务处理进行讨论，有兴趣的读者可以参照第六章“非公开协议转让”有关内容。

（2）先分配利润再转让股权。

符合条件的居民企业直接投资于其他居民企业取得的权益性投资收益免征企业所得税。所以，可以考虑在股权转让之前对目标公司进行利润分配，从而降低目标企业的净资产价值和评估价值。

第六章

非公开协议转让

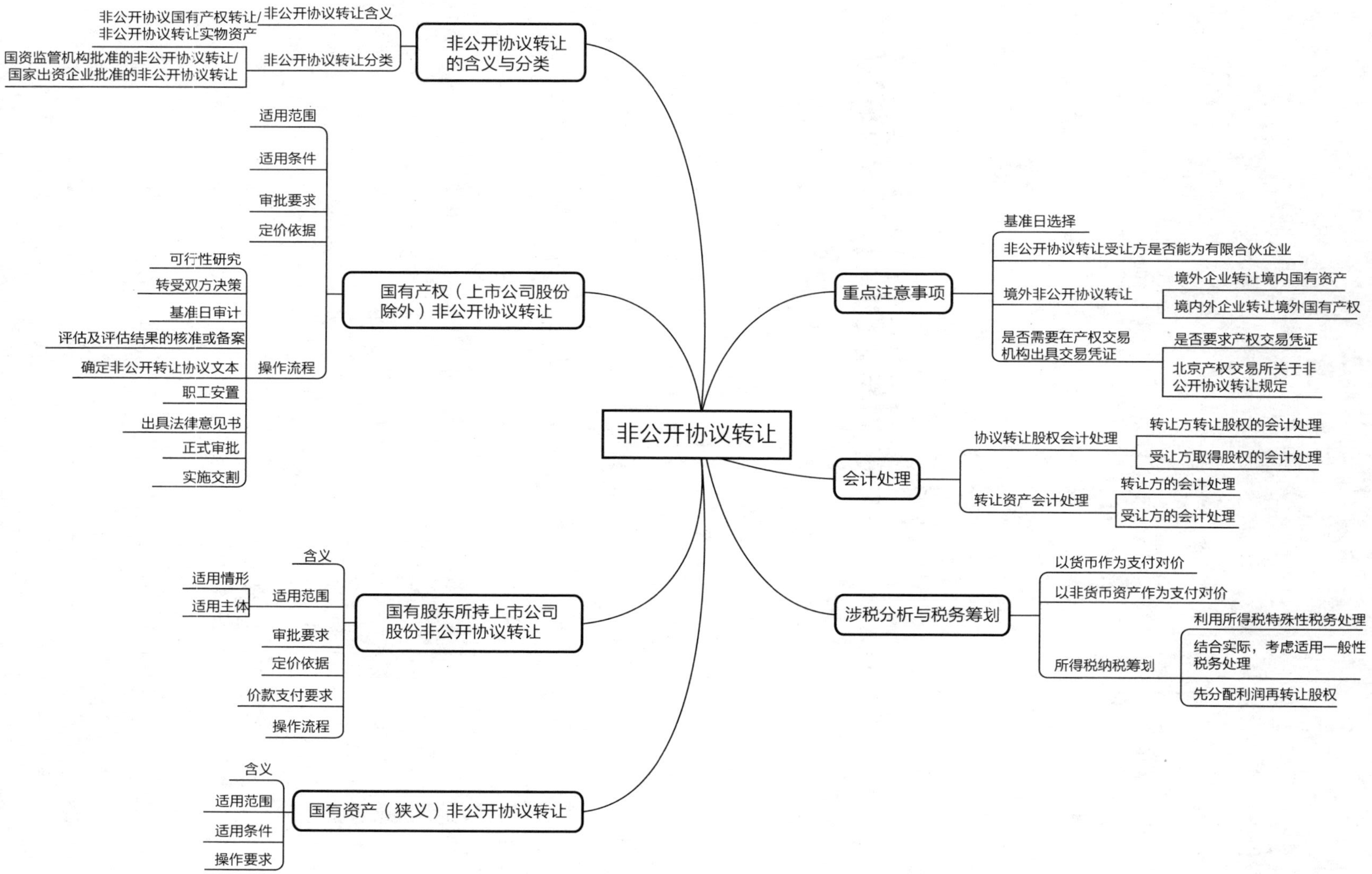
非公开协议转让
非公开协议转让的含义与分类
非公开协议转让含义
非公开协议国有产权转让/非公开协议转让实物资产
非公开协议转让分类
国资监管机构批准的非公开协议转让/国家出资企业批准的非公开协议转让
国有产权（上市公司股份除外）非公开协议转让
适用范围
适用条件
审批要求
定价依据
操作流程
可行性研究
转受双方决策
基准日审计
评估及评估结果的核准或备案
确定非公开转让协议文本
职工安置
出具法律意见书
正式审批
实施交割
国有股东所持上市公司股份非公开协议转让
含义
适用范围
适用情形
适用主体
审批要求
定价依据
价款支付要求
操作流程
国有资产（狭义）非公开协议转让
含义
适用范围
适用条件
操作要求
重点注意事项
基准日选择
非公开协议转让受让方是否能为有限合伙企业
境外非公开协议转让
境外企业转让境内国有资产
境内外企业转让境外国有产权
是否需要在产权交易机构出具交易凭证
是否要求产权交易凭证
北京产权交易所关于非公开协议转让规定
会计处理
协议转让股权会计处理
转让方转让股权的会计处理
受让方取得股权的会计处理
转让资产会计处理
转让方的会计处理
受让方的会计处理
涉税分析与税务筹划
以货币作为支付对价
以非货币资产作为支付对价
所得税纳税筹划
利用所得税特殊性税务处理
结合实际，考虑适用一般性税务处理
先分配利润再转让股权

一、非公开协议转让的含义与分类

1. 非公开协议转让含义

非公开协议转让是相对于在产权交易机构公开挂牌转让而言的，指出于特定原因经相应监管机构批准后，不通过产权交易机构公开发布信息征集标的股权或资产意向受让方，而是由转让方与指定受让方直接就标的股权达成交易的一种国有资产交易方式。

2. 非公开协议转让分类

（1）以资产种类划分。

非公开协议转让从资产种类上划分，可分为非公开协议国有产权转让和非公开协议转让实物资产。

（2）以审批机关划分。

非公开协议转让从审批机关上划分，可分为国资监管机构批准的非公开协议转让和国家出资企业批准的非公开协议转让。

国资监管机构批准的非公开协议转让是指涉及主业处于关系国家安全、国民经济命脉的重要行业和关键领域企业的重组整合，对受让方有特殊要求，企业产权需要在国有及国有控股公司之间转让的，必须经国资监管机构批准后方可实施。

国家出资企业批准的非公开协议转让是指同一国家出资企业及其各级控股企业或实际控制企业之间因实施内部重组整合进行产权转让的，经该国家出资企业审议决策，可以采取非公开协议转让方式。

二、国有产权（上市公司股份除外）非公开协议转让

根据“32号令”、《中央企业境外国有产权管理暂行办法》（国资委令第27号）（以下简称“27号令”）、《关于进一步加强中央企业境外国有产权管理有关事项的通知》（国资发产权规〔2020〕70号）、《关于促进企业国有产权流转有关事项的通知》（国资发产权〔2014〕95号）等，参考现已废止的《关于企业国有产权转让有关事项的通知》（国资发产权〔2006〕306号）、《关于中央企业国有产权协议转让有关事项的通知》（国资发产权〔2010〕11号）之规定，在此对非公开协议转让的适用范围和条件等作简要总结。

1. 适用范围

国有及国有控股公司、国有实际控制企业均可在符合条件的前提下采用非公开协议转让方式进行国有产权交易。

国有及国有控股公司、国有实际控制企业具体定义可以参考第二章“企业增资”。

2. 适用条件

“32号令”第三十一条规定：“以下情形的产权转让可以采取非公开协议转让方式：

（一）涉及主业处于关系国家安全、国民经济命脉的重要行业和关键领域企业的重组整合，对受让方有特殊要求，企业产权需要在国有及国有控股企业之间转让的，经国资监管机构批准，可以采取非公开协议转让方式；

（二）同一国家出资企业及其各级控股企业或实际控制企业之间因实施内部重组整合进行产权转让的，经该国家出资企业审议决策，可以采取非公开协议转让方式。”

也即符合上述任一情形的产权转让可以采取非公开协议转让方式。

例：某国家出资企业A下属二级控股子公司B和另一二级子公司C拟进行股权重组，由B公司收购C公司所持有的D公司30%股权，由于B公司和C公司均为央企A下属控股企业，经央企A审议通过，可以采用非公开协议方式进行转让。

3. 审批要求

（1）审批机关。

①国资监管机构。

涉及主业处于关系国家安全、国民经济命脉的重要行业和关键领域企业的重组整合，对受让方有特殊要求，企业产权需要在国有及国有控股公司之间转让的，经国资监管机构批准，可以采取非公开协议转让方式。

国资监管机构主要是指国务院国资委、地方国资委、财政部、各地方财政局等履行国有资产监督管理的机构。

另外，《财政部关于股份有限公司国有股权管理工作有关问题的通知》（财管字〔2000〕200号）就财政部下属单位的非上市国有股权变动做了更加细致的规定：地方股东单位持有的非上市公司国有股权发生直接或间接转让、划转等引起的股权变动及或有变动，应报省级财政（国资）部门审批；财政部下属中央股东单位的非上市公司国有股权管理事宜应报财政部审批。

②国家出资企业。

同一国家出资企业及其各级控股企业或实际控制企业之间因实施内部重组整合进行产权转让的，经该国家出资企业（即一级集团公司）审议决策，可以采取非公开协议转让方式。

（2）报批文件要求。

“32号令”第三十三条规定：“国资监管机构批准、国家出资企业审议决策采取非公开协议方式的企业产权转让行为时，应当审核下列文件：

（一）产权转让的有关决议文件；

（二）产权转让方案；

（三）采取非公开协议方式转让产权的必要性以及受让方情况；

（四）转让标的企业审计报告、资产评估报告及其核准或备案文件，其中属于第三十二条第（一）、第（二）款情形的，可以仅提供企业审计报告；

（五）产权转让协议；

（六）转让方、受让方和转让标的企业的国家出资企业产权登记表（证）；

（七）产权转让行为的法律意见书；

（八）其他必要的文件。”

4. 定价依据

（1）以评估结果为基础定价。

①评估要求。

采取非公开协议转让方式转让企业产权，原则上转让价格应当以资产评估报告确定的净资产评估值为基础确定，且不得低于经核准或备案的评估结果。

②评估委托方。

评估委托方为标的产权转让方。

③评估机构的选择。

转让方应当选择具有相应评估资质的评估机构进行评估活动。

其中，转让方为中央企业的，应当按照《关于规范中央企业选聘评估机构工作的指导意见》（国资发产权〔2011〕68号）、《关于加强中央企业评估机构备选库管理有关事项的通知》（国资发产权〔2016〕42号）的规定，从集团公司评估机构备选库中选择评估机构，不得选择备选库以外的评估机构。

④评估报告有效期。

资产评估报告使用有效期为自评估基准日起1年。

⑤评估结果核准或备案时间要求。

资产评估结果应按照“12号令”等相关规定，进行核准或备案。

“12号令”第四条规定：“经各级人民政府批准经济行为的事项涉及的资产评估项目，分别由其国有资产监督管理机构负责核准。经国务院国有资产监督管理机构批准经济行为的事项涉及的资产评估项目，由国务院国有资产监督管理机构负责备案；经国务院国有资产监督管理机构所出资企业（以下简称中央企业）及其各级子企业批准经济行为的事项涉及的资产评估项目，由中央企业负责备案。地方国有资产监督管理机构及其所出资企业的资产评估项目备案管理工作的职责分工，由地方国有资产监督管理机构根据各地实际情况自行规定。”

A. 核准。

“12 号令”第十四条规定：“资产评估项目的核准按照下列程序进行：

（一）企业收到资产评估机构出具的评估报告后应当逐级上报初审，经初审同意后，自评估基准日起 8 个月内向国有资产监督管理机构提出核准申请；

（二）国有资产监督管理机构收到核准申请后，对符合核准要求的，及时组织有关专家审核，在 20 个工作日内完成对评估报告的核准；对不符合核准要求的，予以退回。”

B. 备案。

“12 号令”第十七条规定：“资产评估项目的备案按照下列程序进行：

（一）企业收到资产评估机构出具的评估报告后，将备案材料逐级报送给国有资产监督管理机构或其所出资企业，自评估基准日起 9 个月内提出备案申请；

（二）国有资产监督管理机构或者所出资企业收到备案材料后，对材料齐全的，在 20 个工作日内办理备案手续，必要时可组织有关专家参与备案评审。”

（2）以审计结果为基础定价。

结合“32 号令”第三十二条及其他相关规定，有以下情形之一的，在按照《公司法》、企业章程履行决策程序后，转让价格可以最近一期审计报告确认的净资产值为基础确定，但不得低于经审计的净资产值：

①同一国家出资企业内部实施重组整合，转让方和受让方为该国家出资企业及其直接或间接全资拥有的子企业（含中央企业境外全资子企业）；

②同一国有控股公司或国有实际控制企业内部实施重组整合，转让方和受让方为该国有控股公司或国有实际控制企业及其直接、间接全资拥有的子企业。

各地方国有出资企业依据地方政府相关规定执行，地方政府无明确规定的，可参照中央企业上述规定执行。

例：某国家出资企业 A 下属二级全资子公司 B 和另一二级全资子公司 C 拟进行股权重组，由 B 公司收购 C 公司所持有的 D 公司 100%股权，由于 B 公司和 C 公司均为央企 A 下属全资企业，因而经央企 A 审议通过，可以采用非公开协议方式进行转让且转让价格可以 D 公司最近一期审计报告确认的净资产值为基础确定，而无须进行评估。

5. 操作流程

（1）可行性研究。

转让方应当事先就标的产权的非公开协议转让事宜进行可行性研究，充分调研标的产权转让事宜是否适宜采用非公开协议转让方式，是否为主业处于关系国家安全、国民经济命脉的重要行业和关键领域企业的重组整合或同一国家出资企业内部重组整合，是否有符合条件的受让方，其受让标的产权的意向如何等。

转让方和受让方应就非公开协议转让方案进行充分论证。

非公开协议转让方案主要内容参考以下方面：

①拟转让标的；

②转让的必要性、可行性；

③拟受让主体；

④选定基准日；

⑤定价依据和转让价格；

⑥标的资产的交割；

⑦是否涉及职工安置；

⑧相关决策、批复等工作开展程序等。

（2）转受双方决策。

经论证非公开协议转让事项可行后，转让方和受让方双方根据公司章程或公司内部管理制度规定就非公开协议转让事项履行相应的内部决策程序。

（3）基准日审计。

转让方聘请独立的第三方审计机构对拟转让的标的公司进行审计，审计基准日由转让方和受让方共同确定。

审计基准日如为年报日的，则可直接使用标的企业年度审计报告。选定的基准日如为非年报日的，则应由转让方聘请审计机构以年报日以外的其他日期作为基准日进行专项审计。

（4）评估及评估结果的核准或备案（如需）。

采取非公开协议转让方式转让企业产权，原则上应当委托评估机构在基准日审计的基础上进行专项评估，以经核准或备案的评估结果为基础确定转让价格。

但符合以下情形的，按照《公司法》、企业章程履行决策程序后，可以不进行资产评估，以最近一期审计报告确认的净资产值为基础确定转让价格：

①同一国家出资企业内部实施重组整合，转让方和受让方为该国家出资企业及其直接或间接全资拥有的子企业；

②同一国有控股公司或国有实际控制企业内部实施重组整合，转让方和受让方为该国有控股公司或国有实际控制企业及其直接、间接全资拥有的子企业。

（5）确定非公开转让协议文本。

转让方和受让方应提前就拟转让标的、转让基准日、审计评估情况、转让价格、标的资产的交割、职工安置、生效条件及各方权利义务等事项拟定标的产权非公开转让协议文本。

双方可以提前签署该协议，也可在获得相应批准后签署。双方在集团公司批准前签署该协议的，建议设置生效条款，协议应于获得相应批准后生效。

（6）职工安置。

非公开协议转让事项，如涉及职工安置事项的，应当制订职工安置方案，并经职工大会或职工代表大会审议通过。

（7）出具法律意见书。

转让方应聘请律师事务所就本次非公开转让事项出具法律意见书。法律意见书一般包括以下事项：拟转让标的、转让方、拟受让方、标的产权是否清晰、基准日审计、评估及备案、各方内部决策程序、职工安置事项等。

（8）正式审批。

转让方、受让方按照本节“3. 审批要求”报相应审批机关进行正式审批，获得书面批准。

（9）实施交割。

非公开协议转让行为经相应的审批机关（国资监管机构或国家出资企业）正式书面批准同意后，非公开转让协议正式生效实施。

受让方应当依据非公开转让协议约定，向转让方支付相应的交易价款。转让方办理标的企业的产权变更登记或注销手续，同时配合标的企业办理标的产权转让的工商变更登记手续。

转让方、受让方、标的企业分别进行相应的会计处理。

如转让控股权且涉及标的产权交割的，转受双方应当办理相应的交接手续。

三、国有股东所持上市公司股份非公开协议转让

1. 含义

2018年5月，国资委、财政部、中国证监会联合发布《上市公司国有股权监督管理办法》（国资委　财政部　中国证监会令第36号）（以下简称“36号令”），对上市公司国有股权管理进行了详细的规定，其与“32号令”相辅相成，共同构成了国有资产完整管理体系中最重要的两部分。

“36号令”第四章对于国有股东所持上市公司股份非公开协议转让进行了专章规定。

根据“36号令”，国有股东所持上市公司股份非公开协议转让是指不公开征集受让方，通过直接签订协议转让上市公司股份的行为。

2. 适用范围

（1）适用情形。

“36号令”第二十九条规定：“符合以下情形之一的，国有股东可以非公开协议转让上市公司股份：

（一）上市公司连续两年亏损并存在退市风险或严重财务危机，受让方提出重大资产重组计划及具体时间表的；

（二）企业主业处于关系国家安全、国民经济命脉的重要行业和关键领域，主要承担重大专项任务，对受让方有特殊要求的；

（三）为实施国有资源整合或资产重组，在国有股东、潜在国有股东（经本次国有资源整合或资产重组后成为上市公司国有股东的，以下统称国有股东）之间转让的；

（四）上市公司回购股份涉及国有股东所持股份的；

（五）国有股东因接受要约收购方式转让其所持上市公司股份的；

（六）国有股东因解散、破产、减资、被依法责令关闭等原因转让其所持上市公司股份的；

（七）国有股东以所持上市公司股份出资的。”

（2）适用主体（国有股东定义）。

“36号令”第三条规定：“本办法所称国有股东是指符合以下情形之一的企业和单位，其证券账户标注‘SS’：

（一）政府部门、机构、事业单位、境内国有独资或全资企业；

（二）第一款中所述单位或企业独家持股比例超过50%，或合计持股比例超过50%，且其中之一为第一大股东的境内企业；

（三）第二款中所述企业直接或间接持股的各级境内独资或全资企业。”

3. 审批要求

（1）批准机关。

国有股东所持上市公司股份在本企业集团内部进行的非公开协议转让事项应报国家出资企业审核批准，其他情形由国有资产监督管理机构审核批准。

另外，根据《财政部关于股份有限公司国有股权管理工作有关问题的通知》（财管字〔2000〕200号），地方股东单位涉及上市公司国家股权、发起人国有法人股权发生直接或间接转让、划转等引起的股权变动及或有变动，由省级财政（国资）部门审核后报财政部批准；地方股东单位持有上市公司非发起人国有法人股发生直接或间接转让、划转等引起的股权变动及或有变动，应报省级财政（国资）部门审批。

（2）报批文件要求。

“36号令”第三十四条规定：“国家出资企业、国有资产监督管理机构批准国有股东非公开协议转让上市公司股份时，应当审核以下文件：

（一）国有股东转让上市公司股份的决策文件；

（二）国有股东转让上市公司股份的方案，内容包括但不限于：不公开征集受让方的原因，转让价格及确定依据，转让的数量，转让收入的使用计划等；

（三）国有股东基本情况、受让方基本情况及上一年度经审计的财务会计报告；

（四）可行性研究报告；

（五）股份转让协议；

（六）以非货币资产支付的说明；

（七）拟受让方与国有股东、上市公司之间在最近12个月内股权转让、资产置换、投资等重大情况及债权债务情况；

（八）律师事务所出具的法律意见书；

（九）财务顾问出具的尽职调查报告（适用于上市公司控股权转移的）；

（十）国家出资企业、国有资产监督管理机构认为必要的其他文件。”

4. 定价依据

“36号令”第三十二条规定：“国有股东非公开协议转让上市公司股份的价格不得低于下列两者之中的较高者：

（一）提示性公告日前30个交易日的每日加权平均价格的算术平均值；

（二）最近一个会计年度上市公司经审计的每股净资产值。”

“36号令”第三十三条规定：“国有股东非公开协议转让上市公司股份存在下列特殊情形的，可按以下原则确定股份转让价格：

（一）国有股东为实施资源整合或重组上市公司，并在其所持上市公司股份转让完成后全部回购上市公司主业资产的，股份转让价格由国有股东根据中介机构出具的该上市公司股票价格的合理估值结果确定；

（二）为实施国有资源整合或资产重组，在国有股东之间转让且上市公司中的国有权益并不因此减少的，股份转让价格应当根据上市公司股票的每股净资产值、净资产收益率、合理的市盈率等因素合理确定。”

5. 价款支付要求

以现金支付股份转让价款的，国有股东应在股份转让协议签订后5个工作日内收取不低于转让价款30%的保证金，其余价款应在股份过户前全部结清。在全部转让价款支付完毕或交由转让双方共同认可的第三方妥善保管前，不得办理股份过户登记手续。

以非货币资产支付股份转让价款的，应当符合国家相关规定，包括但不限于资产评估与定价、资产交割及过户（如涉及）等。

6. 操作流程

（1）可行性研究。

转让方和受让方应当事先就上市公司股份的非公开协议转让事宜进行可行性研究，并出具可行性研究报告。

可行性研究报告一般包括以下内容：

①拟转让股份相关基本情况：上市公司简要介绍，国有股东简要介绍，国有股东现持有上市公司股份数额、是否存在股份质押等限制转让情况等，国有股东拟转让上市公司股份份额；

②拟转让股份原因；

③采用非公开协议转让方式的必要性；

④采用非公开协议转让方式的可行性；

⑤拟受让上市公司股份的受让方情况，包括受让方名称、注册资本、所处行业和经营范围、资产状况、企业实力等；

⑥非公开协议转让实施方案；

⑦风险因素及对策；

⑧其他相关事项。

另需注意，如受让方在受让上市公司股份后达到收购状态的，受让方不得有以下情形，否则不得收购上市公司：

①收购人负有数额较大债务，到期未清偿，且处于持续状态；

②收购人最近 3 年有重大违法行为或者涉嫌有重大违法行为；

③收购人最近 3 年有严重的证券市场失信行为；

④法律、行政法规规定以及中国证监会认定的不得收购上市公司的其他情形。

（2）制订非公开协议转让方案。

国有股东应制订非公开协议转让上市公司股份的方案，内容包括但不限于：

①转让方及上市公司的基本情况；

②上市公司主要财务数据；

③拟转让的上市公司股份数量；

④不公开征集受让方的原因；

⑤受让方基本情况；

⑥转让价格及确定依据；

⑦转让价款支付方式（以非货币资产支付的，应当说明相关资产状况及定价依据）；

⑧受让时限；

⑨转让收入的使用计划等。

（3）国有股东内部决策。

转让方应当根据公司章程或公司内部管理制度规定就非公开协议转让事项履行相应的内部决策程序。

如为同一国家出资企业内部非公开协议转让上市公司股份的，受让方也应当根据公司章程或公司内部管理制度规定就非公开协议转让所持上市公司股份事项履行相应的内部决策程序，并出具相应的内部决策文件。

（4）财务尽调报告（适用于上市公司控股权转移的）。

非公开协议转让涉及上市公司控股权转移的，在转让协议签订前，国有股东应当聘请具有上市公司并购重组财务顾问业务资格的证券公司、证券投资咨询机构或者其他符合条件的财务顾问机构担任财务顾问（以下简称财务顾问），出具尽职调查报告。

财务顾问应当具有良好的信誉，近3年内无重大违法违规记录，且与受让方不存在利益关联。

参考“36号令”第二十一条规定：“财务顾问应当勤勉尽责，遵守行业规范和职业道德，对上市公司股份的转让方式、转让价格、股份转让对国有股东和上市公司的影响等方面出具专业意见；并对拟受让方进行尽职调查，出具尽职调查报告。尽职调查应当包括但不限于以下内容：

（一）拟受让方受让股份的目的；

（二）拟受让方的经营情况、财务状况、资金实力及是否有重大违法违规记录和不良诚信记录；

（三）拟受让方是否具有及时足额支付转让价款的能力、受让资金的来源及合法性；

（四）拟受让方是否具有促进上市公司持续发展和改善上市公司法人治理结构的能力。”

（5）确定股份转让协议文本。

转让方和受让方可提前拟定股份非公开转让协议文本。

股份非公开转让协议一般应包括以下内容：

①转让方和受让方的名称与住所；

②转让方、受让方、上市公司的基本情况；

③拟转让上市公司股份份额及转让基准日；

④转让价款及支付方式；

⑤标的交割相关事宜；

⑥违约责任；

⑦纠纷的解决方式；

⑧协议的生效条件；

⑨双方认为必要的其他条款。

转让方与受让方签订协议后，应就非公开转让协议行为报相应的审批机关（国资监管机构或集团）审核批准。股份转让协议自获得正式批准之日起生效实施。

（6）出具法律意见书。

转让方应聘请律师事务所就本次非公开转让事项出具法律意见书。

（7）正式审批。

国有股东应按照本节“3. 审批要求”报相应审批机关进行正式审批，获得书面批准。

（8）交割。

非公开协议转让行为经相应的审批机关（国资监管机构或国家出资企业）正式书面批准同意后，股份非公开转让协议正式生效实施。

受让方应当依据股份非公开转让协议约定，向转让方支付相应的交易价款。

国有股东应配合上市公司在证券交易所或中国证券登记结算有限责任公司办理上市公司股份过户登记手续。其中，国有资产监督管理机构关于国有股东非公开协议转让上市公司股份的批准文件或国有资产监督管理机构、管理信息系统出具的统一编号的备案表和全部转让价款支付凭证（包括以非货币性资产支付的，其交割凭证）是办理上市公司股份过户登记手续的必备文件。

转让方、受让方、上市公司亦分别进行相应的会计处理。

如转让控股权且涉及股份交割的，转受双方应当办理相应的交接手续。

四、国有资产（狭义）非公开协议转让

1. 含义

国有资产（狭义）的非公开协议转让是指国有及国有控股公司、国有实际控制企业将其持有的一定金额以上的生产设备、房产、在建工程等有形资产或债权、知识产权等无形资产不公开征集受让方，通过直接签订协议的方式转让给特定受让方。

此处的国有资产作狭义理解，仅指生产设备、房产、在建工程等有形资产或债权、知识产权等无形资产，不包括股权、股份、产权等。

2. 适用范围

国有及国有控股公司、国有实际控制企业均可在符合条件的前提下采用非公开协议转让方式进行国有资产（狭义）交易。

3. 适用条件

根据“32号令”规定，企业一定金额以上的生产设备、房产、在建工程，以及土地使用权、债权、知识产权等资产对外转让，应当按照企业内部管理制度履行相应决策程序后，在产权交易机构公开进行。

但涉及国家出资企业内部或特定行业的资产转让，确需在国有及国有控股、国有实际控制企业之间非公开转让的，由转让方逐级报国家出资企业审核批准。

4. 操作要求

资产的非公开协议转让，应当由转让方逐级报国家出资企业审核批准。报批文件和操作流程参考本章“二、国有产权（上市公司股份除外）非公开协议转让”。

五、重点注意事项

1. 基准日选择

基准日建议选取标的企业资产状况稳定的时期，能合理体现标的产权价值；以免基准日后标的企业资产状况发生重大变化，影响标的企业估值。

2. 非公开协议转让受让方是否能为有限合伙企业

鉴于有限合伙企业虽为企业，但并不具有独立的法人主体资格，且其国有身份的认定未能有明确判断标准，故不符合非公开协议转让适用主体范围。

3. 境外非公开协议转让

（1）境外企业转让境内国有资产。

“32 号令”第六十五条规定，境外国有及国有控股公司、国有实际控制企业在境内投资企业的资产交易，比照本办法规定执行。“27 号令”亦规定，中央企业及其各级子企业独资或者控股的境外企业所持有的境内国有产权的管理，比照国资委境内国有产权管理的相关规定执行。

鉴于“32 号令”发布晚于“27 号令”，结合“新法优于旧法”的原则，“32 号令”中新提及的国有实际控制企业也应该参照适用“27 号令”的规定。

故境外国有及国有控股公司、国有实际控制企业所持有的境内国有产权的转让，以及境外国有及国有控股公司、国有实际控制企业在境内投资企业的资产转让行为，同样可参考适用“32 号令”中关于非公开协议转让的规定。

（2）境内外企业转让境外国有产权。

①中央企业。

“27 号令”第十二条规定，中央企业及其各级子企业转让境外国有产权，要多方比选意向受让方。具备条件的，应当公开征集意向受让方并竞价转让，或者进入中央企业国有产权转让交易试点机构挂牌交易。第十三条规定，中央企业在本企业内部实施资产重组，转让方为中央企业及其直接或者间接全资拥有的境外企业，受让方为中央企业及其直接或者间接全资拥有的境内外企业的，转让价格可以以评估或者审计确认的净资产值为底价确定。

从上述条款延伸意义考虑，如不具备条件，或如需在中央企业内部实施资产重组的，应当允许中央企业及其各级子企业以非公开协议方式转让其所持境外国有产权给该中央企业独资、控股或实际控股的境内外企业。

中央企业在本企业内部实施资产重组，转让方和受让方为中央企业及其直接或者间接全资拥有的子企业的，无论其为境内企业，抑或境外企业，转让价格均可以以评估或者审计确认的净资产值为底价确定。

《关于进一步加强中央企业境外国有产权管理有关事项的通知》（国资发产权规〔2020〕70号）进一步明确：

中央企业在本企业内部实施重组整合，中央企业控股企业与其直接、间接全资拥有的子企业之间或中央企业控股企业直接、间接全资拥有的子企业之间转让所持境外国有产权，按照法律法规、公司章程规定履行决策程序后，可依据评估（估值）报告或最近一期审计报告确认的净资产值为基础确定价格。

注销已无存续必要的特殊目的公司，已无实际经营、人员的休眠公司，或境外企业与其全资子企业以及全资子企业之间进行合并，中央企业经论证不会造成国有资产流失的，按照法律法规、公司章程规定履行决策程序后，可以不进行评估（估值）。

②地方国有企业。

地方国有资产监督管理机构可以参照“27号令”制定国家出资企业境外国有产权管理制度。具体政策依据各地方规定执行。

例：《北京市属企业境外国有产权管理暂行办法》（京国资发〔2012〕35号）规定：

第五条　所出资企业及其各级子企业独资或者控股的境外企业所持有的境内国有产权的管理，包括但不限于产权登记、资产评估、产权转让等相关事项，比照境内国有产权管理的有关规定执行。

……

第十八条　境外国有产权转让由所出资企业决定或批准。对于重要子企业由国有独资转为绝对控股、绝对控股转为相对控股或者失去控股地位等的，应当报市国资委审核同意。

第十九条 境外国有产权的转让价格应当以资产评估或估值的净资产值为基础合理确定。

第二十条 所出资企业在本企业内部实施资产重组，转让方为所出资企业及其直接或者间接全资拥有的境外企业，受让方为所出资企业及其直接或者间接全资拥有的境内外企业的，转让价格可以以评估或者审计确认的净资产值为底价确定。

4. 是否需要在产权交易机构出具交易凭证

（1）是否要求产权交易凭证。

国资监管机构并未要求非公开协议转让事项必须由产权交易机构出具交易凭证，但部分省市工商管理机构/市场监督管理机关要求国有企业进行股权转让的工商变更登记时，无论是采用公开方式，还是非公开方式，均应由产权交易机构进行交易鉴证，出具交易凭证。

例：北京市市场监督管理局规定，涉及本市国有产权转让的，应当提交北京产权交易所有限公司出具的《产权交易凭证》；涉及中央国有产权转让的，应提交中央企业国有产权交易试点机构出具的《产权交易凭证》；涉及外埠国有产权转让的，可依据国有产权属地政府有关规定，提交规定的产权交易机构出具的产权转让交割文件或国有资产管理部门出具的产权转让批准文件。

（2）北京产权交易所关于非公开协议转让规定。

在北交所进行非公开协议转让鉴证，出具非公开协议转让交易凭证，交易各方应当提供以下文件资料：

转让方需提供的相关文件资料清单：

序号	文件资料名称	签字盖章要求
1	《产权转让交易鉴证申请书（转让方）》（若非法定代表人签字，还需提供授权文件）	原件（一式二份）附格式
2	产权委托合同（若非法定代表人签字，还需提供授权文件）	原件（一式三份）附格式
3	营业执照副本	复印件加盖公章

续表

序号	文件资料名称	签字盖章要求
4	公司章程	复印件加盖公章
5	国有产权登记表	复印件加盖公章
6	协议转让批准文件	复印件加盖公章
7	标的企业资产评估报告	原件或复印件加盖公章
8	标的企业资产评估备案表	原件或复印件加盖公章
9	转受双方签订的转让协议	复印件加盖公章
10	其他相关材料	原件或复印件加盖公章

注：以上文件资料清单除特殊注明外，仅需一份。

标的企业需提供的相关文件资料清单：

序号	文件资料名称	签字盖章要求
1	营业执照副本	复印件加盖公章
2	标的企业章程（划转前的章程）	复印件加盖公章
3	股东会或董事会决议（或其他内部决策文件，根据公司章程）	原件或复印件加盖公章
4	其他相关材料	原件或复印件加盖公章

注：以上文件资料清单除特殊注明外，仅需一份。

受让方需提供的相关文件资料清单：

序号	文件资料名称	签字盖章要求
1	《产权转让交易鉴证申请书（受让方）》（若非法定代表人签字，还需提供授权文件）	原件（一式二份）附格式
2	产权委托合同（若非法定代表人签字，还需提供授权文件）	原件（一式三份）附格式
3	营业执照副本	复印件加盖公章
4	公司章程	复印件加盖公章
5	国有产权登记表	复印件加盖公章
6	其他相关材料	原件或复印件加盖公章

注：以上文件资料清单除特殊注明外，仅需一份。

北京产权交易所在上述资料齐备后，审核资料的齐全性、完整性和有效性等，审核无误即可出具交易凭证。

六、会计处理

1. 协议转让股权会计处理

（1）转让方转让股权的会计处理。

转让方转让股权的会计处理，根据转让前后对标的公司的持股比例、控制情况等不同情形，有不同的处理方式。具体请参见本书第四章“七、会计处理”。

（2）受让方取得股权的会计处理。

①对子公司构成控制的相关会计处理。

A. 同一控制下企业合并形成的长期股权投资。

若非公开协议转让行为发生在一个集团内即交易双方受同一最终方控制，且交易完成后，标的公司的控制权由转让方移转到受让方，属于同一控制下的企业合并。

a. 一次性实现的同一控制下企业合并。

根据《企业会计准则第 2 号——长期股权投资》第五条进行会计处理：

（a）同一控制下的企业合并，合并方以支付现金、转让非现金资产或承担债务方式作为合并对价的，应当在合并日按照被合并方所有者权益在最终控制方合并财务报表中的账面价值的份额作为长期股权投资的初始投资成本。长期股权投资初始投资成本与支付的现金、转让的非现金资产以及所承担债务账面价值之间的差额，应当调整资本公积；资本公积不足冲减的，调整留存收益。

借：长期股权投资（在最终控制方合并财务报表中的账面价值的份额）

　　贷：银行存款

　　　　固定资产等非货币资产

　　　　资本公积（长期股权投资初始投资成本与合并对价账面价值之间的差额，也可在借方）

（b）合并方以发行权益性证券作为合并对价的，应当在合并日按照被合并方所有者权益在最终控制方合并财务报表中的账面价值的份额作为长期股权投资的初始投资成本。以发行股份的面值总额作为股本，长期股权投资初始投资成本与所发行股份面值总额之间的差额，应当调整资本公积；资本公积不足冲减的，调整留存收益。

借：长期股权投资

贷：股本

资本公积——股本溢价

（c）合并方发生的审计、法律服务、评估咨询等中介费用以及其他相关管理费用，于发生时计入当期损益。与发行权益性工具作为合并对价直接相关的交易费用，应当冲减资本公积（资本溢价或股本溢价），资本公积（资本溢价或股本溢价）不足冲减的，依次冲减盈余公积和未分配利润。

借：管理费用

资本公积——股本溢价

盈余公积、未分配利润（如有）

贷：银行存款

与发行债务性工具作为合并对价直接相关的交易费用，应当计入债务性工具的初始确认金额。在按照合并日应享有被合并方净资产的账面价值的份额确定长期股权投资的初始投资成本时，合并前合并方与被合并方采用的会计政策应当一致。企业合并前合并方与被合并方采用的会计政策不同的，应基于重要性原则，统一合并方与被合并方的会计政策。在按照合并方的会计政策对被合并方净资产的账面价值进行调整的基础上，计算确定长期股权投资的初始投资成本。

（d）如果被合并方编制合并财务报表则应当以合并日被合并方的合并财务报表为基础确认长期股权投资的初始投资成本。

合并日合并报表抵销分录：

借：实收资本

资本公积

盈余公积

未分配利润

贷：长期股权投资（初始投资成本）

b. 多次交易分步实现的同一控制下企业合并。

对于分步交易实现的同一控制下企业合并所形成的长期股权投资的会计处理，在《企业会计准则第 2 号——长期股权投资》的应用指南中已做出规定：

企业通过多次交易分步取得同一控制下被投资单位的股权，最终形成企业合并的，应当判断多次交易是否属于“一揽子交易”。属于“一揽子交易”的，合并方应当将各项交易作为一项取得控制权的交易进行会计处理。不属于“一揽子交易”的，取得控制权日，应按照以下步骤进行会计处理：

第一，确定同一控制下企业合并形成的长期股权投资的初始投资成本。在合并日，根据合并后被合并方在最终控制方合并财务报表中的净资产的账面价值，确定长期股权投资的初始投资成本。

第二，长期股权投资初始投资成本与合并对价账面价值之间的差额的处理。合并日长期股权投资的初始投资成本，与达到合并前的长期股权投资账面价值加上合并日进一步取得股份新支付对价的账面价值之和的差额，调整资本公积（资本溢价或股本溢价）；资本公积不足冲减的，冲减留存收益。

第三，合并日之前持有的股权投资，因采用权益法核算或金融工具确认和计量准则核算而确认的其他综合收益，暂不进行会计处理，直至处置该项投资时采用与被投资单位直接处置相关资产或负债相同的基础进行会计处理；因采用权益法核算而确认的被投资单位净资产中除净损益、其他综合收益和利润分配以外的其他所有者权益变动，暂不进行会计处理，直至处置该项投资时转入当期损益。其中，处置后的剩余股权根据本准则采用成本法或权益法核算的，其他综合收益和其他所有者权益应按比例结转，处置后的剩余股权改按金融工具确认和计量准则进行会计处理的，其他综合收益和其他所有者权益应全部结转。

第四，编制合并财务报表。合并方应当按照《企业会计准则第 20 号——企业合并》和合并财务报表准则的规定编制合并财务报表。合并方在合并之前持有的长期股权投资，在取得之日与合并方和被合并方同处于同一方最终控制日孰晚日同合并日之间已确认有关损益、其他综合收益和其他所有者权益变动，应分别冲减比较报表期间的期初留存收益或当期损益。

c. 举例说明。

例： A公司为P公司的全资子公司。2010年1月1日，A公司与非关联方B公司分别出资200万元及800万元设立C公司，并分别持有C公司20%及80%的股权。

2012年1月1日，P公司向B公司收购其持有C公司80%的股权，C公司成为P公司的全资子公司，当日C公司净资产的账面价值与其公允价值相等。

2013年1月1日，A公司以1,600万元向P公司购买其持有C公司80%的股权，C公司成为A公司的全资子公司。

A公司与B公司不存在关联关系，A公司购买C公司80%股权的交易和原取得C公司20%股权的交易不属于“一揽子交易”，A公司在可预见的未来打算一直持有C公司股权。

2010年1月1日至2012年1月1日，C公司实现净利润500万元，2012年1月1日至2013年1月1日，实现的净利润为300万元（不考虑所得税等影响）。

处理方法如下：

个别财务报表：

（a）在本次收购80%股权完成，形成分步交易的同一控制下合并时，A公司个别报表层面对C公司的长期股权投资的成本金额应当等于合并日C公司净资产在P公司合并报表层面所示账面价值乘以A公司对C公司的持股比例（100%）。其中，“C公司净资产在P公司合并报表层面所示账面价值”是指以C公司2012年被以非同一控制下合并方式纳入P公司合并报表范围之日（购买日）的净资产（含商誉在内）的公允价值为基础持续计算到本次同一控制下合并日（2013年1月）的金额。按照“下推会计”的原则，P公司合并报表层面所确认的与C公司相关的合并商誉的价值也应一并下推到A公司层面，体现在A公司对C公司的长期股权投资成本中。

（b）A公司在原权益法下对所持C公司20%长期股权投资的账面价值与本次增持80%股权所支付的对价的账面价值之和同（a）中所述投资成本之间的差额，在A公司报表中应调整资本公积，如资本公积不足冲减，则调整留存收益。

借：长期股权投资（成本法）　　　　1,800

资本公积　　160

贷：长期股权投资（权益法）——成本　　200

长期股权投资（权益法）——损益调整　　160

银行存款　　1,600

合并财务报表：

(a) A公司虽然2010年1月1日开始持有C公司20%的股权，但2012年1月1日开始与C公司同受P公司最终控制，A公司合并财务报表应自取得原股权之日（即2010年1月1日）和双方同处于同一方最终控制之日（2012年1月1日）孰晚日（即2012年1月1日）起将C公司纳入合并范围，即视同自2012年1月1日起A公司即持有C公司100%股权并重述合并财务报表的比较数据。

在A公司合并财务报表中，重述2012年1月1日的报表项目，由于C公司净资产的账面价值为1,500（1,000+500）万元。此前，2012年1月1日持有对C公司的长期股权投资的账面价值为300（200+500×20%）万元。

因此，A公司在编制合并财务报表时，将C公司2012年（比较期间）初各项资产、负债并入后，因合并而增加的净资产1,500万元应调整资本公积1,200（1,500−300）万元。

借：资产、负债　　1,500

贷：长期股权投资　　300

资本公积　　1,200

(b) 合并方在合并之前持有的长期股权投资，在取得之日与合并方及被合并方同处于同一方最终控制日孰晚日同合并日之间已确认有关损益、其他综合收益和其他所有者权益变动，应分别冲减比较报表期间的期初留存收益或当期损益。

A公司虽然2010年1月1日开始持有C公司20%的股权，但2012年1月1日开始与C公司同受P公司最终控制，则应将2012年1月1日至2013年1月1日期间确认的损益冲减比较报表期间的期初留存收益。

借：期初留存收益　　60

贷：长期股权投资　　60

B. 非同一控制下的企业合并。

a. 一次性实现的非同一控制下企业合并。

《企业会计准则第 2 号——长期股权投资》（2014）第五条第（二）项规定："非同一控制下的企业合并，购买方在购买日应当按照《企业会计准则第 20 号——企业合并》确定的合并成本作为长期股权投资的初始投资成本。"而《企业会计准则第 20 号——企业合并》第十一条第（一）项规定："一次交换交易实现的企业合并，合并成本为购买方在购买日为取得对被购买方的控制权而付出的资产、发生或承担的负债以及发行的权益性证券的公允价值。"

借：长期股权投资（成本法）

　　贷：资产、负债等（公允价值）

b. 多次交易分步实现的非同一控制下企业合并。

《企业会计准则解释第 4 号》（财会〔2010〕15 号）第三条规定：

企业通过多次交易分步实现非同一控制下企业合并的，应当区分个别财务报表和合并财务报表进行相关会计处理：

（a）在个别财务报表中，应当以购买日之前所持被购买方的股权投资的账面价值与购买日新增投资成本之和，作为该项投资的初始投资成本；购买日之前持有的被购买方的股权涉及其他综合收益的，应当在处置该项投资时将与其相关的其他综合收益（例如，可供出售金融资产公允价值变动计入资本公积的部分，下同）转入当期投资收益。

借：长期股权投资（新增投资成本）

　　贷：银行存款等

（b）在合并财务报表中，对于购买日之前持有的被购买方的股权，应当按照该股权在购买日的公允价值进行重新计量，公允价值与其账面价值的差额计入当期投资收益；购买日之前持有的被购买方的股权涉及其他综合收益的，与其相关的其他综合收益应当转为购买日所属当期投资收益。购买方应当在附注中披露其在购买日之前持有的被购买方的股权在购买日的公允价值、按照公允价值重新计量产生的相关利得或损失的金额。

原有投资的公允价值与其账面价值的差额计入当期投资收益。

借：长期股权投资（购买日公允价值）

贷：长期股权投资（购买日账面价值）

投资收益（差额，也可在借方）

购买日之前持有的被购买方的股权涉及其他综合收益的，转为购买日所属当期投资收益。

借：其他综合收益

贷：投资收益

最后，按照非同一控制下的企业合并进行合并抵销。

c. 举例说明。

例：2010 年 1 月 1 日，A 公司以现金 3,000 万元自非关联方处取得了 B 公司 20%的股权，并能够对其施加重大影响。当日，B 公司可辨认净资产公允价值为 14,000 万元。2012 年 7 月 1 日，A 公司另支付现金 8,000 万元。

自另一非关联方处取得 B 公司 40%的股权，并取得对 B 公司的控制权。购买日，A 公司原持有的对 B 公司的 20%股权的公允价值为 4,000 万元，账面价值为 3,500 万元，A 公司确认与 B 公司权益法核算相关的累计其他综合收益为 400 万元，其他所有者权益变动 100 万元；B 公司可辨认净资产公允价值为 18,000 万元。假设 A 公司购买 B 公司 20%股权和后续购买 40%的股权的交易不构成“一揽子交易”。以上交易的相关手续均于当日完成。不考虑相关税费等其他因素影响。

（a）个别财务报表。

购买日前，A 公司持有 B 公司的投资作为联营企业进行会计核算，购买日前 A 公司原持有股权的账面价值为 3,500（3,000+400+100）万元。本次投资应支付对价的公允价值为 8,000 万元。购买日对子公司按成本法核算的初始投资成本为 11,500（8,000+3,500）万元。

借：长期股权投资（成本法）　11,500

贷：长期股权投资（权益法）——成本　3,000

长期股权投资（权益法）——其他综合收益　400

长期股权投资（权益法）——其他权益变动　100

新增投资公允价值　8,000

购买日前A公司原持有股权相关的其他综合收益400万元以及其他所有者权益变动100万元在购买日均不进行会计处理。

（b）合并财务报表。

原有投资的公允价值与其账面价值的差额计入当期投资收益。

借：长期股权投资（原有投资公允价值）　　4,000

　　贷：长期股权投资（原有投资账面价值）　　3,500

　　　　投资收益　　500

购买日之前持有的被购买方的股权涉及其他综合收益的，转为购买日所属当期投资收益。

借：其他综合收益　　400

　　贷：投资收益　　400

最后，按照非同一控制下的企业合并进行合并抵销。

②构成共同控制（合营企业）或重大影响（联营企业）的相关会计处理。

根据《企业会计准则第2号——长期股权投资》（2014）第六条，除企业合并形成的长期股权投资以外，其他方式取得的长期股权投资，应当按照下列规定确定其初始投资成本：

A. 以支付现金取得的长期股权投资，应当按照实际支付的购买价款作为初始投资成本。初始投资成本包括与取得长期股权投资直接相关的费用、税金及其他必要支出。

B. 以发行权益性证券取得的长期股权投资，应当按照发行权益性证券的公允价值作为初始投资成本。与发行权益性证券直接相关的费用，应当按照《企业会计准则第37号——金融工具列报》的有关规定确定。

C. 通过非货币性资产交换取得的长期股权投资，其初始投资成本应当按照《企业会计准则第7号——非货币性资产交换》的有关规定确定。

D. 通过债务重组取得的长期股权投资，其初始投资成本应当按照《企业会计准则第12号——债务重组》的有关规定确定。

如果投资方以成本法核算的长期股权投资作为对价，如无相反证据，一般按照具有商业实质的非货币资产交易核算，这是由于母公司对新的被投资企业持股比例不构成子公司。

但需注意，母公司计算确认应享有或应分担被投资单位的净损益时，与联营企业、合营企业之间发生的未实现内部交易损益按照应享有的比例计算归属于投资方的部分，应当予以抵销，在此基础上确认投资收益。

在母公司合并报表上，由于不将新的被投资企业纳入合并范围，因此不涉及这部分会计处理。

③不构成控制、共同控制或重大影响时的相关会计处理。

A. 形成“指定以公允价值计量且其变动计入其他综合收益的金融资产”的会计处理。

根据《企业会计准则第 22 号——金融工具确认和计量》（2017）第十九条规定，在初始确认时，企业可以将非交易性权益工具投资指定为以公允价值计量且其变动计入其他综合收益的金融资产，并按照本准则第六十五条规定确认股利收入。

根据《企业会计准则第 22 号——金融工具确认和计量》（2017）第三十三条规定，以公允价值计量且其变动计入其他综合收益的金融资产应当按照该金融资产的公允价值与相关交易费用之和作为初始确认金额。

借：以公允价值计量且其变动计入其他综合收益的金融资产

　　贷：银行存款等（公允价值+交易费用）

B. 形成“以公允价值计量且其变动计入其他综合收益的金融资产”的会计处理。

根据《企业会计准则第 22 号——金融工具确认和计量》（2017）第三十三条规定，以公允价值计量且其变动计入当期损益的金融资产按公允价值进行初始计量，交易费用计入当期损益。

借：以公允价值计量且其变动计入当期损益的金融资产（成本）

　　投资收益（交易费用）

　　贷：银行存款等

2. 转让资产会计处理

（1）转让方的会计处理。

若转让的资产为非流动资产，如机器设备、车辆、在建工程等固定资产，会计处理方式如下：

第一步，将挂牌转让的资产转入“持有待售非流动资产”科目。

借：持有待售非流动资产

累计折旧

累计摊销

贷：固定资产——原值

在建工程

无形资产

第二步，资产转让完成后，确认资产处置损益。

借：银行存款、应收账款等

贷：持有待售非流动资产

资产处置损益（差额）

若转让方和受让方是控制或被控制的关系，或者受同一最终控制方控制，该笔交易在合并报表时应做抵销处理。

（2）受让方的会计处理。

非公开协议转让标的为资产时，受让方以支付对价对取得的标的资产进行计量。

借：固定资产、存货等

贷：银行存款、应付账款等

若转让方和受让方是控制或被控制的关系，或者受同一最终控制方控制，该笔交易在合并报表时应做抵销处理。

七、涉税分析与税务筹划

从税务角度来看，非公开协议转让与第五章“重大资产进场公开转让”的原理和本质并无明显区别。理论上，非公开协议转让支付方式除了货币支付外，还可以采用非货币资产，包括股权以及股权外其他非货币资产进行支付。

1. 以货币作为支付对价

该种情况下，非公开协议转让产权或资产所涉及的税种、征收等方面内容同本书第四章“八、涉税分析与税务筹划”、第五章“十、资产转让的涉税分析”，在此不再赘述。

2. 以非货币资产作为支付对价

以非货币资产作为支付对价情况下，一方转让股权或资产，另一方以股权或资产作为支付手段，即可分股权换股权、股权换资产、资产换资产三种情况，但总体上是按照视同销售的原则进行纳税，除非适用特殊性税务处理规定。

由于采用非货币资产支付，企业所得税方面，除了采用一般的所得税处理方式外，还可以利用所得税特殊性税务处理。

3. 所得税纳税筹划

（1）利用所得税特殊性税务处理。

根据《财政部、国家税务总局关于企业重组业务企业所得税处理若干问题的通知》（财税〔2009〕59号），企业重组同时符合下列条件的，适用特殊性税务处理规定：

①具有合理的商业目的，且不以减少、免除或者推迟缴纳税款为主要目的。

②被收购、合并或分立部分的资产或股权比例符合本通知规定的比例（50%）。

③企业重组后的连续12个月内不改变重组资产原来的实质性经营活动。

④重组交易对价中涉及的股权支付金额符合本通知规定比例（85%）。

⑤企业重组中取得股权支付的原主要股东，在重组后连续12个月内，不得转让所取得的股权。

股权转让、资产转让的经济行为中，满足上述条件可适用特殊性税务处理。

采用特殊性税务处理的股权收购：①被收购企业的股东取得收购企业股权的计税基础，以被收购股权的原有计税基础确定；②收购企业取得被收购企业股权的计税基础，以被收购股权的原有计税基础确定；③收购企业、被收购企业的原有各项资产和负债的计税基础和其他相关所得税事项保持不变。

采用特殊性税务处理的资产收购：①转让企业取得受让企业股权的计税基础，以被转让资产的原有计税基础确定；②受让企业取得转让企业资产的计税基础，以被转让资产的原有计税基础确定。

（2）结合实际，考虑适用一般性税务处理。

特殊性税务处理具有递延纳税的效果，但是当公允价值大于计税基础时，选择适用特殊性税务处理未必税负就是最低的。因此，各方企业应从整体交易出发，综合考虑选择适用一般性税务处理还是特殊性税务处理。

（3）先分配利润再转让股权。

符合条件的居民企业直接投资于其他居民企业取得的权益性投资收益免征企业所得税。所以，可以考虑在股权转让之前对目标公司进行利润分配，从而降低目标企业的净资产价值和评估价值。

第七章

无偿划转

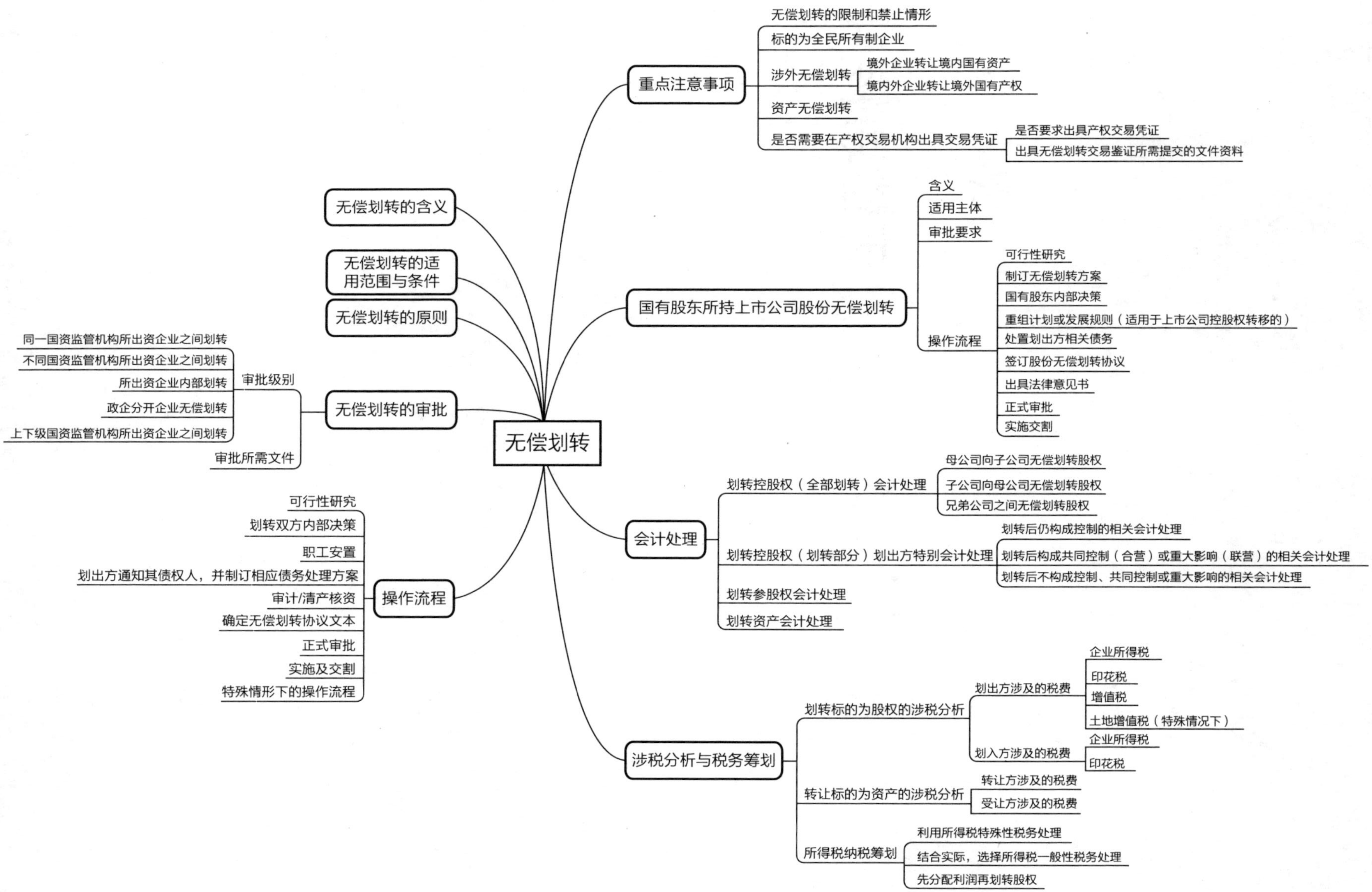

无偿划转
无偿划转的含义
无偿划转的适用范围与条件
无偿划转的原则
无偿划转的审批
审批级别
同一国资监管机构所出资企业之间划转
不同国资监管机构所出资企业之间划转
所出资企业内部划转
政企分开企业无偿划转
上下级国资监管机构所出资企业之间划转
审批所需文件
操作流程
可行性研究
划转双方内部决策
职工安置
划出方通知其债权人，并制订相应债务处理方案
审计/清产核资
确定无偿划转协议文本
正式审批
实施及交割
特殊情形下的操作流程
重点注意事项
无偿划转的限制和禁止情形
标的为全民所有制企业
涉外无偿划转
境外企业转让境内国有资产
境内外企业转让境外国有产权
资产无偿划转
是否需要在产权交易机构出具交易凭证
是否要求出具产权交易凭证
出具无偿划转交易鉴证所需提交的文件资料
国有股东所持上市公司股份无偿划转
含义
适用主体
审批要求
操作流程
可行性研究
制订无偿划转方案
国有股东内部决策
重组计划或发展规划（适用于上市公司控股权转移的）
处置划出方相关债务
签订股份无偿划转协议
出具法律意见书
正式审批
实施交割
会计处理
划转控股权（全部划转）会计处理
母公司向子公司无偿划转股权
子公司向母公司无偿划转股权
兄弟公司之间无偿划转股权
划转控股权（划转部分）划出方特别会计处理
划转后仍构成控制的相关会计处理
划转后构成共同控制（合营）或重大影响（联营）的相关会计处理
划转后不构成控制、共同控制或重大影响的相关会计处理
划转参股权会计处理
划转资产会计处理
涉税分析与税务筹划
划转标的为股权的涉税分析
划出方涉及的税费
企业所得税
印花税
增值税
土地增值税（特殊情况下）
划入方涉及的税费
企业所得税
印花税
转让标的为资产的涉税分析
转让方涉及的税费
受让方涉及的税费
所得税纳税筹划
利用所得税特殊性税务处理
结合实际，选择所得税一般性税务处理
先分配利润再划转股权

一、无偿划转的含义

企业国有产权无偿划转是指企业国有产权在政府机构、事业单位、国有独资企业、国有独资公司、国有全资公司之间的无偿转移。

国有独资企业、国有独资公司和国有事业单位投资设立的一人有限责任公司及其再投资设立的一人有限责任公司（以下统称国有一人公司）、国有全资公司，可以作为划入方（划出方）。

二、无偿划转的适用范围与条件

《企业国有产权无偿划转工作指引》（国资发产权〔2009〕25 号）（以下简称“25 号文”）明确国有一人公司可以作为划入方（划出方）。根据《关于促进企业国有产权流转有关事项的通知》（国资发产权〔2014〕95 号），国有全资企业之间或国有全资企业与国有独资企业、国有独资公司之间，经双方全体股东一致同意，其所持股权可以实施无偿划转。

国有独资企业产权拟无偿划转国有独资公司或国有一人公司持有的，企业应当依法改制为公司。

也即，可进行无偿划转的企业主体包括国有独资企业、国有独资公司、国有全资企业和国有一人公司。但国有独资企业的产权拟划转给国有独资公司或国有一人公司持有的，首先应当将自身改制为公司后，方可进行划转。

三、无偿划转的原则

《企业国有产权无偿划转管理暂行办法》（国资发产权〔2005〕239 号）（以下简称“239 号文”）第四条规定：“企业国有产权无偿划转应当遵循以下原则：

（一）符合国家有关法律法规和产业政策的规定；

（二）符合国有经济布局和结构调整的需要；

（三）有利于优化产业结构和提高企业核心竞争力；

（四）划转双方协商一致。”

四、无偿划转的审批

1. 审批级别

（1）同一国资监管机构所出资企业之间划转。

企业国有产权在同一国资监管机构所出资企业之间无偿划转的，由所出资企业共同报国资监管机构批准。

例：A 和 B 均为×省国资委出资设立的公司，现将 A 所属公司 C 划入 B，此次划转行为应由 A 和 B 共同报×省国资委批准。

（2）不同国资监管机构所出资企业之间划转。

企业国有产权在不同国资监管机构所出资企业之间无偿划转的，依据划转双方的产权归属关系，由所出资企业分别报同级国资监管机构批准。

例：A 为×省国资委出资设立的公司，B 为国务院国资委出资设立的公司，现将 A 所属公司 C 划入 B，此次划转行为应由 A 和 B 分别报×省和国务院国资委批准。

（3）所出资企业内部划转。

企业国有产权在所出资企业内部无偿划转的，由所出资企业批准并抄报同级国资监管机构。

例：B和C均为国务院国资委监管的A央企出资设立的独资子公司，现拟将B公司下属全资子公司D划入C，此次划转行为应由A央企批准并抄报国务院国资委。

（4）政企分开企业无偿划转。

实施政企分开的企业，其国有产权无偿划转所出资企业或其子企业持有的，由同级国资监管机构和主管部门分别批准。

（5）上下级国资监管机构所出资企业之间划转。

下级政府国资监管机构所出资企业国有产权无偿划转上级政府国资监管机构所出资企业或其子企业持有的，由下级政府和上级政府国资监管机构分别批准。

2. 审批所需文件

（1）审批的一般要求。

"239号文"第十六条规定，批准机构"批准企业国有产权无偿划转事项，应当审查下列书面材料：

（一）无偿划转的申请文件；

（二）总经理办公会议或董事会有关无偿划转的决议；

（三）划转双方及被划转企业的产权登记证；

（四）无偿划转的可行性论证报告；

（五）划转双方签订的无偿划转协议；

（六）中介机构出具的被划转企业划转基准日的审计报告或同级国资监管机构清产核资结果批复文件；

（七）划出方债务处置方案；

（八）被划转企业职代会通过的职工分流安置方案；

（九）其他有关文件。"

"25号文"第七条提出，中央企业提交上述第（一）项申请文件的主要内容包括：

"1. 请示的具体事项。

2. 划出方、划入方及被划转企业的基本情况。

主要包括设立时间、组织形式、注册资本、股权结构、级次、主营业务、生产经营和财务状况等。

3. 无偿划转的理由。

4. 划入方关于被划转企业发展规划、效益预测等。

5. 被划转企业风险（负担）情况。

（1）人员情况。在岗人员、内退人员及离退休人员人数，职工分流安置方案，离退休人员管理方式、统筹外费用等。

（2）或有负债情况。对外担保、未决诉讼等具体情况，相关解决方案，风险判断及其影响等。

（3）办社会职能情况。企业办各类社会职能情况、相关解决方案等。

6. 相关决策及协议签订情况。

划出方、划入方、职代会、中央企业、政府主管部门、地市级以上政府或国有资产监督管理机构相关决策（批准）情况。

涉及有限责任公司国有股权无偿划转的，相关股东会决议情况；涉及中外合资企业国有股权无偿划转的，相关董事会决议情况。

协议签订及主要内容。

7. 相关承诺事项。

（1）被划转企业国有产权权属清晰，不存在限制或者妨碍产权转移的情形。

（2）除已报送国资委的划转协议和承诺事项外，未与划转他方签订任何补充协议，也无其他承诺事项。

申请文件中有关被划转企业的主营业务、财务状况、或有负债、人员安置等内容，应与可行性论证报告、划转协议及审计报告等相关内容一致。”

（2）国资委批准的程序和资料要求。

“25号文”第六条提出，无偿划转事项需由中央企业报国资委批准的，按以下程序办理：

①中央企业应按规定对无偿划转事项进行审核，履行内部程序后，向国资委报送申请文件及相关材料。

相关报送资料详见本小节，另需提交的其他有关文件包括：

A. 中央企业子企业作为划入方（划出方）的，中央企业相关决议或批准文件；

B. 企业国有产权在中央企业与非中央企业之间无偿划转的，相关政府主管部门、地市级以上政府或国有资产监督管理机构的批准文件；

C. 涉及有限责任公司国有股权无偿划转的，相关股东会决议或有法律效力的其他证明文件；涉及中外合资企业国有股权无偿划转的，相关董事会决议或有法律效力的其他证明文件。

②国资委收到申请文件及相关材料后，应当在5个工作日内提出初审意见。

国资委主要从以下方面对无偿划转事项进行审核：

A. 划转双方主体资格适格，被划转企业产权关系清晰；

B. 符合中央企业主业及发展规划，有利于提高企业核心竞争力；

C. 划转所涉及各方决策程序合法合规，相关文件齐备、有效；

D. 对于相关风险防范和控制情况，划转协议规定内容齐备，无可能出现纠纷的条款。

对初审中发现的问题，国资委审核人员应及时与中央企业进行沟通；中央企业无异议的，应在5个工作日内修改完善相关材料并报国资委。对材料齐备、具备办理条件的，国资委应及时予以办理。

五、操作流程

1. 可行性研究

划转双方针对企业国有产权无偿划转应当做好可行性研究。“239号文”第六条规定：“无偿划转可行性论证报告一般应当载明下列内容：

（一）被划转企业所处行业情况及国家有关法律法规、产业政策规定；

（二）被划转企业主业情况及与划入、划出方企业主业和发展规划的关系；

（三）被划转企业的财务状况及或有负债情况；

（四）被划转企业的人员情况；

（五）划入方对被划转企业的重组方案，包括投入计划、资金来源、效益预测及风险对策等；

（六）其他需说明的情况。”

划转双方应当严格防范和控制无偿划转的风险，所做承诺事项应严谨合理、切实可行，且与被划转企业直接相关。

2. 划转双方内部决策

划转双方应当在可行性研究的基础上，按照内部决策程序进行审议，并形成书面决议。

划入方（划出方）为国有独资企业的，应当由总经理办公会议审议；已设立董事会的，由董事会审议。划入方（划出方）为国有独资公司的，应当由董事会审议；尚未设立董事会的，由总经理办公会议审议。国有一人公司作为划入方（划出方）的，由董事会审议；不设董事会的，由股东做出书面决议，并加盖股东印章。

3. 职工安置

涉及职工分流安置事项的，应当制订职工安置方案，并经被划转企业职工代表大会审议通过。

4. 划出方通知其债权人，并制订相应债务处理方案

划出方应当就无偿划转事项通知本企业（单位）债权人，并制订相应的债务处理方案。

5. 审计/清产核资

划转双方应当组织被划转企业按照有关规定开展审计或清产核资，以中介机构出具的审计报告或经划出方国资监管机构批准的清产核资结果作为企业国有产权无偿划转的依据。

6. 确定无偿划转协议文本

划转双方协商一致后，签订企业国有产权无偿划转协议。

“239号文”第十条规定：“划转协议应当包括下列主要内容：

（一）划入划出双方的名称与住所；

（二）被划转企业的基本情况；

（三）被划转企业国有产权数额及划转基准日；

（四）被划转企业涉及的职工分流安置方案；

（五）被划转企业涉及的债权、债务（包括拖欠职工债务）以及或有负债的处理方案；

（六）划转双方的违约责任；

（七）纠纷的解决方式；

（八）协议生效条件；

（九）划转双方认为必要的其他条款。”

请注意不得以重新划回产权作为违约责任条款。

7. 正式审批

划转双方应按照“239 号文”第三章的规定履行相应的批准程序。具体审批要求详见本章第四节。

无偿划转事项经上述无偿划转的批准机构批准后，划转协议生效。划转协议生效之前，划转双方不得履行或部分履行划转协议。

8. 实施及交割

划转双方依据相关批准文件及划转协议进行账务调整，按照相关规定办理产权登记及工商变更等手续。

9. 特殊情形下的操作流程

“239 号文”第十九条规定：“下列无偿划转事项，依据中介机构出具的被划转企业上一年度（或最近一次）的审计报告或经国资监管机构批准的清产核资结果，直接进行账务调整，并按规定办理产权登记等手续：

（一）由政府决定的所出资企业国有产权无偿划转本级国资监管机构其他所出资企业的；

（二）由上级政府决定的所出资企业国有产权在上、下级政府国资监管机构之间的无偿划转；

（三）由划入、划出方政府决定的所出资企业国有产权在互不隶属的政府的国资监管机构之间的无偿划转；

（四）由政府决定的实施政企分开的企业，其国有产权无偿划转国资监管机构持有的；

（五）其他由政府或国资监管机构根据国有经济布局、结构调整和重组需要决定的无偿划转事项。”

六、重点注意事项

1. 无偿划转的限制和禁止情形

被划转企业国有产权的权属应当清晰。权属关系不明确或存在权属纠纷的企业国有产权不得进行无偿划转。被设置为担保物权的企业国有产权无偿划转，应当符合《民法典》有限责任公司国有股权的划转，还应当遵循《公司法》的有关规定。

“239号文”第十八条规定：“有下列情况之一的，不得实施无偿划转：

（一）被划转企业主业不符合划入方主业及发展规划；

（二）中介机构对被划转企业划转基准日的财务报告出具否定意见、无法表示意见或保留意见的审计报告的；

（三）无偿划转涉及的职工分流安置事项未经被划转企业的职工代表大会审议通过的；

（四）被划转企业或有负债未有妥善解决方案的；

（五）划出方债务未有妥善处置方案。”

2. 标的为全民所有制企业

拟划转的标的企业为全民所有制企业的，如果其产权拟无偿划转国有独资公司或国有一人公司持有的，企业应当依法改制为公司后再行划转。如产权拟划入主体亦为全民所有制企业的，则不必事先改制为公司。

3. 涉外无偿划转

（1）境外企业转让境内国有资产。

“27号令”规定，中央企业及其各级子企业独资或者控股的境外企业所持有的境内国有产权的管理，比照国资委境内国有产权管理的相关规定执行。

故境外国有及国有控股公司、国有实际控制企业所持有的境内国有产权的无偿划转，可比照“239号文”、“25号文”、《关于促进企业国有产权流转有关事项的通知》（国资发产权〔2014〕95 号）等规定执行。

（2）境内外企业转让境外国有产权。

“239 号文”第二十条规定，企业国有产权无偿向境外划转及境外企业国有产权无偿划转办法另行制定。

《关于进一步加强中央企业境外国有产权管理有关事项的通知》（国资发产权规〔2020〕70 号）第四条第二款规定：中央企业在本企业内部实施重组整合，境外企业国有产权在国有全资企业之间流转的，可以比照境内国有产权无偿划转管理相关规定，按照所在地法律法规，采用零对价、1 元（或 1 单位相关货币）转让方式进行。

4. 资产无偿划转

企业实物资产的无偿划转参照“239 号文”执行。

但鉴于《关于促进企业国有产权流转有关事项的通知》（国资发产权〔2014〕95 号）规定的国有全资企业的无偿划转事宜仅限于股权，故企业实物资产的无偿划转适用范围暂不包含国有全资企业。

5. 是否需要在产权交易机构出具交易凭证

（1）是否要求出具产权交易凭证。

国资监管机构并未要求产权无偿划转事项必须由产权交易机构出具交易凭证，但部分省市工商管理机构/市场监督管理机关要求国有企业进行股权转让的工商变更登记时，无论采用何种方式成交，只要涉及产权转让，均应由产权交易机构进行交易鉴证，出具交易凭证。

例：北京市市场监督管理局规定，涉及本市国有产权转让的，应当提交北京产权交易所有限公司出具的《产权交易凭证》；涉及中央国有产权转让的，应提交中央企业国有产权交易试点机构出具的《产权交易凭证》；涉及外埠国有产权转让的，可依据国有产权属地政府有关规定，提交规定的产权交易机构出具的产权转让交割文件或国有资产管理部门出具的产权转让批准文件。

（2）出具无偿划转交易鉴证所需提交的文件资料。

出具无偿划转拟通过北交所进行鉴证的，交易各方应当提供以下文件资料：

转让方需提供的相关文件资料清单：

序号	文件资料	备注
1	《产权转让交易鉴证申请书（转让方）》（若非法定代表人签字，还需提供授权文件）	原件（一式二份）附格式
2	产权委托合同（若非法定代表人签字，还需提供授权文件）	原件（一式三份）附格式
3	营业执照副本	复印件加盖公章
4	国有产权登记表（没有的，自行出说明）	复印件加盖公章
5	本次转让行为的批复	复印件加盖公章
6	标的企业划转时点审计报告或财务报表	原件或复印件加盖公章
7	转让方和受让方签订的《无偿划转协议》	复印件加盖公章
8	其他相关材料	原件或复印件加盖公章

注：以上文件资料清单除特殊注明外，仅需一份。

标的企业需提供的相关文件资料清单：

序号	文件资料	备注
1	营业执照副本	复印件加盖公章
2	标的企业章程	复印件加盖公章
3	国有产权登记表（没有的，自行出说明）	复印件加盖公章
4	股东会或董事会决议（或其他内部决策文件，根据公司章程）	原件或复印件加盖公章
5	最近一年度审计报告或财务报表	原件或复印件加盖公章
6	其他相关材料	原件或复印件加盖公章

注：以上文件资料清单除特殊注明外，仅需一份。

受让方需提供的相关文件资料清单：

序号	文件资料	备注
1	《产权转让交易鉴证申请书（受让方）》（若非法定代表人签字，还需提供授权文件）	原件（一式二份）附格式
2	产权委托合同（若非法定代表人签字，还需提供授权文件）	原件（一式三份）附格式
3	营业执照副本	复印件加盖公章
4	国有产权登记表（没有的，自行出说明）	复印件加盖公章
5	最近一期财务报表	复印件加盖公章
6	其他相关材料	原件或复印件加盖公章

注：以上文件资料清单除特殊注明外，仅需一份。

北京产权交易所在上述文件资料齐备后，审核资料的齐全性、完整性和有效性等，审核无误即可出具交易凭证。

七、国有股东所持上市公司股份无偿划转

1. 含义

国有股东所持上市公司股份无偿划转是指国有股东所持上市公司股份在政府部门、机构、事业单位、国有独资或全资企业之间无偿划转的行为。

2. 适用主体

持有上市公司股份的政府部门、机构、事业单位、国有独资或全资企业等国有股东。国有控股公司和国有实际控制企业不得适用无偿划转。

3. 审批要求

（1）批准机关。

国有股东所持上市公司股份在本企业集团内部进行的无偿划转事项应报国家出资企业审核批准，其他情形由国有资产监督管理机构审核批准。

根据《财政部关于股份有限公司国有股权管理工作有关问题的通知》（财管字〔2000〕200号），地方股东单位涉及上市公司国家股权、发起人国有法人股权发生直接或间接转让、划转等引起的股权变动及或有变动，由省级财政（国资）部门审核后报财政部批准；地方股东单位持有上市公司非发起人国有法人股发生直接或间接转让、划转等引起的股权变动及或有变动，应报省级财政（国资）部门审批。

（2）报批文件要求。

“36号令”第三十九条规定：“国家出资企业、国有资产监督管理机构批准国有股东所持上市公司股份无偿划转时，应当审核以下文件：

（一）国有股东无偿划转上市公司股份的内部决策文件；

（二）国有股东无偿划转上市公司股份的方案和可行性研究报告；

（三）上市公司股份无偿划转协议；

（四）划转双方基本情况、上一年度经审计的财务会计报告；

（五）划出方债务处置方案及或有负债的解决方案，及主要债权人对无偿划转

的无异议函；

（六）划入方未来12个月内对上市公司的重组计划或未来三年发展规划（适用于上市公司控股权转移的）；

（七）律师事务所出具的法律意见书；

（八）国家出资企业、国有资产监督管理机构认为必要的其他文件。”

4. 操作流程

（1）可行性研究。

划出方和划入方应当事先就上市公司股份的无偿划转事宜进行可行性研究，并出具可行性研究报告。无偿划转可行性论证报告一般应当载明下列内容：

①被划转上市公司所处行业情况及国家有关法律法规、产业政策规定；

②被划转上市公司主业情况及与划入、划出方企业主业和发展规划的关系；

③被划转上市公司基本情况；

④拟划转股份相关基本情况：划出方现持有上市公司股份数额、是否存在股份质押等限制转让情况等，划出方拟划转上市公司股份份额情况；

⑤划出方债务情况及或有负债情况，商业银行、政策性银行等主要债权人对于无偿划转事宜的意见；

⑥划入方基本情况；

⑦划入方未来12个月内对上市公司的重组计划或未来3年发展规划（适用于上市公司控股权转移的）；

⑧其他需说明的情况。

（2）制订无偿划转方案。

划出方和划入方应制订无偿划转上市公司股份的方案。方案内容包括但不限于（以下仅供参考）：

①划出方及上市公司的基本情况；

②上市公司、划出方、划入方主要财务数据；

③拟划转的上市公司股份数量及价值；

④采用无偿划转方式的原因；

⑤划入方基本情况；

⑥划出方债务处置方案及或有负债解决方案（如需）；

⑦商业银行和政策性银行对无偿划转事宜的意见（如需）；

⑧划转股份的交割及过户等安排；

⑨其他需说明的情况。

（3）国有股东内部决策。

划出方和划入方应当分别根据公司章程或公司内部管理制度规定就非公开协议转让所持上市公司股份事项履行相应的内部决策程序，并出具相应的决策文件。

（4）重组计划或发展规则（适用于上市公司控股权转移的）。

无偿划转涉及上市公司控股权转移的，划入方应当制定未来 12 个月内对上市公司的重组计划或未来 3 年发展规划。

（5）处置划出方相关债务。

鉴于无偿划转上市公司股份将减少划出方资产，故在实施无偿划转前，划出方应当制订债务处置方案及或有负债的解决方案，并获得主要债权人对无偿划转的无异议函。

（6）签订股份无偿划转协议。

转让方在履行内部决策程序后，应当及时与受让方签订股份无偿划转协议。股份无偿划转协议一般包括以下内容：

①划出方和划入方的名称与住所；

②划出方、划入方、拟划转上市公司的基本情况和财务状况；

③拟划转上市公司股份份额及价值、划转基准日；

④标的交割相关事宜；

⑤违约责任；

⑥纠纷的解决方式；

⑦协议的生效条件；

⑧双方认为必要的其他条款。

股份无偿划转协议自获得正式批准之日起生效。

（7）出具法律意见书。

划出方应聘请律师事务所就本次无偿划转事项出具法律意见书。

（8）正式审批。

划出方应按照本节“3. 审批要求”报相应审批机关进行正式审批，获得书面批准。

（9）实施交割。

无偿划转行为经相应的审批机关（国资监管机构或国家出资企业）正式书面批准同意后，股份无偿划转协议正式生效实施。

国有股东应配合上市公司在证券交易所或中国证券登记结算有限责任公司办理上市公司股份过户登记手续。其中，国有资产监督管理机构关于国有股东无偿划转上市公司股份的批准文件或国有资产监督管理机构、管理信息系统出具的统一编号的备案表是办理上市公司股份过户登记手续的必备文件。

八、会计处理

1. 划转控股权（全部划转）会计处理

（1）母公司向子公司无偿划转股权。

母公司向子公司无偿划转股权，在会计上视为母公司对子公司增加投资，并同时处置被划转的股权。

在母公司个别报表上，对于子公司增加的投资，适用长期股权投资准则（但不属于企业合并），具体适用非货币资产交易取得的长期股权投资。

《企业会计准则第 7 号——非货币性资产交换》（2019）第三条规定：“非货币性资产交换的一方直接或间接对另一方持股且以股东身份进行交易的，或者非货币性资产交换的双方均受同一方或者相同的多方最终控制，且该非货币性资产交换的交易实质是交换的一方向另一方进行了权益性分配或交换的一方接受了另一方权益性投入的，适用权益性交易的有关会计处理规定”。

因此，母公司向子公司无偿划转股权适用权益性交易的有关会计处理。

应按照被划转股权在划出方——母公司——个别报表上的账面价值增加对划入

方——子公司——的投资；子公司应按照被划转股权在最终控制方的账面净资产份额，借记“长期股权投资”，贷记“资本公积——资本溢价”（若按照增资处理，则贷记“实收资本”）。

例：甲集团下属A、B两家全资子公司。甲集团原对A公司的长期股权投资成本为2,000万元；甲集团对B公司的长期股权投资成本为3,000万元，目前合并层面B公司的账面净资产为4,000万元。现在甲集团决定将对B公司的股权投资无偿划转至A公司名下。

①划出方——甲集团的会计处理。

个别财务报表：

甲集团按其对B公司的长期股权投资的原账面价值（3,000万元）转为对A的追加投资成本。即：

借：长期股权投资——A公司　　　　3,000

　　贷：长期股权投资——B公司　　　　3,000

合并财务报表：

按照同一控制下的企业合并进行处理。

②划入方——A公司的会计处理。

按照同一控制下企业合并的原则处理，按合并日B公司的账面净资产作为对其长期股权投资成本，同时贷记“资本公积——资本溢价”。

借：长期股权投资——B公司　　　　4,000

　　贷：资本公积——资本溢价　　　　4,000

（2）子公司向母公司无偿划转股权。

子公司向母公司无偿划转股权，视为母公司收回对子公司的投资，同时增加对被划转方的投资，适用权益性交易的有关会计处理规定。

在划出方——子公司个别财务报表，减计被划转股权的长期股权投资为0，冲减资本公积——资本溢价（若按照减资处理，则冲减实收资本）；子公司合并报表层面，由于被划转股权从子公司取得之日起便受母公司最终控制，视为取得被划转股权之初就不纳入合并范围，追溯调整子公司合并报表。

在划入方——母公司个别财务报表，按照被划转股权的账面价值增加对被划转方的长期股权投资，同时减少对划出方——子公司的长期股权投资。母公司合并报表层面，视为从子公司取得被划转股权之初就纳入直接合并范围。

但该内部股权划转事项不影响母公司的合并报表，划转之前通过子公司对被划转股权间接进行合并，划转之后对被划转股权直接进行合并。

例：现一国有集团甲公司，有一全资子公司A，A和甲公司共同设立子公司B，A持股90%，甲公司持股10%，现在将A持有的B公司股权无偿划转至甲公司（假设划转日为当期期初），划转时的情况为：B公司注册资本为500万元，留存收益为100万元。

①划出方——子公司A的会计处理。

个别财务报表：

减计长期股权投资的投资成本，冲减资本公积。

借：资本公积　　450

　　贷：长期股权投资——B公司　　450

合并财务报表：

若划转股权后，A公司仍然需要编制合并报表，视为取得被划转股权之初就不纳入合并范围，调整子公司合并报表期初数。

借：未分配利润——期初　　100

　　贷：资本公积——期初　　90

　　　　少数股东损益——期初　　10

②划入方——母公司甲的会计处理。

个别财务报表：

对甲公司而言，B原先就是其控制范围内的子公司，将A公司持有的B公司股权无偿划转至甲公司，应当看作甲公司从A公司部分收回投资，故应按照该90%股权原先在A公司账面的投资成本，借记"长期股权投资——B公司"，贷记"长期股权投资——A公司"。

借：长期股权投资——B公司　　450

　　贷：长期股权投资——A公司　　450

合并财务报表：

甲公司合并报表层面，视为从子公司取得被划转股权之初就纳入直接合并范围。实质上该内部股权划转事项不影响甲公司的合并报表。B 始终是甲公司的全资子公司，划转之前通过子公司对被划转股权间接进行合并，划转之后对被划转股权直接进行合并。

（3）兄弟公司之间无偿划转股权。

同一集团内兄弟公司之间无偿划转股权，对于划出方和划入方的共同上级单位来说，视为从划出方公司收回投资，同时增加对划入方公司的投资，收回投资的金额按照被划转股权的账面价值进行确认；不影响合并报表。

在划出方个别财务报表，按照上级单位收回投资的金额（被划转股权的账面价值）减计长期股权投资，同时冲减资本公积——资本溢价；在划入方公司个别财务报表，按照被划转股权在最终控制方的账面净资产份额计入长期股权投资成本。

例：A 公司和 B 公司是甲集团所属的两家全资子公司，C 公司是 A 公司所属全资子公司，甲集团内所有企业均采用统一的会计政策，根据甲集团专业化重组需要，甲集团总部要求 A 公司将所持 C 公司的全部股权无偿划转给 B 公司，划转基准日为 2009 年 12 月 31 日，甲集团总部根据 A 公司所持 C 公司股份调整 A 公司和 B 公司的长期股权投资，划转基准日 A 公司对 C 公司的长期股权投资额为 1,000 万元，C 公司和 B 公司的所有者权益情况如下：

项目	实收资本	资本公积	盈余公积	未分配利润	所有者权益总额
B 公司	5,000	200	100	9,000	14,300
C 公司	1,000	500	100	800	2,400

①甲集团总部的会计处理。

个别财务报表：

在甲集团总部，视为从 A 公司收回部分投资，同时增加对 B 公司的投资，金额为 A 公司对 C 公司的投资成本。

借：长期股权投资——B 公司　　　　1,000

　　贷：长期股权投资——A 公司　　　　1,000

合并财务报表：

该内部股权划转事项不影响甲集团的合并报表。

②划出方——A 公司的会计处理。

甲集团减少对 A 公司的投资 1,000 万元，同时减计长期股权投资 1,000 万元。

借：实收资本——甲集团总部　　1,000

　　贷：长期股权投资——C 公司　　1,000

③划入方——B 公司的会计处理。

个别财务报表：

B 公司根据增加的实收资本和 C 公司划转基准日的净资产做如下账务处理：

借：长期股权投资——C 公司　　2,400

　　贷：实收资本——甲集团总部　　1,000

　　　　资本公积——资本溢价　　1,400

合并财务报表：

按照同一控制下的企业合并进行处理。

2. 划转控股权（划转部分）划出方特别会计处理

（1）划转后仍构成控制的相关会计处理。

划转后仍构成控制的，对剩余股权继续用成本法按照账面价值计量。

（2）划转后构成共同控制（合营）或重大影响（联营）的相关会计处理。

①个别财务报表会计处理。

《企业会计准则第 2 号——长期股权投资》（2014）第十五条规定："投资方因处置部分权益性投资等原因丧失了对被投资单位的控制的，在编制个别财务报表时，处置后的剩余股权能够对被投资单位实施共同控制或施加重大影响的，应当改按权益法核算，并对该剩余股权视同自取得时即采用权益法核算进行调整。"

②合并财务报表会计处理。

在合并财务报表中，应当按照《企业会计准则第 33 号——合并财务报表》（2014）第五十条的有关规定进行会计处理。

企业因处置部分股权投资等原因丧失了对被投资方的控制权的，在编制合并财务报表时，对于剩余股权，应当按照其在丧失控制权日的公允价值进行重新计量。处置股权取得的对价与剩余股权公允价值之和，减去按原持股比例计算应享有原有子公司自购买日或合并日开始持续计算的净资产的份额的差额，计入丧失控制权当期的投资收益，同时冲减商誉。与原有子公司股权投资相关的其他综合收益等，应当在丧失控制权时转为当期投资收益。

（3）划转后不构成控制、共同控制或重大影响的相关会计处理。

①个别财务报表。

《企业会计准则第 2 号——长期股权投资》（2014）第十五条规定："原持有的对被投资单位具有控制的长期股权投资，因部分处置等原因导致持股比例下降，不能再对被投资单位实施控制、共同控制或重大影响的，应改按金融工具确认和计量准则进行会计处理，其在丧失控制之日的公允价值与账面价值之间的差额计入当期投资收益。"

②合并财务报表。

《企业会计准则第 33 号——合并财务报表》（2014）第五十条规定，企业因处置部分股权投资等原因丧失了对被投资方的控制权的，在编制合并财务报表时，对于剩余股权，应当按照其在丧失控制权日的公允价值进行重新计量。处置股权取得的对价与剩余股权公允价值之和，减去按原持股比例计算应享有原有子公司自购买日或合并日开始持续计算的净资产的份额之间的差额，计入丧失控制权当期的投资收益，同时冲减商誉。

因此，在个别报表和合并报表层面对这部分由剩余股权转化成的金融资产，都是按照转换日（即丧失控制、共同控制或重大影响之日，也称为"处置日"）的公允价值重新计量，重新计量的差额计入投资收益。因此，在处置日之后，个别报表和合并报表层面对该项金融资产的核算和计量是一致的。

在处置日的重新计量损益在不同报表层面可能有差异：个别报表层面的重新计量损益=剩余股权公允价值-剩余股权对应的原长期股权投资账面价值；合并报表层面的重新计量损益=剩余股权公允价值-剩余股权所对应的子公司净资产在合并报表层面的账面价值。

在合并报表层面调整该差异：

借：投资收益

贷：资本公积

3. 划转参股权会计处理

划转标的为参股权时，不涉及控股权下划出方采用成本法核算导致的划出方账面价值与被划转标的权益差异的问题，划出方的账面价值，会计处理相对简单。

划出方终止确认长期股权投资，同时减少资本公积。

划入方按照划出方账面价值确认长期股权投资，同时增加资本公积（划入方为兄弟公司适用）或者减少对划出方长期股权投资（最终控制方适用）。

4. 划转资产会计处理

国有资产无偿划转，一般认为属于股东资本性投入或者是收回投资的可能性较大，按照权益性交易进行处理。

（1）母公司 B 向子公司 A 无偿划转资产，视为增加对子公司的投资。

划出方（母公司 B）的会计处理：

借：长期股权投资（划出资产的账面价值）——A 公司

贷：固定资产等（划出资产的账面价值）

划入方（子公司 A）的会计处理：

借：固定资产等

贷：资本公积——资本溢价（若做增资处理则增加实收资本）

（2）子公司 A 向母公司 B 无偿划转资产，视为母公司收回对子公司的投资。

划出方（子公司 A）的会计处理：

借：资本公积——资本溢价（若做减资处理则减计实收资本）

贷：固定资产等（划出资产的账面价值）

划入方（母公司 B）的会计处理：

借：固定资产等（划出资产的账面价值）

贷：长期股权投资——A 公司

（3）其他情形。

划入方的会计处理：

借：固定资产等（划出资产的账面价值）

　　贷：资本公积——资本溢价

划出方的会计处理：

借：资本公积——资本溢价

　　贷：固定资产等（划出资产的账面价值）

九、涉税分析与税务筹划

1. 划转标的为股权的涉税分析

（1）划出方涉及的税费。

①企业所得税。

按照《中华人民共和国企业所得税法》等相关规定，一般情况下，无偿划出方企业视同销售股权，按公允价值计算收入并缴纳企业所得税。

②印花税。

A. 根据《中华人民共和国印花税暂行条例》等规定，无偿划转协议签订双方，应当按照产权转移书据税目，以无偿划转协议金额的万分之五的税率来缴纳。

B. 对经国务院和省级政府决定或批准的国有企业改组改制发生的上市公司国有股权无偿转让行为，暂不征收证券（股票）交易印花税。对不属于上述情况的上市公司国有股权无偿转让行为，仍应征收证券（股票）交易印花税。

③增值税。

若划转标的为非上市公司股票（权），则股权划出方不涉及增值税；若划转标的为上市公司股票（权），则股权划出方需要按照金融商品转让的规定就转让溢价部分缴纳增值税。

④土地增值税（特殊情况下）。

股权转让或者划转本身不涉及土地增值税，但若以股权形式表现的资产主要是土地使用权、地上建筑物及附着物，则股权转让有可能会被税务机关以实质重于形式的认定要求缴纳土地增值税[1]。

（2）划入方涉及的税费。

①企业所得税。

国家税务总局公告2014年第29号《关于企业所得税应纳税所得额若干问题的公告》规定："企业接收股东划入资产（包括股东赠与资产、上市公司在股权分置改革过程中接收原非流通股股东和新非流通股股东赠与的资产、股东放弃本企业的股权，下同），凡合同、协议约定作为资本金（包括资本公积）且在会计上已做实际处理的，不计入企业的收入总额，企业应按公允价值确定该项资产的计税基础。"因此，无偿划转不作为收入处理的，不缴纳企业所得税。

如不满足上述条件，无偿接收方企业视同接受捐赠。

②印花税。

A. 受让方需缴纳的产权转移书据印花税已在本书第四章"八、涉税分析与税务筹划 2. 受让方涉税分析"中分析，在此不再赘述。

B. 划入方应按资金账簿税目，以实收资本和资本公积增加部分的万分之五缴纳印花税。根据《财政部　税务总局关于对营业账簿减免印花税的通知》（财税〔2018〕50号）规定，"自2018年5月1日起，对按万分之五税率贴花的资金账簿减半征收印花税，对按件贴花5元的其他账簿免征印花税"。

2. 转让标的为资产的涉税分析

（1）转让方涉及的税费。

①企业所得税。

划出方无偿划转资产涉及的企业所得税分析同本书第四章"八、涉税分析与税务筹划 1. 转让方涉税分析（1）企业所得税"，在此不再赘述。

②土地增值税。

按照《中华人民共和国土地增值税暂行条例》等相关规定，不同企业之间的房地产无偿划拨不属于现行政策中规定的以无偿赠与方式转让房地产的行为，因此，从基本政策的角度来说，这种行为属于征收土地增值税范围。

① 实践中这种案例较为罕见，仅少数地区发生过公开可查询的案例。

《财政部、国家税务总局关于继续实施企业改制重组有关土地增值税政策的通知》（财税〔2018〕57 号）并未明确无偿划转是否可以暂不征收土地增值税。但考虑到无偿划转在会计处理上一般增加划入方权益，即作为一项投资行为，对于母子公司间无偿划转，可以与主管税务机关沟通适用免税政策。

因此，无偿划转不动产是否缴纳土地增值税，需要结合具体事项，与当地税务局沟通。

③增值税。

A. 一般情况。

一般情况下，无偿划转资产应当按照视同销售相应地缴纳增值税。

B. 特殊情况。

如果符合国家税务总局公告 2011 年第 13 号等增值税的特殊优惠政策，也可不征收增值税。

《国家税务总局关于纳税人资产重组有关增值税问题的公告》（国家税务总局公告 2011 年第 13 号）规定："纳税人在资产重组过程中，通过合并、分立、出售、置换等方式，将全部或者部分实物资产以及与其相关联的债权、负债和劳动力一并转让给其他单位和个人，不属于增值税的征税范围，其中涉及的货物转让，不征收增值税。"

根据《营业税改征增值税试点有关事项的规定》，不征收增值税项目包括："5. 在资产重组过程中，通过合并、分立、出售、置换等方式，将全部或者部分实物资产以及与其相关联的债权、负债和劳动力一并转让给其他单位和个人，其中涉及的不动产、土地使用权转让行为。"

④印花税。

就无偿划转协议而言，其所涉及的印花税应当按照划转的标的资产所属的印花税税目来缴纳。

⑤附加税。

凡缴纳了增值税，则需要按照规定缴纳城市维护建设税和教育费附加。

（2）受让方涉及的税费。

①企业所得税。

无偿划转资产划入方所得税分析与无偿划转股权相同。

②契税。

A. 若无偿划转的资产中包含土地、房屋等资产，则划入方需按照规定缴纳契税。

B.《财政部　税务总局关于继续支持企业事业单位改制重组有关契税政策的通知》（财税〔2018〕17号）规定：“同一投资主体内部所属企业之间土地、房屋权属的划转，包括母公司与其全资子公司之间，同一公司所属全资子公司之间，同一自然人与其设立的个人独资企业、一人有限公司之间土地、房屋权属的划转，免征契税。”若无偿划转，资产划转部分符合该项规定，则可以免征契税。

③印花税。

A. 受让方关于无偿划转协议需缴纳的印花税同转让方，已在本书第五章“十、资产转让的涉税分析”中“2. 受让方涉税分析（1）印花税”中进行分析，在此不再赘述。

B. 划入方应按资金账簿税目，以实收资本和资本公积增加部分的万分之五缴纳印花税。

根据《财政部　税务总局关于对营业账簿减免印花税的通知》（财税〔2018〕50号）规定，“自2018年5月1日起，对按万分之五税率贴花的资金账簿减半征收印花税，对按件贴花5元的其他账簿免征印花税”。

3. 所得税纳税筹划

（1）利用所得税特殊性税务处理。

《财政部　国家税务总局关于促进企业重组有关企业所得税处理问题的通知》（财税〔2014〕109号，以下简称“109号文”）第三条规定：“对100%直接控制的居民企业之间，以及受同一或相同多家居民企业100%直接控制的居民企业之间按账面净值划转股权或资产，凡具有合理商业目的，不以减少、免除或者推迟缴纳税款为主要目的，股权或资产划转完成日起连续12个月内不改变被划转股权或资产原来实质性经营活动（生产经营业务、公司性质、资产或股权结构等），且划出方企业和划入方企业均未在会计上确认损益的，可以选择按以下规定进行特殊性税务处理：

（一）划出方企业和划入方企业均不确认所得。

（二）划入方企业取得被划转股权或资产的计税基础，以被划转股权或资产的原计税基础确定。

（三）划入方企业取得的被划转资产，应按其原计税基础计算折旧扣除。”

综上，在无偿划转这类国有资本经济行为中，划出方、划入方、划转标的等相关主体和条件若满足上述财税文件的要求，则可适用特殊性税务处理的优惠政策。

（2）结合实际，选择所得税一般性税务处理。

特殊性税务处理具有递延纳税的效果，但是选择适用特殊性税务处理未必税负就是最低的。因此，各方企业应从交易整体、未来的处置计划等方面，综合考虑选择适用一般性税务处理还是特殊性税务处理。

（3）先分配利润再划转股权。

符合条件的居民企业直接投资于其他居民企业取得的权益性投资收益免征企业所得税。所以，可以考虑在股权划转之前对目标公司进行利润分配，从而降低目标企业的净资产价值和公允价值。

第八章

企业合并

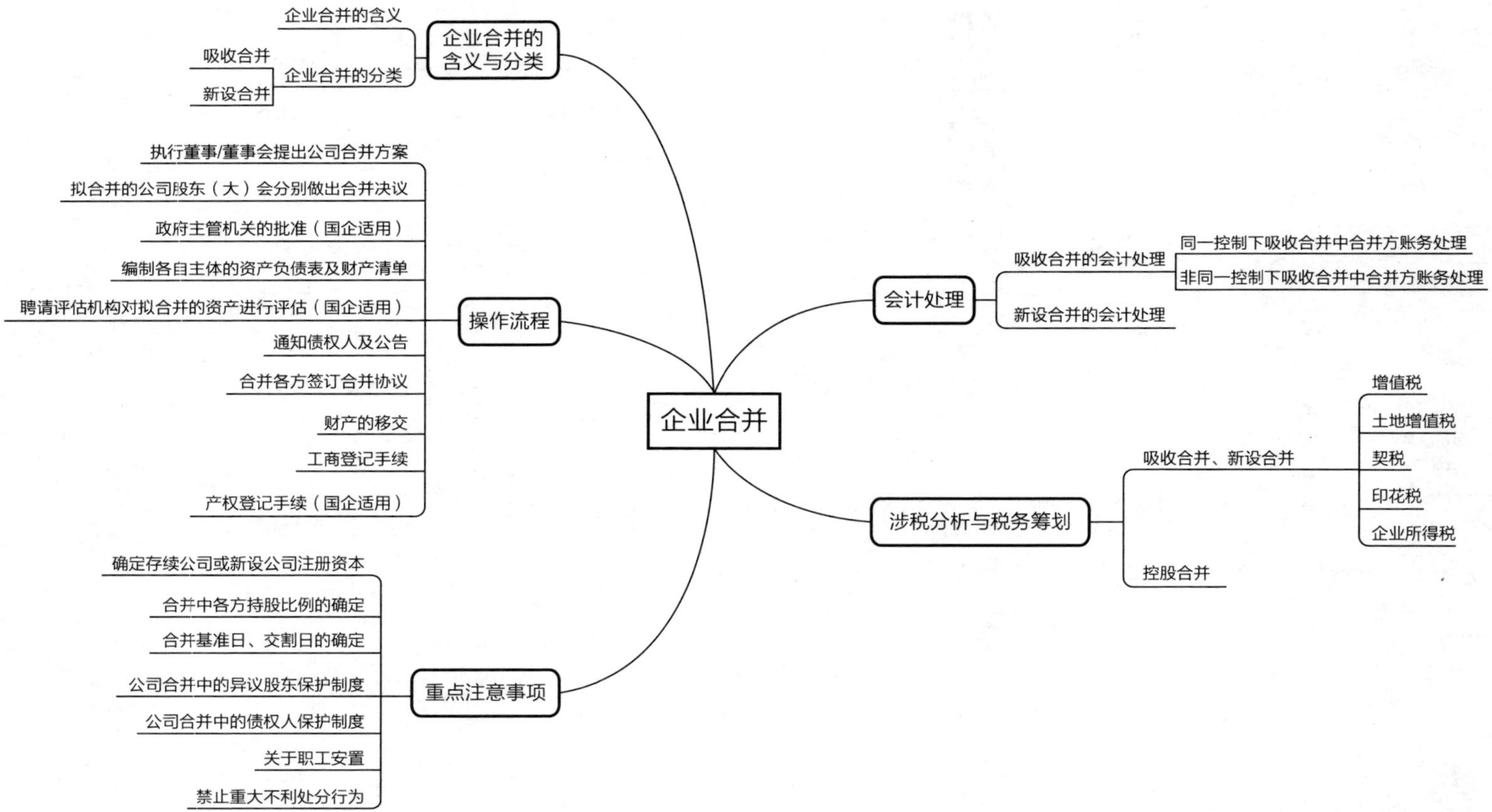
企业合并
企业合并的含义与分类
企业合并的含义
企业合并的分类
吸收合并
新设合并
操作流程
执行董事/董事会提出公司合并方案
拟合并的公司股东（大）会分别做出合并决议
政府主管机关的批准（国企适用）
编制各自主体的资产负债表及财产清单
聘请评估机构对拟合并的资产进行评估（国企适用）
通知债权人及公告
合并各方签订合并协议
财产的移交
工商登记手续
产权登记手续（国企适用）
重点注意事项
确定存续公司或新设公司注册资本
合并中各方持股比例的确定
合并基准日、交割日的确定
公司合并中的异议股东保护制度
公司合并中的债权人保护制度
关于职工安置
禁止重大不利处分行为
会计处理
吸收合并的会计处理
同一控制下吸收合并中合并方账务处理
非同一控制下吸收合并中合并方账务处理
新设合并的会计处理
涉税分析与税务筹划
吸收合并、新设合并
增值税
土地增值税
契税
印花税
企业所得税
控股合并

一、企业合并的含义与分类

1. 企业合并的含义

企业合并是指两个或两个以上的企业通过订立合并协议，依照有关法律法规的规定，将资产和负债合为一体，组成一个新企业的行为。

2. 企业合并的分类

（1）吸收合并。

吸收合并指两个或两个以上的企业通过订立合并协议，其中一个企业接收了其他企业的资产（包括债务）后继续存在而其他企业被解散的合并方式。在这种方式中，解散的企业称为被合并企业，继续存在的企业称为存续企业。

（2）新设合并。

新设合并指两个或两个以上的企业通过订立合并协议，依照有关法律法规的规定合并设立一个新的公司，而合并各方全部解散的合并方式。

二、操作流程

1. 执行董事/董事会提出公司合并方案

在公司合并方案中，应当对公司合并原因、合并目的、合并后各股东的权益、合并后公司章程和资产及债权债务承继等问题做出安排。

2. 拟合并的公司股东（大）会分别做出合并决议

公司合并是公司的重大决策，必须经公司的权力机构批准，否则不能合并。

《公司法》第四十三条、第六十六条、第一百零三条分别对有限责任公司、国有独资公司和股份有限公司合并需要股东（大）会特别决议通过进行了规定。其中，有限责任公司股东会对公司合并的决议，必须经代表三分之二以上表决权的股东通过；国有独资公司的合并应由国有资产监督管理机构决定，重要的国有独资公司合并的，应当由国有资产监督管理机构审核后，报本级人民政府批准；股份有限公司股东（大）会对公司合并做出决议，必须经出席会议的股东所持表决权的三分之二以上通过。

3. 政府主管机关的批准（国企适用）

《中华人民共和国企业国有资产法》第三十一条规定，国有独资企业、国有独资公司合并由履行出资人职责的机构决定。

《中华人民共和国企业国有资产法》第三十三条规定，国有资本控股公司、国有资本参股公司合并依照法律、行政法规以及公司章程的规定，由公司股东会、股东大会或者董事会决定。由股东会、股东大会决定的，履行出资人职责的机构委派的股东代表应当按照委派机构的指示提出提案、发表意见、行使表决权，并将其履行职责的情况和结果及时报告委派机构。

《中华人民共和国企业国有资产法》第三十四条规定，按照国务院规定确定的重要的国有独资企业、国有独资公司、国有资本控股公司的合并，应当报请本级人民政府批准，由政府出具批准文件。

4. 编制各自主体的资产负债表及财产清单

公司合并要求参加合并的各公司编制资产负债表和财产清单，这既是签订合并协议的基础，也是对合并后的公司主张自己的财产权利和管理合并后的公司资产的依据。

5. 聘请评估机构对拟合并的资产进行评估（国企适用）

《企业国有资产评估管理暂行办法》第六条规定，各级国有资产监督管理机构及其所出资企业进行合并时，应当对相关资产进行评估。

评估结果应按相关规定报国家出资企业或国资监督机构等有权单位进行核准或备案。

《企业国有资产评估管理暂行办法》第七条规定，国有独资企业与其下属独资企业（事业单位）之间或其下属独资企业（事业单位）之间的合并，可以不对相关国有资产进行评估。

6. 通知债权人及公告

《公司法》第一百七十三条规定，公司应当自作出合并决议之日起十日内通知债权人，并于三十日内在报纸上公告。债权人自接到通知书之日起三十日内，未接到通知书的自公告之日起四十五日内，可以要求公司清偿债务或者提供相应的担保。

7. 合并各方签订合并协议

合并协议是公司合并过程中的核心法律文件，主要包括如下内容：

（1）合并协议各方的名称、住所、法定代表人；

（2）合并后公司的名称、住所、法定代表人；

（3）合并后公司的注册资本、股东及持股比例；

（4）合并形式；

（5）合并协议各方债权、债务的承继方案；

（6）不同意参与合并的股东的退出和收购；

（7）公司章程的拟定或修改；

（8）合并以后新公司或存续公司的组织机构产生办法等；

（9）违约责任；

（10）解决争议的方式；

（11）合并协议各方认为需要规定的其他事项。

8. 财产的移交

合并各方应将合并资产进行移交，需移交的财产如房屋、土地使用权等，涉及相应的权证变更的，应当及时办理权属变更手续。

9. 工商登记手续

在吸收合并中，因合并而继续存续的公司需办理工商变更登记，因合并而消灭的公司需办理工商注销登记；在新设合并中，新出现的公司需办理工商设立登记，因合并而消灭的公司则需办理工商注销登记。

10. 产权登记手续（国企适用）

在吸收合并中，因合并而继续存续的公司需办理变动产权登记，因合并而消灭的公司需办理注销产权登记；在新设合并中，新出现的公司需办理占有产权登记，因合并而消灭的公司则需办理注销产权登记。

三、重点注意事项

1. 确定存续公司或新设公司注册资本

《国家工商行政管理总局关于做好公司合并分立登记支持企业兼并重组的意见》第二条规定，支持公司自主约定注册资本数额。因合并而存续或者新设的公司，其注册资本、实收资本数额由合并协议约定，但不得高于合并前各公司的注册资本之和、实收资本之和。合并前注册资本未足额缴纳的公司，合并后存续或者新设公司的注册资本应当根据合并协议或者决定的约定，按照合并前规定的出资期限缴足。

合并各方之间存在投资关系的，计算合并前各公司的注册资本之和、实收资本之和时，应当扣除投资所对应的注册资本、实收资本数额。也即，如果合并双方属于全资母公司和子公司之间的合并，合并后公司的注册资本就等于母公司的注册资本。如果子公司非全资子公司，则合并后公司的注册资本等于母公司的注册资本和子公司其他投资人认缴的注册资本之和。

2. 合并中各方持股比例的确定

合并中各方持股比例如何确定，其核心问题在于参与合并各方公司股东所拥有的权益如何作价，在作价确定之后，可以在该作价的基础上计算得出各自所持股份的比例，或由各方在作价基础上协商确定所持股比例。

例如，属于同一控制下的公司合并，一般情况下按照合并各方的净资产的账面价值进行作价，则合并后各股东在合并公司中的持股比例为合并前各股东享有的净资产账面价值占所有股东享有的净资产账面价值加总后的比例。

非同一控制下公司合并，因参与合并的各公司的股东不尽相同，各公司资产状况、财务状况亦各不相同，故一般不能简单按照参与合并各方的账面净资产的价值来确定各股东在合并后公司的股权比例。因而在实务中，一般应当对参与合并的各方公司的资产和负债进行评估，在评估结果的基础上，由合并各方协商确定参与各方的股东拥有的权益额以及股权比例。例如，各方如经协商一致，可以不按评估结果确定持股比例，获得额外股权比例的一方可以向另一方支付差额对价（一般是现金对价）。

3. 合并基准日、交割日的确定

公司合并需要确定一个合并计价基准日。该基准日被用于确定参与合并的各公司的权益价值，事实上该基准日也是各公司的审计基准日和评估基准日。在实务中，合并各方公司通常会在合并协议中约定一个合并基准日，并按照该基准日准备资产负债表、财务明细表、负债明细表等资料，所以一般情况下该基准日都会是某期（月）的期（月）末。

合并购买日/交割日是指合并方实际取得被合并方控制权的日期，即被合并方的净资产或生产经营决策的控制权转移给合并方的日期。在实务中，合并购买日/交割日需要合并各方在合并协议中予以明确，一般以“控制权转移”作为确定原则，通常选择在合并协议中约定资产盘点交割完毕之日或完成工商变更之日作为交割日。

4. 公司合并中的异议股东保护制度

（1）异议股东股份回购请求权。

异议股东股份回购请求权，是指在特定的情形下，对公司股东（大）会会议决议持反对意见的股东所享有的一种“要求公司以合理公平的价格收购自己股份”的权利。

《公司法》第七十四条规定，对有限责任公司关于合并的决议投反对票的股东可以请求公司按照合理的价格收购其股权，并且自股东会会议通过之日起六十日内，股东与公司不能达成股权收购协议的，股东可以自股东会会议决议通过之日起九十日内向人民法院提起诉讼。第一百四十二条规定，股份有限公司合并，股东因对股东大会作出的公司合并决议持异议，要求公司收购其股份的，公司可以收购本公司股份，公司回购股份之后，应当在六个月内转让或者注销。

（2）异议股东股份回购请求权行权条件。

①主体条件。无论是有限责任公司的股东还是股份有限公司的股东，无论是上市公司的股东还是非上市公司的股东均可以成为请求权主体，法律并未做特别限定。

②法定事由。《公司法》第七十四条第二项规定，当公司出现合并情形时，对股东会该项决议投反对票的股东可以请求公司按照合理的价格收购其股权；《公司法》第一百四十二条规定，股份有限公司股东因对股东大会作出的公司合并决议持异议，可要求公司收购其股份。

③行使请求权的股东必须已经对股东（大）会会议决议表示明确反对。如果股东对决议并无异议，便不能行使回购股份的请求权。

（3）异议股东行使请求权受阻时的救济措施。

《公司法》第七十四条对有限责任公司异议股东无法与公司达成协议时应如何救济做出规定：自股东会会议决议通过之日起六十日内，股东与公司不能达成股权收购协议的，股东可以自股东会议决议通过之日起九十日内向人民法院提起诉讼。由于股份有限公司的股份自由流动可以较为方便地变现，所以《公司法》并没有特别规定股份有限公司异议股东行使请求权受阻时的救济措施。

（4）行使请求权后公司收购股份对股份的处理。

对于有限责任公司而言，尽管《公司法》并没有明确规定，但应当做减资处理；对于股份有限公司，《公司法》第一百四十二条规定，股份有限公司应在六个月内注销或者转让其收购的股份。具体内容详见“第三章企业减资”。

5. 公司合并中的债权人保护制度

《公司法》对债权人的保护，主要体现在以下四个方面：

（1）《公司法》第一百七十三条规定，公司应当自作出合并决议之日起十日内通知债权人，并于三十日内在报纸上公告。债权人自接到通知书之日起三十日内，未接到通知书的自公告之日起四十五日内，可以要求公司清偿债务或者提供相应的担保。

（2）《公司法》第一百七十四条规定，公司合并时，合并各方的债权、债务，应当由合并后存续的公司或者新设公司承继。该条意味着公司已履行通知和公告义务，但债权人没有要求清偿债务或者提供相应的担保的，公司对其负有的债务将由合并后存续的公司或者新设的公司承继，这是对于公司债权人的实际保护。

（3）《最高人民法院关于审理与企业改制相关的民事纠纷案件若干问题的规定》第三十一条规定，企业吸收合并后，被兼并企业的债务应当由兼并方承担。第三十二条规定，企业进行吸收合并时，参照《公司法》的有关规定，公告通知债权人。企业吸收合并后，债权人就被兼并企业原资产管理人（出资人）隐瞒或者遗漏的企业债务起诉兼并方的，如债权人在公告期内申报过该笔债权，兼并方在承担民事责任后，可再行向被兼并企业原资产管理人（出资人）追偿。如债权人在公告期内未申报过该笔债权，则兼并方不承担民事责任。人民法院可告知债权人另行起诉被兼并企业原资产管理人（出资人）。第三十三条规定，企业新设合并后，被兼并企业的债务由新设合并后的企业法人承担。

（4）《公司法》第二百零四条规定，当公司在合并时，并未按照本法规定通知或者公告债权人的，由公司登记机关责令改正，对公司处以一万元以上十万元以下的罚款。

6. 关于职工安置

（1）国家出资企业进行合并时，《中华人民共和国企业国有资产法》第三十七条规定，国家出资企业应当听取企业工会的意见，并通过职工代表大会或者其他形式听取职工的意见和建议。故应召开职工（代表）大会或以其他形式听取职工的意见和建议，若企业合并涉及职工安置，职工安置方案需经职工（代表）大会审议通过。

（2）《劳动合同法》第三十四条规定，用人单位发生合并或者分立等情况，原劳动合同继续有效，劳动合同由承继其权利和义务的用人单位继续履行。

（3）公司进行合并，不仅为取得资产，也有可能是为了获得某一经营团队特别是研发团队。存续的公司一方如认为有必要，应使另一方在合并合同中承诺留用或安置、转移其重要员工，以确保合并的目标能够顺利实现。

7. 禁止重大不利处分行为

公司合并合同签订后至合并生效前，注销公司一方不得对公司本身有重大不利的处分行为，如延长债权偿还期、免除担保责任、签订对其不利合同、承诺员工高额退休金等，以避免影响注销方的价值而降低合并的效益。

参加合并的每一方既是购买方同时又是出让方，因此，参加合并的各公司股东都有可能因本公司的或有负债向其他方履行赔偿义务，也都享有因参加合并的其他公司的或有负债要求他人履行赔偿义务的权利。

（1）合并中可能产生的或有负债：

A. 担保、抵押、质押、留置等产生的债务；

B. 侵权责任等未决诉讼；

C. 可能的行政（违法）处罚；

D. 税收滞纳金、罚款等；

E. 未报销的费用；

F. 未正确履行合同/协议，可能的违约责任；

G. 应付票据可能产生的负债；

H. 应收账款等债权不能收回形成的坏账；

I. 其他可能形成的隐性债务。

（2）如何避免或有债务。

A. 充分进行尽职调查。

B. 债务剥离。

a. 债务剥离必须征得债权人的同意。依据《中华人民共和国民法典》，债务人将合同的义务全部或者部分转移给第三人的，应当经债权人同意，否则该债务转移不发生效力。另外，法律、行政法规规定转让权利或者转移义务应当办理批准、登记等手续的，应当履行批准、登记手续。

b. 部分债务不可剥离。部分债务专属于债务人，不可转移，否则无效。实践中，此类债务多数表现为对政府有关部门的负债，如税收之债。对于此类债务，不可直接将其转移，只能采取其他合法的方式达到债务重组的目的。

C. 陈述、保证与承诺、违约责任。

约定承担或有债务的计算方法，由隐瞒债务一方的股东承担赔偿及违约责任。

D. 设立担保机制。

要求合并一方以其相应价值的财产抵押、质押或者提供具有代为偿还能力的第三人担保。

四、会计处理

1. 吸收合并的会计处理

（1）同一控制下吸收合并中合并方账务处理。

①母子公司吸收合并的会计处理。

根据《企业会计准则解释第 7 号》（财会〔2015〕19 号）的相关规定，母公司吸收合并直接控股的全资子公司，应按以下规定进行会计处理：

原母公司应当对原子公司的相关资产、负债，按照原母公司自购买日所取得的该原子公司各项资产、负债的公允价值（如为同一控制下企业合并取得的原子公司则为合并日账面价值）以及购买日（或原合并日）计算的递延所得税负债或递延所得税资产持续计算至吸收合并日的各项资产、负债的账面价值确认。在此基础上，抵销原母公司与原子公司内部交易形成的未实现损益，并调整相关资产、负债，以及相应的递延所得税负债或递延所得税资产。

此外，某些特殊项目按如下原则处理：

A. 被吸收合并的子公司原为非同一控制下企业合并取得的，原母公司购买原子公司时产生的合并成本小于合并中取得的可辨认净资产公允价值份额的差额，应计入留存收益；原母公司购买原子公司时产生的合并成本大于合并中取得的可辨认净资产公允价值份额的差额，应按照原母公司合并该原子公司的合并财务报表中商誉的账面价值转入原母公司的商誉。

被吸收合并的子公司原为同一控制下企业合并取得的，原母公司在合并财务报表中确认的最终控制方收购原子公司时形成的商誉，按其在合并财务报表中的账面价值转入原母公司的商誉。

B. 原子公司提取但尚未使用的安全生产费或一般风险准备，分情况处理：原为非同一控制下企业合并取得的子公司被吸收合并时，按照购买日起开始持续计算至吸收合并日的原子公司安全生产费或一般风险准备的账面价值，转入原母公司的专项储备或一般风险准备；原为同一控制下企业合并取得的子公司被吸收合并时，按照原合并日原子公司安全生产费或一般风险准备账面价值持续计算至吸收合并日的账面价值，转入原母公司的专项储备或一般风险准备。

C. 原为非同一控制下企业合并取得的子公司被吸收合并时，应将购买日至吸收合并日原子公司实现的净损益，转入原母公司留存收益；原为同一控制下企业合并取得的子公司被吸收合并时，应将合并日至吸收合并日原子公司实现的净损益，转入原母公司留存收益。这里，将原子公司实现的净损益转入原母公司留存收益时，应当按购买日（或合并日）所取得的原子公司各项资产、负债公允价值（或账面价值）为基础计算，并且抵销原母子公司内部交易形成的未实现损益。

原子公司实现的其他综合收益和权益法下核算的其他所有者权益变动等，应参照上述原则计算调整，并相应转入原母公司权益项下其他综合收益和资本公积等项目。

D. 原母公司对该原子公司长期股权投资的账面价值与按上述原则将原子公司的各项资产、负债等转入原母公司后形成的差额，应调整资本公积；资本公积不足冲减的，调整留存收益。

会计分录如下：

借：原子公司各项资产（含商誉）（按其在母公司合并报表层面的账面价值）

　　贷：原子公司各项负债（按其在母公司合并报表层面的账面价值）

　　　　未分配利润（指非同一控制下合并取得的子公司原购买日计入营业外收入的负商誉金额）（如有）

　　　　专项储备、一般风险准备（按子公司计提的专项储备和一般风险准备在合并报表层面的账面价值）

　　　　未分配利润（按母子公司关系存续期间的子公司净损益导致的留存收益变动额）（按合并报表口径调整）

其他综合收益（按母子公司关系存续期间的子公司净损益导致的其他综合收益余额变动额）（按合并报表口径调整）

长期股权投资（原母公司个别报表层面对该子公司的长期股权投资账面价值转销）（如有对应的长期股权投资减值准备的，则减值准备应一并转销）

借/贷：资本公积——其他资本公积（差额，整笔分录的平衡数）

②兄弟公司吸收合并的会计处理。

假设 A 公司和 B 公司都是 C 公司的全资子公司，现 A 公司要吸收合并B 公司。

A. 合并方账务处理。

被合并方 B 公司的留存收益等并不是合并方 A 公司的经营积累，如果将其确认为合并方 A 公司的留存收益将导致与 A 公司自身的报表不钩稽，故不应在吸收合并完成后合并方 A 公司的个别报表中体现为留存收益。

按照“下推会计”的原理（具体可参阅《企业会计准则解释第 6 号》第二条规定），当初 C 公司取得对被合并方 B 公司的控制权时，在其合并报表层面确认的商誉（如有），也应当被“下推”到合并方 A 公司的个别报表层面，因此在吸收合并完成后的合并方公司层面，也应当确认商誉，其金额与共同控制方合并报表层面确认的对原被合并公司的合并商誉的账面价值相同。

借：被合并方 B 公司资产（按照 B 公司的各项可辨认资产在 C 公司合并报表层面体现的价值）

商誉（按照 C 公司合并报表层面体现的对被合并方 B 公司的合并商誉价值）（“下推原则”）

贷：被合并方 B 公司负债（按照被合并公司的各项可辨认负债在C 公司合并报表层面体现的价值）

被合并公司实收资本

资本公积（差额）

B. 合并双方的最终控制方母公司报表、合并报表会计处理。

a. C 公司的个别报表层面：

借：长期股权投资——A

贷：长期股权投资——B

b. C公司的合并报表层面：

因为全资子公司之间的吸收合并不改变母公司所能控制的经济资源，不影响整个合并集团对外的财务状况、经营成果和现金流量，因此对合并报表不产生影响。

例：A公司和B公司都是C公司（上市主体）的全资子公司，且A、B两家公司最初都是通过非同一控制下企业合并被纳入最终控制方C公司的合并报表范围。A公司注册资本1,008万元，B公司注册资本1,260万元。A公司和B公司于2011年8月16日签署吸收合并协议，A公司吸收B公司而继续存在，B公司依法注销。A、B公司双方合并财务基准日为2011年6月30日，吸收合并协议主要条款约定：B公司不需要进行清算。A、B双方完成合并及完成所有与本次合并相关的工商变更手续之日起的所有财产及权利义务，均由A公司无条件承受。原B公司所有的债务由A公司承担，债权由A公司享有。与本次合并相关的对债权人、债务人的告知义务依法执行。

B公司已经于2011年11月18日完成工商注销，相关税务注销由于涉及2011年度企业所得税尚未汇算清缴，截至年底尚未办理完毕。A公司已于2011年11月30日完成了工商变更登记手续（包括实收资本及注册资本由1,008万元变更为2,268万元、管理层变更、法定代表人变更）。

合并方账务处理：

借：B公司资产（按照B公司的各项可辨认资产在C公司合并报表层面体现的价值）

商誉（按照C公司合并报表层面体现的对B公司的合并商誉价值）

贷：B公司负债（按照B公司的各项可辨认负债在C公司合并报表层面体现的价值）

实收资本（1,260万元）

资本公积（差额）

同一控制下吸收合并中合并双方的最终控制方母公司报表、合并报表会计处理。

C公司的个别报表层面，于吸收合并完成日，按照其原先对B公司的长期股权投资的账面价值（成本法下）并入对A公司的长期股权投资的账面价值中，借记“长期股权投资——A”，贷记“长期股权投资——B”。

C公司的合并报表层面，因为全资子公司之间的吸收合并不改变母公司所能控制的经济资源，不影响整个合并集团对外的财务状况、经营成果和现金流量，因此对合并报表不应产生影响。子公司A个别报表层面的所有者权益内部结转（子公司B的留存收益转换为子公司A的资本公积）在合并报表层面不体现，仍然按股东权益项目的原始来源列示于其原先所属的项目中。C公司在编制合并报表时对合并完成后的存续公司A的模拟权益法的具体账务处理如下：

借：长期股权投资

　　贷：年初未分配利润（投资后B公司以前年度实现的净利润中属于母公司享有的份额）

　　　　年初未分配利润（投资后A公司以前年度实现的净利润中属于母公司享有的份额）

　　　　投资收益（2011年度A公司实现的净利润中属于母公司享有的份额）

　　　　投资收益（2011年度B公司被吸收合并前实现的净利润吸收合并后形成A公司资本公积部分）

（2）非同一控制下吸收合并中合并方账务处理。

A. 合并方在企业合并中取得的资产和负债按照合并日被合并方的公允价值计量。

B. 合并方应以支付的现金或非现金资产的公允价值计入合并成本。

C. 合并合同中约定的对合并成本产生影响的预计负债应计入企业合并成本。

D. 合并方为企业合并支付的审计费计入当期损益。

合并成本与取得资产和负债的公允价值之间的借方差额调整商誉，贷方差额调整营业外收入。

会计分录如下：

借：资产（被吸收方公允价值）

　　商誉（借方差额）

　　贷：负债（被吸收方公允价值）

资产（付出的对价公允价值）

营业外收入（贷方差额）

例： A 公司与 B 公司为非同一控制下的两个企业。2018 年 6 月末，A 公司用账面价值 800 万元、公允价值 900 万元、增值税税率 13%的库存商品和 3,056 万元的银行存款实施与 B 企业的吸收合并。合并日 B 公司净资产账面价值的资料如下：

单位：万元

资产		负债	
项目	账面价值	项目	账面价值
原材料等	2,000	应付账款等	3,000
固定资产	5,000	股本	2,000
		资本公积	500
		盈余公积	500
		未分配利润	1,000

假定 2018 年 6 月末 A 公司合并 B 公司时，B 公司可辨认净资产公允价值为 4,030 万元，超过账面价值的 30 万元为某项管理用固定资产的评估增值，即固定资产的公允价值为 5,030 万元。

A 公司的账务处理为：

借：原材料等　2,000

　　固定资产　5,030

　　商誉　43

　　贷：应付账款等　3,000

　　　　主营业务收入　900

　　　　应交税费　117

　　　　银行存款　3,056

2. 新设合并的会计处理

假设 A、B 两家公司合并设立一家新股份公司，即 C 公司，合并各方解散。

C 公司在对该新设合并事项进行会计处理时，首先应确定新设的 C 公司的最终控制方，进而确定在整个合并的过程中哪些被吸收公司属于同一控制下的企业合并，哪些属于非同一控制下的企业合并，分别依据会计准则中适用的原则进行会计处理。

无论参与合并各方是否均设有子公司（会影响 C 公司是否需要编制合并报表），C 公司的个别报表和合并报表均不应模拟包含其设立日之前各年度/期间的财务状况和经营成果；但对各公司构成同一控制/非同一控制下企业合并的判断会影响 C 公司个别报表和合并报表层面对所涉及的各项资产的入账价值的确定。

五、涉税分析与税务筹划

企业合并包括吸收合并、新设合并、控股合并，涉及的税种包括增值税、土地增值税、契税、印花税、企业所得税等。

1. 吸收合并、新设合并

（1）增值税。

《国家税务总局关于纳税人资产重组有关增值税问题的公告》（国家税务总局公告 2011 年第 13 号）规定，纳税人在资产重组过程中，通过合并、分立、出售、置换等方式，将全部或者部分实物资产以及与其相关联的债权、负债和劳动力一并转让给其他单位和个人，不属于增值税的征税范围，其中涉及的货物转让，不征收增值税。

《关于纳税人资产重组增值税留抵税额处理有关问题的公告》（国家税务总局公告 2012 年第 55 号）规定：

①增值税一般纳税人（以下称原纳税人）在资产重组过程中，将全部资产、负债和劳动力一并转让给其他增值税一般纳税人（以下称新纳税人），并按程序办理注销税务登记的，其在办理注销登记前尚未抵扣的进项税额可结转至新纳税人处继续抵扣。

②原纳税人主管税务机关应认真核查纳税人资产重组相关资料，核实原纳税人在办理注销税务登记前尚未抵扣的进项税额，填写《增值税一般纳税人资产重组进项留抵税额转移单》。

③新纳税人主管税务机关应将原纳税人主管税务机关传递来的《增值税一般纳税人资产重组进项留抵税额转移单》与纳税人报送资料进行认真核对，对原纳税人尚未抵扣的进项税额，在确认无误后，允许新纳税人继续申报抵扣。

（2）土地增值税。

《关于继续实施企业改制重组有关土地增值税政策的通知》（财税〔2018〕57号）第三条规定，按照法律规定或者合同约定，两个或两个以上企业合并为一个企业，且原企业投资主体存续的，对原企业将房地产转移、变更到合并后的企业，暂不征土地增值税。第五条规定，上述改制重组有关土地增值税政策不适用于房地产转移任意一方为房地产开发企业的情形。

（3）契税。

《关于继续支持企业、事业单位改制重组有关契税政策的通知》（财税〔2018〕17号）规定，两个或两个以上的公司，依照法律规定、合同约定，合并为一个公司，且原投资主体存续的，对合并后公司承受原合并各方土地、房屋权属，免征契税。

（4）印花税。

《财政部　国家税务总局关于企业改制过程中有关印花税政策的通知》（财税〔2003〕183号）规定，以合并或分立方式成立的新企业，其新启用的资金账簿记载的资金，凡原已贴花的部分可不再贴花，未贴花的部分和以后新增加的资金按规定贴花。

（5）企业所得税。

根据《财政部　国家税务总局关于企业重组业务企业所得税处理若干问题的通知》（财税〔2009〕59号），并购重组可划分为“一般性税务处理”和“特殊性税务处理”，即应税并购和免税并购两类。

①应税并购。

《财政部　国家税务总局关于企业重组业务企业所得税处理若干问题的通知》第四条规定：

“企业重组，除符合本通知规定适用特殊性税务处理规定的外，按以下规定进行税务处理：……

（四）企业合并，当事各方应按下列规定处理：

1. 合并企业应按公允价值确定接受被合并企业各项资产和负债的计税基础。

2. 被合并企业及其股东都应按清算进行所得税处理。

3. 被合并企业的亏损不得在合并企业结转弥补。”

②免税并购。

《财政部　国家税务总局关于企业重组业务企业所得税处理若干问题的通知》第五条规定：

“企业重组同时符合下列条件的，适用特殊性税务处理规定：

（一）具有合理的商业目的，且不以减少、免除或者推迟缴纳税款为主要目的。

（二）被收购、合并或分立部分的资产或股权比例符合本通知规定的比例。

（三）企业重组后的连续12个月内不改变重组资产原来的实质性经营活动。

（四）重组交易对价中涉及股权支付金额符合本通知规定比例。

（五）企业重组中取得股权支付的原主要股东，在重组后连续12个月内，不得转让所取得的股权。”

免税并购所涉及的增值税、土地增值税、契税、印花税可参照“应税并购”部分分析。

2. 控股合并

控股合并不是严格的公司法、税法上的概念，涉及的税务分析及税务筹划参见本书第四章“八、涉税分析与税务筹划”，本书第六章“七、涉税分析与税务筹划”部分。

第九章

企业分立

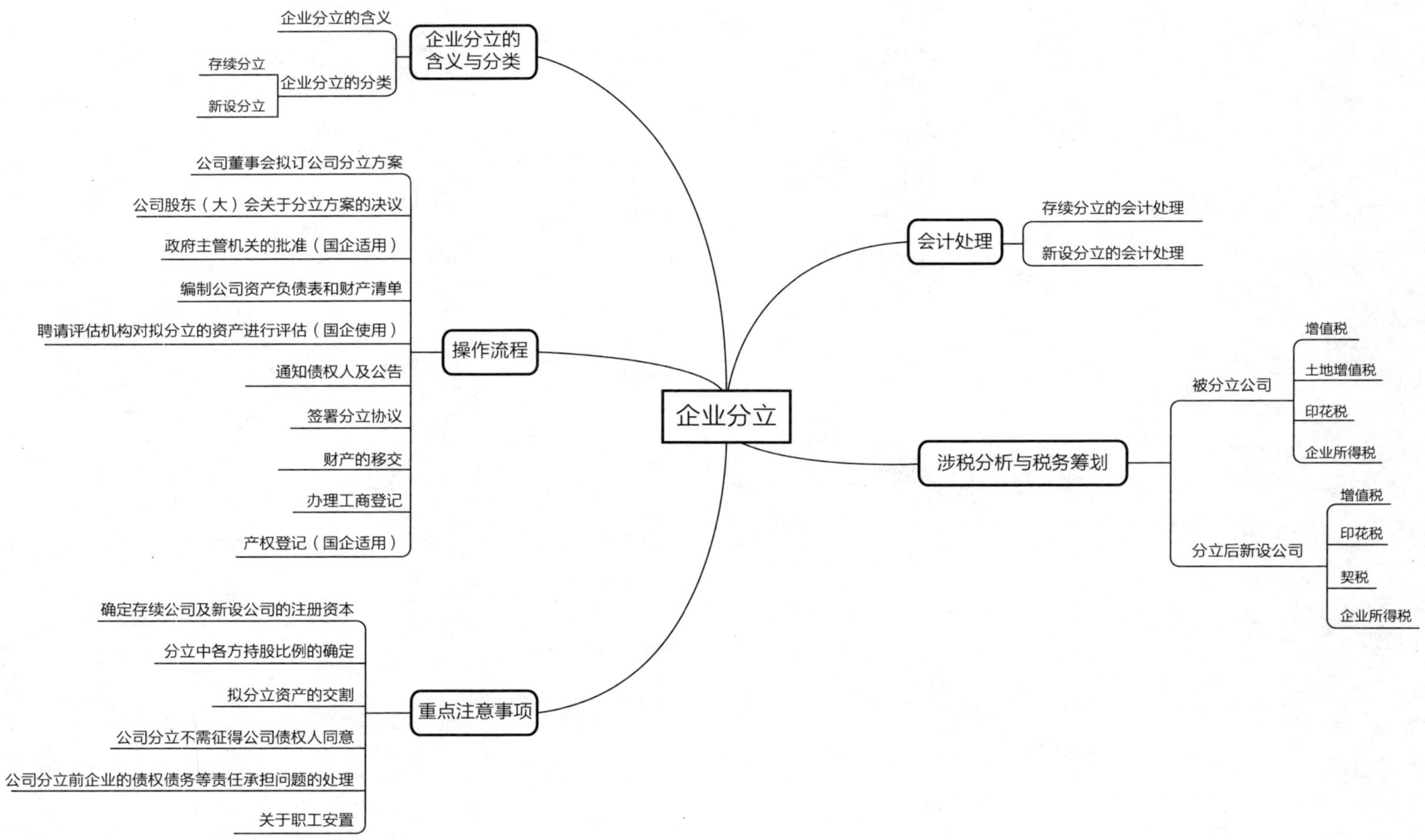
企业分立
企业分立的含义与分类
企业分立的含义
企业分立的分类
存续分立
新设分立
操作流程
公司董事会拟订公司分立方案
公司股东（大）会关于分立方案的决议
政府主管机关的批准（国企适用）
编制公司资产负债表和财产清单
聘请评估机构对拟分立的资产进行评估（国企使用）
通知债权人及公告
签署分立协议
财产的移交
办理工商登记
产权登记（国企适用）
重点注意事项
确定存续公司及新设公司的注册资本
分立中各方持股比例的确定
拟分立资产的交割
公司分立不需征得公司债权人同意
公司分立前企业的债权债务等责任承担问题的处理
关于职工安置
会计处理
存续分立的会计处理
新设分立的会计处理
涉税分析与税务筹划
被分立公司
增值税
土地增值税
印花税
企业所得税
分立后新设公司
增值税
印花税
契税
企业所得税

一、企业分立的含义与分类

1. 企业分立的含义

企业分立指一个企业依照有关法律、法规的规定，分立为两个或两个以上的企业的法律行为。即一家公司（被分立公司）将其部分或全部资产分离转让给现存或新设的公司（分立公司），被分立公司股东换取分立公司的股权或非股权支付，实现公司的依法分立。

2. 企业分立的分类

（1）存续分立。

存续分立是指被分立公司分立成两个或两个以上公司，被分立公司继续存在并设立一个或数个新的公司，又可称为派生分立；其形式亦可简化为：甲公司=甲公司+乙公司+丙公司+…。

（2）新设分立。

新设分立是指被分立公司分解为两个或两个以上公司，被分立公司解散并设立两个或两个以上新的公司，又可称为解散分立；其形式可以简化为：甲公司=乙公司+丙公司+丁公司+…。

二、操作流程

1. 公司董事会拟订公司分立方案

《公司法》第四十六条规定，董事会职权包括制订公司分立方案。在分立方案中，董事会应当对分立原因、分立目的、分立后各公司的股东情况以及持股情况、分立后公司章程及其他相关问题做出安排，尤其是应当论述如何妥善处理财产分割及债务分担问题。

2. 公司股东（大）会关于分立方案的决议

公司分立是公司的重大决策，必须经公司的权力机构批准。《公司法》第四十三条、第六十六条、第一百零三条分别对有限责任公司、国有独资公司和股份有限公司分立需要股东（大）会特别决议通过进行了规定。其中，有限责任公司股东会对公司分立的决议，必须经代表三分之二以上表决权的股东通过；国有独资公司的分立应由国有资产监督管理机构决定，重要的国有独资公司分立的，应当由国有资产监督管理机构审核后，报本级人民政府批准；股份有限公司股东（大）会对公司分立做出决议，必须经出席会议的股东所持表决权的三分之二以上通过。

股东（大）会决议通过分立方案时，特别要通过公司债务的分担协议，即由未来两家或多家公司分担原公司债务的协议。为了保证分立方案的顺利执行，应当同时授权董事会具体实施分立方案。

3. 政府主管机关的批准（国企适用）

（1）《中华人民共和国企业国有资产法》第三十一条规定，国有独资企业、国有独资公司分立由履行出资人职责的机构决定。

（2）《中华人民共和国企业国有资产法》第三十三条规定，国有资本控股公司、国有资本参股公司分立依照法律、行政法规以及公司章程的规定，由公司股东会、股东大会或者董事会决定。由股东会、股东大会决定的，履行出资人职责的机构委派的股东代表应当按照委派机构的指示提出提案、发表意见、行使表决权，并将其履行职责的情况和结果及时报告委派机构。

（3）《中华人民共和国企业国有资产法》第三十四条规定，按照国务院规定确定的重要的国有独资企业、国有独资公司、国有资本控股公司的分立，应当报请本级人民政府批准，由政府出具批准文件。

4. 编制公司资产负债表和财产清单

《公司法》第一百七十五条规定，公司分立时应当进行财产分割。为妥善处理财产分割，应当编制资产负债表及财产清单。

5. 聘请评估机构对拟分立的资产进行评估（国企适用）

依据《企业国有资产评估管理暂行办法》第六条，各级国有资产监督管理机构及其所出资企业进行分立时，应当对相关资产进行评估。

评估结果应按相关规定报国家出资企业或国资监督机构等有权单位进行核准或备案。

6. 通知债权人及公告

《公司法》第一百七十五条规定，债权人保护程序主要涉及分立通知及公告程序：公司应当在分立决议做出之日起十日内通知债权人，并于三十日内在报纸上公告。

7. 签署分立协议

存续公司、新设公司及存续公司和新设公司的股东应签署分立协议。各方应在分立协议中约定分立方式、分立基准日及资产分割、分立后各公司的注册资本及股权结构、债务的承继方式、过渡期间的安排、职工安置、各方承诺及保证、违约责任、争议解决、协议生效条件等内容。

8. 财产的移交

分立各方将公司资产进行分割后应进行移交，需移交的财产如房屋、土地使用权等，涉及相应的权证变更的，应当及时办理权属变更手续。

9. 办理工商登记

采取存续分立的，存续的企业办理工商变更登记，因分立而新设的企业办理工商设立登记。采取解散分立（新设分立）的，原企业解散办理工商注销登记，因分立而新设的企业办理工商设立登记。

10. 产权登记（国企适用）

采取存续分立的，存续的企业办理变动产权登记，因分立而新设的企业办理占有产权登记。采取解散分立（新设分立）的，原企业解散办理注销产权登记，新设的企业办理占有产权登记。

三、重点注意事项

1. 确定存续公司及新设公司的注册资本

《国家工商行政管理总局关于做好公司合并分立登记支持企业兼并重组的意见》第二条规定，因分立而存续或者新设的公司，其注册资本、实收资本数额由分立决议或者决定约定，但分立后公司注册资本之和、实收资本之和不得高于分立前公司的注册资本、实收资本。因分立而存续或者新设的公司，其股东（发起人）的出资比例、认缴或者实缴的出资额，由合并协议、分立决议或者决定约定。分立前注册资本未足额缴纳的公司，分立后存续或者新设公司的注册资本应当根据分立决议或者决定的约定，按照分立前规定的出资期限缴足。

2. 分立中各方持股比例的确定

分立中各方持股比例如何确定，其核心问题亦在于参与合并各方公司股东所拥有的权益如何作价，在作价确定之后，可以在该作价的基础上计算得出各自所持股份的比例，或由各方在作价基础上协商确定所持股比例。

如果是等比例分立，即原股东仍为分立后公司的股东且各方持股比例不变的，则分立前后股东持股比例不变。如果经各股东协商一致后，部分股东完全退出分立公司或调整原持股比例的，则获得额外股权比例的一方需向另一方支付差额对价（一般是现金对价）。

3. 拟分立资产的交割

拟分立的资产交割应按照《分立协议》的约定进行，一般涉及以下事项：

（1）现金：直接转账。

（2）房产、土地、商标、软件著作权、专利、域名等：在主管部门进行变更登记。

（3）业务合同：对于尚未履行完毕的业务合同可采用签署三方协议的方式，对业务合同中权利义务、款项支付等事项的转移进行约定。如遇到合同对方为政府部门的情形，则需考虑操作可行性、以同意函等方式替代三方协议等。

（4）人员：一般遵循人随资产走的原则。该业务对应的人员与原公司签署终止劳动合同的协议，之后与新设公司签署劳动合同。

4. 公司分立不需征得公司债权人同意

《公司法》第一百七十六条规定：“公司分立前的债务由分立后的公司承担连带责任。但是，公司在分立前与债权人就债务清偿达成的书面协议另有约定的除外。”故如果债务人与债权人不能在公司分立前就债务清偿达成书面协议，不影响公司分立的进行，即公司分立不需要事先取得公司债权人同意。

《中华人民共和国公司登记管理条例》（2016）第三十八条第二款规定，公司分立需要提交的“债务清偿或者债务担保情况的说明”应为分立后公司股东出具的由分立后公司承担连带清偿责任的说明，但由于理解上的差异，有的工商机关仍根据该规定要求债务人与债权人就债务清偿或者债务担保事宜进行协商，并在办理登记时向工商登记机关提交协商后的情况说明。因此，在具体操作时，尚需就此问题与相关工商机关做进一步的沟通。

此外，需要注意的是，金融机构与借款人签订的贷款合同中一般会约定：借款人实施分立、合并、改制等事宜前必须取得贷款人的同意。因此，拟分立公司应核实其与金融机构或其他债权人签订的借款合同中是否有上述条款，如有，则在公司分立时，应与金融机构或其他债权人就相关债务的承担问题进行协商，并就分立事宜取得金融机构或其他债权人同意。

5. 公司分立前企业的债权债务等责任承担问题的处理

（1）《公司法》第一百七十五条、第一百七十六条规定，公司分立，其财产做相应的分割。公司分立前的债务由分立后的公司承担连带责任，但公司在分立前与债权人就债务清偿达成的书面协议另有约定的除外。

（2）最高人民法院《关于审理与企业改制相关的民事纠纷案件若干问题的规定》第十三条规定，分立的企业在承担连带责任后，各分立的企业间对原企业债务承担有约定的，按照约定处理；没有约定或者约定不明的，根据企业分立时的资产比例分担。

故以保护债权人的合法利益为原则，企业分立引起的权利义务的变更，未与债权人就债务承担达成书面约定或者约定不明的，分立后的各企业均对原债务承担连带清偿责任。

6. 关于职工安置

国家出资企业进行分立时，依据《中华人民共和国企业国有资产法》第三十七条规定，国家出资企业应当听取企业工会的意见，并通过职工代表大会或者其他形式听取职工的意见和建议。故应召开职工（代表）大会或以其他形式听取职工的意见和建议。若企业分立涉及职工安置的，职工安置方案需经职工（代表）大会审议通过。

《劳动合同法》第三十四条规定：“用人单位发生合并或者分立等情况，原劳动合同继续有效，劳动合同由承继其权利和义务的用人单位继续履行。”

四、会计处理

1. 存续分立的会计处理

（1）存续企业的会计处理。

无论分立企业有没有增加新的投资者，被分立企业只需将进入分立企业的资产、负债以原账面价值为基础予以转销，并按转出的净资产账面价值冲减所有者权益，借记负债类科目，贷记资产类科目，差额借记权益类科目（按分立方案确定的存续企业减少实收资本的金额借记实收资本，其余差额依次冲减资本公积、盈余公积和未分配利润）。

（2）新设企业的会计处理。

对于分立中的新设企业，应根据该新设企业是否与被分立企业处于同一控制下，确定该新设企业取得被分立企业原有的部分资产、负债所构成的业务，是构成一项同一控制下的合并还是非同一控制下的合并，据此确定各项资产、负债的入账价值。

①如果新设企业取得的分立资产、负债构成一项同一控制下的合并，则应按账面价值确定各项资产、负债的入账价值。

②如果新设企业取得的分立资产、负债构成一项非同一控制下的合并，则应按公允价值确定各项资产、负债的入账价值。

③如果新设企业取得的分立资产、负债不构成《企业会计准则第 20 号——企业合并》（2006）及其应用指南和讲解所定义的“业务”的，则应按公允价值确定所取得的资产、负债的入账价值。

例：国内公司 P 公司持有 A 公司 100%股权。出于业务整合需要，P 公司对 A 公司进行分立，以 A 公司的优质资产出资（匹配相应的资产和负债）成立 B 公司，享有 60%的股权，P 公司能够控制 B 公司，A 公司法人资格仍然存续。P 公司对用于向 B 公司出资的资产和负债（包括存货、房屋建筑物、土地使用权、流动负债等）进行了评估。

在本案例中，B 公司从 A 公司中分立出来属于同一控制下的新设分立，其经济实质相当于 B 公司通过同一控制下合并取得了 A 公司部分业务对应的资产和负债（同一控制下的业务合并），故 B 公司对取得分立资产、负债的入账价值不能使用评估值，应为分立资产、负债在最终控制方合并报表层面的原账面价值。

上面所述的新设企业层面入账价值和计税基础的确定原则，可总结如下：

会计处理模式	税务处理模式	入账价值	计税基础	是否存在暂时性差异
同一控制下合并	一般	原账面价值	公允价值	是
	特殊		原计税基础	否*
非同一控制下合并	一般	公允价值	公允价值	否
	特殊		原计税基础	是
非企业合并（取得的分立净资产不构成业务）	一般		公允价值	否
	特殊		原计税基础	是

注：*表示此处不考虑资产、负债的原账面价值和原计税基础之间在此次分立之前在原企业已存在的暂时性差异。下同。

2. 新设分立的会计处理

企业经批准采取新设分立方式时，应当对原企业各类资产进行全面清查登记，对各类资产及债权债务进行全面核对查实，编制分立日的资产负债表及财产清册。分立后的两个或两个以上的分立企业，其会计处理和税务处理方式均可参照本节“1. 存续分立的会计处理（2）新设企业的会计处理”。

五、涉税分析与税务筹划

根据被分立公司在分立后的存续状态，企业分立可以划分为存续分立（派生分立）和新设分立（解散分立）。《财政部　国家税务总局关于企业重组业务企业所得税处理若干问题的通知》（财税〔2009〕59号）第一条规定："本通知所称企业重组，是指企业在日常经营活动以外发生的法律结构或经济结构重大改变的交易，包括企业法律形式改变、债务重组、股权收购、资产收购、合并、分立等。"因此，税法上对于"企业分立"的界定是着眼于法人的合并、分立等架构变化，也就是基于法律的"企业分立"概念，包括新设分立和存续分立导致公司法人发生变化的事项。

对于存续分立，被分立公司按其进入分立企业所有资产和负债，先按原始账面价值进行转销，并按转出的净资产账面价值冲减所有者权益，负债类科目转销时记入借方，资产类科目转销时记入贷方，借贷方差额记入权益类科目（按照分立方案中确定的存续企业减少实收资本的金额借记"实收资本"，其余差额依次冲减资本公积、盈余公积和未分配利润）。

对于新设分立，应对被分立公司各类资产、债权债务进行全面清产核资并进行登记造册，以分立的日期作为会计报表基准日编制资产负债表。分立后所形成的所有分立公司，其会计处理和税务处理均可参照存续分立中新设企业的相应会计和税务处理思路。

1. 被分立公司

被分立公司在分立过程中将涉及增值税、土地增值税、印花税和企业所得税的处理。

（1）增值税。

分立过程中被分立公司所拥有的资产将分别转移至分立后新设公司，且被分立公司的股东获取分立后新设公司的股权等经济利益，符合有偿转让货物、不动产和无形资产的界定，属于增值税的征税范围。

《国家税务总局关于纳税人资产重组有关增值税问题的公告》（国家税务总局

公告 2011 年第 13 号）规定："纳税人在资产重组过程中，通过合并、分立、出售、置换等方式，将全部或者部分实物资产以及与其相关联的债权、负债和劳动力一并转让给其他单位和个人，不属于增值税的征税范围，其中涉及的货物转让，不征收增值税。"《财政部　国家税务总局关于全面推开营业税改征增值税试点的通知》（财税〔2016〕36 号）附件 2 "营业税改征增值税试点有关事项的规定" 规定："在资产重组过程中，通过合并、分立、出售、置换等方式，将全部或者部分实物资产以及与其相关联的债权、负债和劳动力一并转让给其他单位和个人，其中涉及的不动产、土地使用权转让行为，不征增值税。"

被分立公司分立过程中，分立后新设公司在承接被分立企业资产的同时，若不符合上述文件所规定的不征增值税条件，则需要缴纳增值税。

如前所述，根据国家税务总局公告 2011 年第 13 号及财税〔2016〕36 号，被分立公司分立过程中，分立后新设公司在承接被分立企业资产的同时，也将承受被分立公司的负债以及劳动力，符合上述文件所规定的不征增值税条件，所以被分立公司将资产转移给被分立企业，不征收增值税。

（2）土地增值税。

《财政部　国家税务总局关于企业改制重组有关土地增值税政策的通知》（财税〔2018〕57 号）规定，按照法律规定或者合同约定，企业分设为两个或两个以上与原企业投资主体相同的企业，对原企业将国有土地、房屋权属转移、变更到分立后的企业，暂不征收土地增值税。被分立公司与分立后新设公司的投资主体是否相同将是影响公司土地增值税负担的重要因素。若被分立公司与分立后新设公司的投资主体不同，则需缴纳土地增值税。若被分立公司与分立后新设公司的投资主体相同，则无须缴纳土地增值税。

（3）印花税。

在被分立公司的分立过程中涉及房屋建筑物、土地使用权产权的转让，以及新设立公司账簿的启用。房屋建筑物、土地使用权的转让属于产权转移书据印花税的征税范围，所以分立各方应就不动产及土地使用权按产权转移书据缴纳印花税。

（4）企业所得税。

《财政部　国家税务总局关于企业重组业务企业所得税处理若干问题的通知》

（财税〔2009〕59 号）规定，被分立公司分立行为的企业所得税处理可区分不同条件分别适用一般性税务处理和特殊性税务处理。即如果适用一般性税务处理，被分立公司将对分立出去的资产按公允价值确认资产转让所得或损失；如果适用特殊性税务处理，被分立公司暂不确认资产的转让所得或损失，其分立出去资产的所得税事项由分立后新设公司承继。

如果公司分立不符合财税〔2009〕59 号中关于特殊性重组相关税务处理的适用条件，被分立企业需就分立资产的公允价值和原计税基础之间的差额计入当期应纳税所得额，按对应的税率计算缴纳企业所得税。

如果公司分立符合财税〔2009〕59 号中关于特殊性重组相关税务处理的适用条件，则被分立企业无须将分立资产的公允价值和原计税基础之间的差额计入当期应纳税所得额。

企业分立的特殊性税务处理需满足以下具体条件：

①被分立企业所有股东按原持股比例取得分立企业的股权；

②分立企业和被分立企业均不改变原来的实质经营活动；

③被分立企业股东在该企业分立发生时取得的股权支付金额不低于其交易支付总额的 85%。

可进行的特殊性税务处理具体包括：

①分立企业接受被分立企业资产和负债的计税基础，以被分立企业的原有计税基础确定，而不是按照一般纳税处理的公允价值进行计税；

②被分立企业已分立出去资产相应的所得税事项由分立企业承继，即分立后企业适用相同的税率，仍然可以继续享受税收优惠政策等；

③被分立企业未超过法定弥补期限的亏损。

2. 分立后新设公司

在被分立公司分立过程中，分立后新设公司承继被分立公司的资产主要涉及增值税、印花税、契税和企业所得税。

（1）增值税。

如果在分立过程中涉及增值税，主要是指如果被分立公司存在留抵税额，其留抵税额是否可以由分立后的新设公司承继。《国家税务总局关于纳税人资产重组增值税留抵税额处理有关问题的公告》（国家税务总局公告2012年第55号）规定："增值税一般纳税人在重组过程中，将全部资产、负债和劳动力一并转让给其他增值税一般纳税人，并按程序办理注销税务登记的，其在办理注销登记前尚未抵扣的进项税额可结转至新纳税人处继续抵扣。"若被分立公司不能将全部资产、负债和所有者权益转移给分立后新设公司，其尚未抵扣完的进项税额不得结转至分立后新设公司抵扣。

（2）印花税。

分立后新设公司因取得被分立公司的不动产和土地使用权而签订的产权转移书据免予贴花；而其新启用的资金账簿记载的资金，凡原已贴花的部分可不再贴花，未贴花的部分和以后新增加的资金按规定贴花。

《财政部　国家税务总局关于企业改制过程中有关印花税政策的通知》（财税〔2003〕183号）规定："企业因改制签订的产权转移书据免予贴花。"但仍需对企业改制过程是否包括合并或分立进行论述。又规定："以合并或分立方式成立的新企业，其新启用的资金账簿记载的资金，凡原已贴花的部分可不再贴花，未贴花的部分和以后新增加的资金按规定贴花。"

（3）契税。

分立后新设公司在分立后分别承受被分立公司的部分房屋建筑物和土地使用权，属于契税的征收范围，应当在签订土地、房屋权属转移协议的当天申报缴纳契税。《财政部　税务总局关于继续支持企业事业单位改制重组有关契税政策的通知》（财税〔2018〕17号）规定，公司依照法律规定、合同约定分设为两个或两个以上与原公司投资主体相同的公司，对派生方、新设方承受原企业土地、房屋权属，免征契税，即被分立公司与分立后新设公司的投资主体是否相同将会影响分立后新设公司的契税负担。若分立后新设公司与被分立公司投资主体不相同，则需缴纳契税。

（4）企业所得税。

根据财税〔2009〕59号的规定，如果适用一般税务处理，分立后新设公司则按公允价值确认接受资产的计税基础。如果适用特殊性税务处理，分立后新设公司承受的被分立公司的资产和负债则按被分立公司的原有计税基础确定，被分立公司未超过法定弥补期限的亏损额可按分立资产占全部资产的比例进行分配，由分立后新设公司继续弥补。

第十章

国有企业兼并收购

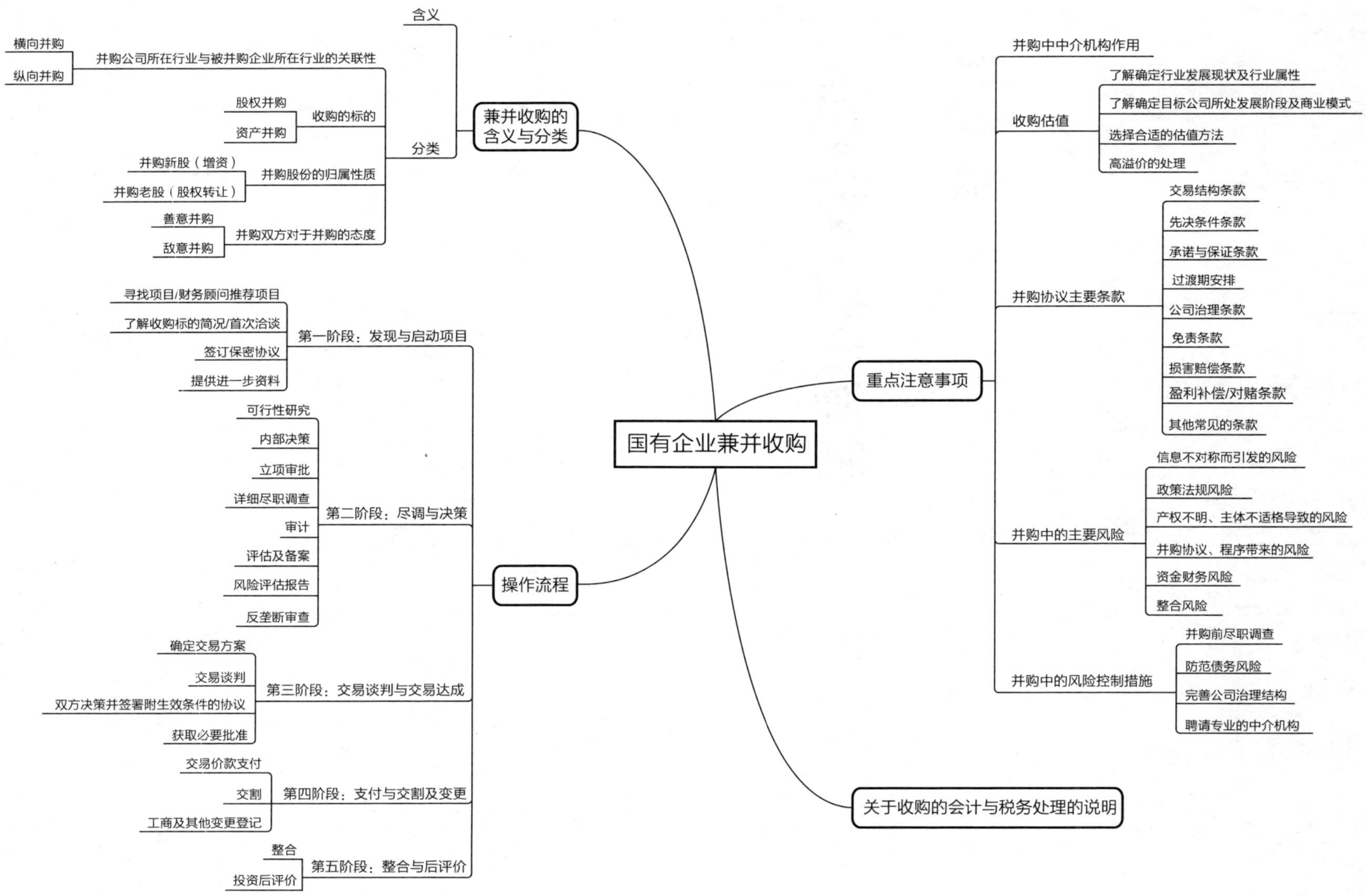
国有企业兼并收购
兼并收购的含义与分类
含义
分类
并购公司所在行业与被并购企业所在行业的关联性
横向并购
纵向并购
收购的标的
股权并购
资产并购
并购股份的归属性质
并购新股（增资）
并购老股（股权转让）
并购双方对于并购的态度
善意并购
敌意并购
操作流程
第一阶段：发现与启动项目
寻找项目/财务顾问推荐项目
了解收购标的简况/首次洽谈
签订保密协议
提供进一步资料
第二阶段：尽调与决策
可行性研究
内部决策
立项审批
详细尽职调查
审计
评估及备案
风险评估报告
反垄断审查
第三阶段：交易谈判与交易达成
确定交易方案
交易谈判
双方决策并签署附生效条件的协议
获取必要批准
第四阶段：支付与交割及变更
交易价款支付
交割
工商及其他变更登记
第五阶段：整合与后评价
整合
投资后评价
重点注意事项
并购中中介机构作用
收购估值
了解确定行业发展现状及行业属性
了解确定目标公司所处发展阶段及商业模式
选择合适的估值方法
高溢价的处理
并购协议主要条款
交易结构条款
先决条件条款
承诺与保证条款
过渡期安排
公司治理条款
免责条款
损害赔偿条款
盈利补偿/对赌条款
其他常见的条款
并购中的主要风险
信息不对称而引发的风险
政策法规风险
产权不明、主体不适格导致的风险
并购协议、程序带来的风险
资金财务风险
整合风险
并购中的风险控制措施
并购前尽职调查
防范债务风险
完善公司治理结构
聘请专业的中介机构
关于收购的会计与税务处理的说明

本章我们讨论国有企业协议收购的有关内容，不涉及跨国并购、竞拍性收购。虽然核心内容并无实质性差异，但跨国并购项目、竞争性收购项目部分程序、交易条款与一般收购项目有较大区别，建议就这类收购项目咨询相关财务顾问。

一、兼并收购的含义与分类

1. 含义

在中国，兼并与收购没有明确的定义，二者也并没有明显语义上的区别。实践中，收购或者并购（兼并收购的合称）更为常用。

英文中，兼并一词通常对应为“Merger”，而收购通常对应为“Acquisition”，二者经常简称为“M&A”，兼并是公司之间合为一体，而收购是取得对方经营控制权。英语中除了“Merger”“Acquisition”，关于并购的词语还包括“Consolidation”，主要指新设合并，“Merger”则侧重于吸收合并。

2. 分类

（1）横向并购与纵向并购。

按照并购公司所在行业与被并购企业所在行业的关联性，并购可分为横向并购与纵向并购。

横向并购是指收购生产或销售相同或相似产品的公司的行为。横向并购的基本特征：

①并购公司之间生产或销售相同或相似产品。

②有利于迅速扩大市场份额，占据市场优势地位。

③易产生协同效应，形成规模优势，生产或销售进一步集中，提高获利能力。

④易引起市场垄断，不利于形成有效的竞争环境，易受到监管与限制。

纵向并购是指处于行业产业链上下游或者具有纵向协作关系的公司之间的并购行为。纵向并购的基本特征：

①并购公司在工艺上具有投入产出关系。

②有助于扩大生产规模，减小市场风险，易于设置进入壁垒。

③加速生产流程，缩短生产周期，提高生产效率。

（2）股权并购与资产并购。

按照收购的标的不同，并购可以分为股权并购和资产并购。

股权并购是指并购标的公司股权或者认购标的公司新增注册资本或股本的行为。股权并购的基本特征：

①被并购公司的资产运营方式未发生改变，仅股东层面发生变动，权利和义务只在并购公司和被并购公司的股东之间发生。

②节约时间，可快速开始并购后的开发建设。

③减少公司进入障碍。可逾越特定行业进入的限制，节省了新建公司审批的时间成本。

④并购风险高。并购前，并购公司难以完全了解被并购公司的对外担保、合同违约或者负债等经营情况，难以控制潜在并购风险。

资产并购是并购标的公司的全部或某一业务部分资产的行为。资产并购的基本特征：

①未发生股权变化。并购公司通过购买资产获得被收购公司的经营控制权，不影响标的公司股权结构的变化。

②并购风险低。不会遭受被并购公司或有负债的损失。

③被并购公司经营发生重大变动，股东具有投票权或退股权。

④资产并购的税务成本等费用较高。

（3）并购新股（增资）与并购老股（股权转让）。

按照并购股份的归属性质不同，并购可分为并购新股和并购老股。

并购新股是指通过购买已成立的公司发行的新股完成并购的行为。并购新股的特征：

①被并购公司需向注册地的工商部门申请变更公司注册资本。

②原股东具有优先购买权。

③可提高公司信用，有助于获得法定资质，获得更多收益。

④调整了股东结构和持股比例。

并购老股是指购买标的公司股东持有的股份的行为。并购老股的特征：

①被并购公司股东与并购公司之间发生股权转移。

②转让后，并购公司获得收益权、表决权、知情权以及其他权利。

③转让成本高，并购双方需缴纳相关税费。

④有限公司和股份公司并购老股受不同规定的限制。

（4）善意并购与敌意并购。

按照并购双方对于并购的态度，并购可以分为善意并购与敌意并购。

善意并购是指并购公司事先与被并购公司进行协商，征得其同意并谈判达成并购条件的一致意见而完成并购的行为。善意并购的基本特征：

①并购双方充分协商。双方高层管理者进行充分接触，商讨并购事宜，购买条件、价格、支付方式和收购后公司地位及被并购公司人员的安排等问题均经过充分讨论。

②成功率较高。并购双方在自愿、合作、公开的前提下开展并购事宜，在双方都可以接受的条件下，签订并购协议。

③被并购公司配合度高。有利于降低并购行为的风险与成本，避免被并购公司抗拒而带来额外的支出。

④并购成本可能较高。并购公司可能不得不牺牲自身的部分利益，以换取被并购公司的合作。

⑤漫长的沟通过程也可能使并购行为丧失其部分价值。

敌意并购是指并购方不顾被并购公司的意愿而采取非协商购买的手段，强行收购被并购公司，事先并不与被并购公司进行协商，而突然直接进行收购的并购行为。敌意并购的基本特征：

①并购公司具有大量的资金支持。

②被并购公司不配合或抵制。在得知收购公司的收购意图之后，被并购公司可能采取一切反收购措施，使收购的成本增加和成功率降低，如寻求法律保护、诉讼、发行新股票等。

二、操作流程

1. 第一阶段：发现与启动项目

（1）寻找项目/财务顾问推荐项目。

在互联网兴起前，收购方发现并购标的主要渠道可能是收购方管理层的个人社交信息来源。互联网时代，并购标的来源渠道大为扩大。我们积极建议收购方通过以下渠道获得收购标的信息：

①投资银行/财务顾问推介；

②行业协会推介；

③云并购等专注于互联网并购的 App；

④产权交易机构优质会员。

（2）了解收购标的简况/首次洽谈。

通常情况下，卖方顾问会编制并购标的公司情况简介。公司简介一般包括公司基本信息、重要财务数据、投资亮点、本次交易主要安排等。

卖方顾问在核实意向收购方信息后，将公司简介发送给意向收购方。卖方可能要求意向收购方签署保密协议后方发送简介。

收购方及其顾问在收到项目公司情况简介后，判断公司的主营业务、规模等是否符合其收购战略目标。如果符合，则继续推进项目。

如果双方决定进一步推进项目，财务顾问一般会撮合双方项目人员首次洽谈。

（3）签订保密协议。

在绝大部分项目中，签署保密协议是提供详细资料的前提。关于保密协议，需要注意事项如下：

①保密协议的主要条款。

A. 保密主体。

并购业务中签署保密协议涉及的主体包括并购双方，并购双方各自聘请的律师事务所、会计师事务所、财务顾问等中介机构；确定协议主体之后再进一步确认接触商业信息的人员范围，在协议中明确有哪些主体可以而且确有必要接触商业秘密。

B. 商业秘密的界定。

商业秘密界定范围不宜过广，否则可能影响保密协议的签署；亦不宜过窄，否则会留有漏洞。主要内容应包含核心知识产权、专利技术、财务数据和客户信息等。

C. 信息接收渠道。

保密协议中应特别指定信息沟通的渠道和双方各自的联系人，从而建立一个安全可监控的信息通道，并购过程中因为保密事项发生任何争议，都有据可查。

D. 哪些信息不属于保密信息。

a. 协议签署前信息接收方已经知晓的信息；

b. 公众范畴内所知晓的信息；

c. 从有权披露信息的第三方获取的信息；

d. 自行研发所获得的信息。

如果想将某类信息不包含在保密信息中，应当明确地将其写入排除范围内并约定哪一方承担证明责任。

E. 保密期限。

企业可根据项目情况合理设置保密期限，如2~3年或对于某些信息永久保密。

F. 项目终止后保密资料存档要求。

双方可以约定，在项目终止后，承担保密义务方如何保存项目保密资料，是否需要销毁纸质、电子资料。

G. 争议管辖。

对保密协议管辖，双方可以约定争议管辖法院，在约定过程中可争取约定己方公司所在地法院管辖，避免异地诉讼。

②保密协议的特别提示。

保密协议签署时间不宜过晚，在签订初步并购意向书的时候，可以一并写入并购意向书，也可以单独签署一份保密协议。

（4）提供进一步资料。

在意向收购方签署保密协议后，卖方会将详细的标的公司资料发送给意向收购方。通常这些资料包括近一年或近三年的审计报告、有关资质或者重要资产权属。转让方为国有企业的，转让方需要进行资产评估，但在本阶段，资产评估通常尚未完成，资产评估报告一般也不会包括在提供的资料清单中。

获取详细资料后，收购方一方面通过各种渠道验证资料；另一方面需要通过评估有关资料，决定是否继续推进收购项目。

2. 第二阶段：尽调与决策

（1）可行性研究。

收购方应就收购行为进行可行性研究，尤其是国有企业新投资项目，应当深入进行技术、市场、财务和法律等方面的可行性研究与论证，出具可行性研究报告。可行性研究报告一般包括以下内容：

①拟收购标的概况。

②收购必要性，包含收购原因、目的、预期目标等。

③收购可行性，一般可包括以下内容：

A. 技术可行性：主要是从收购方案上考虑其可行性。可采用股权收购（股权转让、增资、合并、非公开协议转让、无偿划转等）、资产收购（收购有形资产及品牌、营销、商标技术等知识产权类无形资产）等方式。

B. 法律可行性：就拟采取的收购方案应进行合法性论证。

C. 财务可行性：设计合理财务方案，进行资本预算，论证股东出资方式、现金流量计划及债务清偿能力等。

D. 市场可行性：研究论证市场收益预期、项目的财务盈利能力、股东投资收益等。

E. 组织可行性：制订合理的项目实施进度计划、设计合理组织机构、选择经验丰富的管理人员、建立良好的协作关系等，保证项目顺利执行。

④成本与风险控制。

收购成本与风险分析，考虑收购行为带来的市场交易成本、内部组织费用、筹资费用、磨合成本等成本费用，合理控制相关费用。

分析收购过程中的经营风险、管理风险、财务风险、信息风险、反收购风险、经济体制风险、股市风险、国际经济形势风险等（如有），并提出合理可行的防控措施。

⑤项目管理与退出。

论证收购完成后，制订被收购资产的管理计划与方案。项目达到预期目的或未能达到预期收益或有其他情形时，如何在保证国有资产不流失的前提下，顺利退出。

⑥其他相关事宜。

国有企业对外投资的，应当依照国资委相关监管规定进行。国务院国资委发布的《中央企业投资监督管理办法》（国资委令第 34 号）（以下简称“34 号令”）是关于中央企业对外投资行为的主要监管文件，其他地方国资委对于监管企业亦参照此“办法”制定相应投资监管规定。

国资委根据国家有关规定和监管要求，建立发布中央企业投资项目负面清单，设定禁止类和特别监管类投资项目，实行分类监管。列入负面清单禁止类的投资项目，中央企业一律不得投资；列入负面清单特别监管类的投资项目，中央企业应报国资委履行出资人审核把关程序；负面清单之外的投资项目，由中央企业按照企业发展战略和规划自主决策。中央企业投资项目负面清单的内容保持相对稳定，并适时动态调整。

中央企业应当在国资委发布的中央企业投资项目负面清单基础上，结合企业实际，制定本企业更为严格、具体的投资项目负面清单。

国有企业在进行对外投资的可行性研究时，应当遵从国资监管规定，不得投资负面清单中的禁止类项目。

（2）内部决策。

根据《公司法》，股东会决定公司的经营方针和投资计划，董事会决定公司的经营计划和投资方案。股东会可将一定额度内的投资决策权授权给董事会或总经理。

企业应当根据章程、公司内部相关制度或授权文件等就企业对外投资履行相应的内部决策程序。

国有独资企业进行重大投资，由企业负责人集体讨论决定，国有独资公司进行重大投资，由董事会决定。

国有资本控股公司、国有资本参股公司进行重大投资，依照法律、行政法规以及公司章程的规定，由公司股东会、股东大会或者董事会决定。由股东会、股东大会决定的，履行出资人职责的机构委派的股东代表应当按照委派机构的指示提出提案、发表意见、行使表决权，并将其履行职责的情况和结果及时报告委派机构。

（3）立项审批。

企业应当按照集团投资管理制度，履行相应的决策程序。多数集团要求先进行立项审批，初步确定投资意向，在开展尽调、评估备案等工作后，再行上报，获得正式批复。

中央企业应当根据企业发展战略和规划，按照国资委确认的各企业主业、非主业投资比例及新兴产业投资方向，选择、确定投资项目，做好项目融资、投资、管理、退出全过程的研究论证。

（4）详细尽职调查。

国有企业对外投资股权项目，应开展必要的尽职调查。如并购标的为上市公司控股权，根据《上市公司国有股权监督管理办法》（国资委　财政部　证监会令第36号），国有股东受让上市公司股份后取得控股权的，应当聘请财务顾问机构出具尽职调查报告和上市公司估值报告。

对于收购标的进行详细的尽职调查，有利于明确进一步的收购意向，制订详细的收购方案，为国有企业的审批决策提供参考依据。

尽职调查报告一般包括以下内容：

①企业历史沿革：创立背景、其间股东变动情况、发生的重大历史事件等。

②主营业务：公司产品结构（主要产品或服务）、业务模式、组织体系、技术来源、研发创新能力。

③行业分析：行业概况、行业发展前景、细分行业地位和竞争优势、竞争对手情况。

④盈利模式：企业运营管理及盈利模式。

⑤发展规划：企业的近期、中期、远期的发展规划、战略及其可行性。

⑥公司治理：一是股权结构，即股东构成、合理性情况；二是高管及技术人员结构，即高管人员和技术人员的专业和工作背景分析、公司整体人员结构等。

⑦财务情况：近三年的各项财务数据，分析公司财务状况等。

⑧融资计划：融资计划、融资条件是否与企业的发展计划相匹配。

⑨投资价值分析：拟投资企业的核心价值点、企业优势、核心竞争力，存在的不足与风险，有无解决或改进的办法。

⑩投资建议：对项目投资的总体性意见。

（5）审计。

拟收购标的的持有方、标的公司配合的，收购方可聘请第三方机构对收购标的开展审计工作，清晰了解标的资产状况。

选定审计基准日应当贴近交易日期，以充分体现收购标的的价值。

（6）评估及备案。

国有企业收购非国有单位的资产，或以非货币资产对外投资等，均应对相关资产进行评估。

极少数情形下，拟收购标的的持有方、标的公司不完全配合，这种情形下收购方亦应依据可依法获得的收购资产信息及财务数据等履行相应的估值程序。

资产评估结果应按国资监管要求履行相应的备案程序，取得评估备案表。

（7）风险评估报告。

根据“34 号令”，中央企业股权类重大投资项目在投资决策前应当由独立第三方，即有资质的咨询机构出具投资项目风险评估报告。

列入中央企业投资项目负面清单特别监管类的投资项目，中央企业在履行完企业内部决策程序后、实施前报国资委履行出资人审核时，亦应当提供投资项目风险防控报告。

国资委根据相关法律、法规和国有资产监管规定，从投资项目实施的必要性、对企业经营发展的影响程度、企业投资风险承受能力等方面履行出资人审核把关程序，并对有异议的项目在收到相关材料后二十个工作日内向企业反馈书面意见。国资委认为有必要时，可委托第三方咨询机构对投资项目进行论证。

风险评估报告可从政策风险、决策风险、经营风险、管理风险、财务风险、信息风险、反收购风险、经济体制风险、股市风险、国际经济形势风险等方面开展论证。

（8）反垄断审查。

①经营者集中的申报标准。

《国务院关于经营者集中申报标准的规定》第三条以营业额为指标制定了经营者集中的申报标准。符合意向两个标准之一的，经营者应当事先向国务院商务主管部门申报，未申报的不得实施集中。

标准一：参与集中的所有经营者上一会计年度在全球范围内的营业额合计超过100亿元人民币，并且其中至少两个经营者上一会计年度在中国境内的营业额均超过4亿元人民币。

标准二：参与集中的所有经营者上一会计年度在中国境内的营业额合计超过20亿元人民币，并且其中至少两个经营者上一会计年度在中国境内的营业额均超过4亿元人民币。

②需要申报的特殊规定。

根据商务部规定，经营者集中未达到上述的申报标准，但按照规定程序收集的事实和证据表明该经营者集中具有或者可能具有排除、限制竞争效果的，国务院商务主管部门应当依法进行调查。

需要注意的是，虽然有本项规定，但尚未见商务部（市场监督总局）依据本条发起反垄断审查的案例。

③同一控制下合并豁免申报。

参与集中的一个经营者拥有其他每个经营者50%以上有表决权的股份或者资产的；参与集中的每个经营者50%以上有表决权的股份或者资产被同一个未参与集中的经营者拥有的，可以豁免申报。

3. 第三阶段：交易谈判与交易达成

（1）确定交易方案。

设计交易方案主要是买卖双方财务顾问的工作之一，也是交易项目聘请财务顾问的重要原因。交易方案会根据交易双方诉求不断调整。设计交易方案需要考虑的因素包括：

①交易方式：股权交易、资产交易、增资。

②股权结构以及公司未来治理结构。

③纳入交易的资产范围。

④税务成本。

绝大部分项目税务成本都是交易方案需要考虑的重要因素。

⑤公司资质、行政许可、牌照。

对于并购标的主要价值在于其拥有的资质许可牌照的项目，如果采用资产转让，需考虑是否可以将有关资质许可一并进行转让。

⑥公司债权债务。

国有企业尤其对于是否存在未在报表上体现的债务、债权回收可能性较为担忧。

⑦人员安置。

⑧融资方案。

上述各项因素是相互关联，而不是相互割裂的，需要作为一个整体予以统筹考虑。例如，股权结构、融资方案可能与税务筹划相关，如果拟利用企业重组特殊性税务处理，则收购股权比例不能低于50%，股权支付比例不能低于75%。

（2）交易谈判。

在收购方完成尽职调查后，如果尽调结果允许继续推进项目，且不存在阻碍双方达成交易的明显重大分歧或障碍，则交易各方可以在财务顾问安排下就交易涉及的条款进行洽谈。某些交易条款双方可能存在分歧，某些条款仅需双方进行确认。

通常而言，项目的交易谈判不是一次能够完成的。

交易谈判需要注意如下事项：

①关于谈判内容与清单。

财务顾问提前草拟谈判清单、双方主要分歧点。

②谈判安排。

人员：出席谈判的人员数量、层级。最好双方参加谈判的人员能够对等，避免一方能够做出决策、另一方无权进行决策的情形出现。

场所：项目首次谈判一般多选择在转让方办公场所。对于特别重要与敏感项目，可能需要选择第三方场所。

③营造良好的谈判氛围。

首轮正式谈判，双方一般分别向对方介绍公司情况、企业文化与战略，展现各方诚意，以期营造一个轻松愉快的谈判环境，为谈判打下良好的基础。

④谈判进程与僵局化解。

谈判过程也是双方解决分歧、解决问题的过程。与我们解决其他问题一样，也遵循先易后难的原则。

在谈判中，双方可能对某一议题争执不下、形成僵局，这种情形下最好的解决方式是暂且搁置争议，商谈其他议题。出现僵局时，财务顾问可以利用其丰富的谈判经验，以第三方角色进行化解。

⑤阶段性谈判成果确认与总结。

在谈判过程中，将双方已取得一致意见的议题予以确定，对于不能达成共识的或者谈判代表无权表态，需要请示有关领导或上级的议题做好记录，及时汇总阶段性谈判成果。

在谈判结束前，双方可对本次会谈进行全面总结，以会谈纪要或者备忘录形式明确本次会谈的谈判成果。

（3）双方决策并签署附生效条件的协议。

经过艰难的谈判后，双方对所有交易条款达成一致，则双方财务顾问或者律师起草交易协议。

如果交易双方有权直接批准交易协议，则签署协议后，双方可以在先决条件达成后直接进入支付与交割环节。但是央企成员单位作为收购方，收购往往需要上级（集团）批准，因而签订的是附生效条件的协议。

交易协议的重要条款详见本章“三、重点注意事项 3. 并购协议主要条款”。

（4）获取必要批准。

①上级集团批准。

中央企业收购项目批准权限一般在集团本级，较少授权下级单位审批。

A. 集团批准所需文件。

各集团对收购项目审批文件要求会有区别，但一般包括以下内容：

a. 请示文件。

b. 可行性研究报告。

c. 相关审计、评估文件。

d. 尽调报告。

e. 法律意见书。

f. 收购方决策文件。

g. 收购协议（意向协议）或收购主要条款。

其他可能包括的文件：社会稳定风险评估报告、人员安置方案、债权债务处置方案等。

B. 集团关注重点。

a. 战略符合性。

集团关注重点之一是收购是否符合集团整体战略以及收购方所在业务单元战略。近年，国资委严格控制中央企业非主业收购。非主业收购的资金预算极为有限。

b. 交易合规性。

交易合规是必然要求，是红线。交易合规性有两方面含义：一方面是指收购过程是否存在违规违约行为，尤其是反商业贿赂要求；另一方面是指本次收购是否符合国家产业政策，是否符合行业监管部门要求。

中央企业一方面审查决策流程合规性，另一方面通过审查中介机构报告确认合规性。

c. 交易价格。

部分中央企业对于收购溢价控制较为严格，设置了收购价格相对于账面净资产值溢价率上限。

d. 社会舆论风险。

中央企业普遍体量庞大，占据着巨大资源优势，容易成为社会舆论重点关注对象。因此，社会舆论风险是中央企业关注重点之一，尤其是敏感类中央企业、敏感类行业，如房地产等。

对于容易成为社会舆论焦点的项目，我们建议做好项目保密工作。在项目完成后也避免公开庆祝与宣传等活动。

②行业主管部门批准。

随着国家大力推进改革，收购项目需要行业主管部门审批的进一步减少。需要主管部门审批的典型行业为金融业，包括银行、保险、证券、基金公司等，股东资质与持股比例等均需要相应的监管机构审批。

其他可能需要审批的行业包括政府授予特许经营权的项目，如水务、燃气、热力等行业。

一个项目经验丰富的财务顾问，能够提前识别收购方是否符合相关监管部门的审批要求，从而避免交易失败或者因中途更换收购主体而耽误交易进展。

③其他审批。

其他必要审批主要包括可能涉及的反垄断审查、国家安全审查；对于外商投资项目，如涉及负面清单，可能还存在外商投资准入性质的审批。

标的公司或者转让方签署的有关合同可能要求，标的公司股权变动需要征得第三方同意，银行贷款合同就经常出现这种情形。

4. 第四阶段：支付与交割及变更

（1）交易价款支付。

①支付模式。

一般情况下交割条件与付款条款之间存在某种模式，可以在不同程度上保护受让方的利益，并兼顾交易的便捷性。

第一种模式：交割条件全部满足后，转让方先办理标的过户手续和工商变更登记，收购方才支付价款。

第二种模式：并购协议签约或生效后，收购方支付部分价款，同时，转让方去完成交割满足条件。待交割条件满足、交易标的过户并办理了工商变更登记后，收购方再支付剩余的价款。

第三种模式：在交割条件满足后，收购方支付一部分价款；待转让方办理完过户和变更登记后，支付其余价款。

一般情况下，第二种模式能兼顾交易双方的利益和需求，接受程度较高。

②支付方式。

按企业并购的付款方式划分，可分为：

A. 现金支付。

收购方通过支付一定数量的现金来购买目标公司的资产或股权，从而实现并购交易。它是许多中小型企业并购中最常用的支付方式，也是并购活动中最为直接、简单、迅速的一种方式。

B. 换股并购。

收购方按一定比例将目标公司的股权换成本公司的股权，目标公司从此终止或成为收购方的子公司。

C. 资产置换。

上市公司的控股股东以优质资产或现金置换上市公司的呆滞资产，或以主营业务资产置换非主营业务资产等，包括整体资产置换和部分资产置换等形式。资产往往发生在公司上市的过程中，一个母公司在子公司收购完成以后，将自己的优势项目或资产卖给子公司，然后把子公司的不良经营项目卖给第三方或者自己，这样即可借子公司的壳实现间接上市的目的。

D. 杠杆支付。

杠杆支付是指收购方以目标公司的资产或将来的现金收入作为抵押，向金融机构贷款，再用贷款收购目标公司的支付方式。

E. 债权转股权方式。

最大债权人在企业无力归还债务时，将债权转为投资，从而取得企业的控制权。

F. 承债式并购。

收购方以承担目标公司的债务为条件接受其资产并取得产权的一种方式。

G. 无偿划拨。

地方政府或主管部门作为国有股的持股单位直接将国有股在国有投资主体之间进行划拨的行为。此方式有助于减少国有企业内部竞争，形成具有国际竞争力的大公司大集团，带有极强的政府色彩。

（2）交割。

交割是收购兼并活动的最后一个阶段，是收购方实现对标的企业所有权的转移，并在相关权利登记机关进行变更的最后环节。

①交割先决条件全部满足。

当交割先决条件（以下简称“交割条件”）被全部满足时，并购交易当事人才开始进行股权或资产过户等交割行为。在并购协议发生法律效力的情况下，如果其中的交割条件未能被全部满足或未被当事人放弃，则当事人不产生进行交割的义务，交割也就无法进行，例如公司内部批准、政府审批等。实践中需要视具体情况与律师讨论设置。

②交割重点内容。

如果交易的标的公司为独立运营的主体，并购后公司原有管理层与员工继续保留，则交割相对简单。如果标的公司运营主要由原转让方负责，或者交易后原公司人员不再保留，则交割事项较多。以下为重点交割事项：

A. 印章。

印章的重要性不言而喻。收购方，尤其在收购控股权情况下，应当要求转让方或者标的公司书面告知标的公司有哪些印章、各类印章数量、保管人/部门、用印记录。

如果收购方对收购之前的经营状况存疑，则可能需要刻制新的印章，作废旧印章。

B. 营业执照。

营业执照通常由标的公司保管，不会因为股东的变更而发生保管方式的变化。但标的公司仅有一个股东时，营业执照也可能由股东掌管，此时收购方需要注意掌管并控制目标公司的营业执照。

如果收购后营业执照证载信息发生变化，标的公司需要重新领取营业执照。

C. 银行账户和贷款。

收购方如果未能取得被收购公司的银行账户信息和控制权，则存在一定的经营风险，在交割当日，收购方应接收所有与银行账户相关的公司法定代表人私章、账簿、对账单、电子银行用户名、密钥、支票簿等物件和文件资料。

除了银行账户外，银行贷款也是收购方可能会关注的事项之一。一般来说，收购方希望银行贷款能延续下去，以不影响公司的正常经营。因此，转让方有义务保持银行贷款水平不发生变化，并在交割前维护好和银行的关系，直至交割完成。

D. 财务账簿。

同营业执照一样，财务账簿由标的公司自行保管，保管方式不因股东变更而发生变化。但因其性质特殊，尤其是标的公司仅有一个股东的情形下，建议收购方与转让方或标的公司就财务账簿进行清点交接。

E. 公司法人。

对于控股权项目，收购后通常会替换公司法定代表人。在进行公司法定代表人替换时注意对法定代表人名章、此前法定代表人授权文件一并进行替换或者交付。

F. 董事会、监事会成员。

股权转让后，通常转让方会将其委派或推荐的董事或监事撤回，由收购方委派或者提名董事。

G. 公司章程变更。

公司章程变更是收购方取得标的公司股权的重要一环。在标的公司未设置独立股东名册情况下，公司章程的股东名称变更是收购方取得股权的实质性步骤。

除章程的股东变更外，收购方也应要求标的公司对章程的其他内容进行变更。包括修改原章程的股东会、董事会的表决方式和议事规则，董事、监事或高级管理人员的人数及配置，党委会内容等。

如收购后，标的公司还有其他股东，且收购方持股未超过三分之二或者公司章程规定的决定公司重大决议表决权比例，就公司章程重要内容的修改需要与其他股东协商。

公司法定代表人、董事会、监事会成员以及公司章程变更通常在股权转让后标的公司召开的股东会一次完成。

H. 其他资料交接。

除上述需要交接的文件/事项外，交易各方还可根据标的公司实际情况就其他资料进行交接，如股东名册、“三会一层”决议、各项资质许可、知识产权、工程或技术资料、业务合同、劳动合同及相关电子资料等。

上述资料如不能在交割日进行交付，建议交易各方明确涉及交接的资料清单和后续交付日期与交付方式。

（3）工商及其他变更登记。

①工商变更。

收购后，公司营业执照登记内容有变化的，需要重新变更营业执照。

②税务登记信息变更。

《中华人民共和国税收征收管理法》第十六条规定，从事生产、经营的纳税人，税务登记内容发生变化的，自工商行政管理机关办理变更登记之日起三十日内或者在向工商行政管理机关申请办理注销登记之前，持有关证件向税务机关申报办理变更或者注销税务登记。

《中华人民共和国税收征收管理法实施细则》第十四条规定，“纳税人税务登记内容发生变化的，应当自工商行政管理机关或者其他机关办理变更登记之日起30日内，持有关证件向原税务登记机关申报办理变更税务登记。纳税人税务登记内容发生变化，不需要到工商行政管理机关或者其他机关办理变更登记的，应当自发生变化之日起30日内，持有关证件向原税务登记机关申报办理变更税务登记”。

法定代表人、注册资金、经营地址、公司名称有改变，就需要到工商部门办理营业执照变更，同时也要到税务机关办理税务登记变更。

5. 第五阶段：整合与后评价

（1）整合。

交割的完成标志着项目交易阶段的结束，但并不意味着收购项目的结束。从某种意义上讲，完成交割是一种新的开始，是价值创造（抑或价值毁灭）的开始。

考虑到央企巨大的规模体量，央企收购项目与其本身的体量不在同一数量级上；此外，央企管理方面较为成熟规范。因此，整合通常是单向的，即收购标的按照央企的管理模式进行变更，当然也有部分收购项目，收购完成后标的公司作为独立的运营主体持续或者在一段时期内独立运营。

考虑到本书编撰目的，我们不对整合问题进行深入的研讨。但以下四点意见供读者参考：

①收购项目组核心成员与整合执行人员尽量保持连续性，以保证收购战略持续，同时也有利于缓解整合阶段各方压力。

②整合计划根据实际情况进行调整。虽然在收购之前，收购方进行了详细的尽职调查，但尽调获取的信息量还是无法和整合与运营过程中获得的信息相比拟。

③收购过程会使标的公司的员工因未来的不确定性而倍感焦虑，可能导致标的公司员工士气低落、工作积极性与专注度下降，进而导致标的公司业绩下滑。如果标的公司员工将在收购后继续留任，则收购各方需要采取适当措施，切实关注员工心理状态。

④收购方尽早与标的公司员工沟通其计划、目标、收购方企业文化，以缓解标的公司员工焦虑。

（2）投资后评价。

收购完成后的复盘评价对于总结经验、提高效率具有重要作用。

根据《中央企业投资监督管理办法》，中央企业应当每年选择部分已完成的重大投资项目开展后评价，形成后评价专项报告。

项目后评价一般是指项目投资完成之后所进行的评价。它通过对项目实施过程、结果及其影响进行调查研究和全面系统回顾，与项目决策时确定的目标以及技术、经济、环境、社会指标进行对比，找出差别和变化。同时，分析原因、总结经验、吸取教训、得到启示并提出对策建议，通过信息反馈，改善投资管理和决策，达到提高投资效益的目的。

项目后评价的具体操作可以参照《中央企业固定资产投资项目后评价工作指南》。

《项目后评价报告》——项目后评价所形成的报告可以作为企业重大决策失误责任追究的重要依据。

三、重点注意事项

1. 并购中中介机构作用

并购中，交易双方可能聘请包括投资银行（财务顾问）、审计、评估、律师（民商法、劳动法）等类型的中介机构。

中介机构的主要作用体现在：

（1）协助收购方发现收购目标；

（2）设计交易方案；

（3）协助完成有关决策程序，履行上级、政府监管部门审批手续；

（4）法律合规；

（5）加快项目进度；

（6）协助双方洽谈，避免出现僵局。

2. 收购估值

对标的公司估值往往成为影响收购项目成功交易的核心问题。国有企业通常委托具有资质的资产评估公司进行评估。

（1）了解确定行业发展现状及行业属性。

行业的历史、现状与发展前景必定会影响行业中企业的经营状况，从而对企业产生价值形成一定的影响。一般情况下，当企业所处行业处于不景气且其发展前景不太乐观时，该行业内的企业获利能力必然会受到一定的限制，反之亦然。同时，企业所处行业发展现状也是确定其未来发展有关具体参数应考虑的因素之一。

不同的行业，其当前发展速度及所处生命周期大不相同，这就可能会造成在估值时所使用的参数不同。不能简单地用一个模型去衡量所有的公司，这就需要在估值时对产业和行业具有深刻的理解和认知。

（2）了解确定目标公司所处发展阶段及商业模式。

一家公司的商业模式决定了其盈利模式，盈利模式不同导致估值时所采用的衡量指标就会大不相同。同时，公司必然经历发展、成长、成熟、衰退四个阶段，在不同发展阶段，公司的投入相差巨大，与之伴随的收入就会相差很大。例如，发展初期阶段的互联网企业，就不能简单地用 PE/PB 估值，更不能使用 DCF 估值，而应该使用 P/S 来估值。一些互联网企业，可能会使用 GMV、DAU、WAM 等指标来综合估算其价值，如果用传统估值方法可能无法进行较为准确的估值。同样地，如阿里巴巴等一些互联网电商企业，其用户增长速度、ARPU 值等已经趋于稳定，即使有小幅增长，也能大概率估算。在这种情况下，用 DCF 或者 PGE 就可以更准确地对其进行估值。

（3）选择合适的估值方法。

企业估值方法一般有收益法（绝对估值法）、市场法（相对估值法）和资产基础法，常用的两种估值方法是收益法和市场法。

一般来说，收益法是从企业获利能力角度来评估企业价值，当企业满足可持续经营假设，未来有稳定的收入利润或现金流并且能够相对准确合理地进行预测的条件时，可以采用收益法进行估值。但是，收益法估值对估值模型中的部分参数值非常敏感，所以在估值过程中对这些参数（包括折现率的选择、未来现金流的合理预测以及永续价值）的合理确定需要格外小心谨慎。同时，企业营运周期的长短以及不稳定性对收益法估值也会产生一定的影响。

市场法所依据的基本原理是市场替代原则，也称相对估值法，是国际上广泛运用的一种估值方法。当资本市场上有足够数量的可比公司或交易案例，同时对可比公司有比较准确的价值判断并且可以及时收集到相关信息时，可以采用市场法进行估值。但是，市场法要求资本市场充分有效或者接近有效，同时对可比公司或可比交易案例的选择要求也极高，如果仅以某方面的指标选择可比对象，估值结果与企业实际价值可能存在较大偏差。

公司估值是建立在诸多假设条件之上的一个预测值，其中任何一个变量的细微变化，都将带来截然不同的结果。所以，在估值过程中，不能机械地套用公式，将一个模型用于所有行业和所有公司，而应该将经验和理论相结合，具体问题具体分析。

（4）高溢价的处理。

本章“二、操作流程”中“3. 第三阶段：交易谈判与交易达成（4）获取必要批准”中，我们曾提及，中央企业对收购溢价较为谨慎，有些企业明确了收购溢价上限。对于重资产项目，收购溢价可能较低，但是对于轻资产项目，如标的公司核心资产为资质许可、特许经营权、品牌、团队等，可能存在较高溢价，成为限制并购推荐的重大因素，建议可以采用以下方式处理高溢价情形：

①采取或有对价支付，也即收购方支付的收购价款根据未来若干财年标的公司经营业绩情况确定。

②如果标的公司未完成注册资本实缴，可以在评估基准日前完成该部分注册资本实缴，从而降低总体溢价率。

③在依法合规前提下，通过其他合作方式“补偿”转让方溢价，如成立合资公司。

④收购方保留少数股权，享受国企进入后目标公司业绩增长成果。

3. 并购协议主要条款

以下以股权收购为例，分析并购协议的主要条款：

（1）交易结构条款。

交易结构即投、融资双方达成交易的主要方式，包括但不限于：

①收购股权比例或股份数量；

②交易价格、价款支付方式、支付时间；

③办理股权登记或交割期限等；

④其他事项。

（2）先决条件条款。

为保护交易各方利益，对于签署并购协议应当落实的先决条件，协议双方可以在并购协议中做出相应约定，包括但不限于：目标公司及交易双方已经获得所有必要的批准或授权，其中内部决策有股东（大）会决议、董事会决议；外部授权包括上级公司批复、相关政府部门批准（如有）。

（3）承诺与保证条款。

为避免可能发生的妨碍交易进行的情形，一般会在并购协议中约定由原股东、目标公司、并购方做出承诺与保证，包括但不限于：

①目标公司及原股东为依法成立和有效存续的公司法人或拥有合法身份的自然

人，具有完全的民事权利能力和行为能力，具备开展其业务所需的所有必要批准、执照和许可。

②各方签署、履行投资协议，不会违反任何法律法规和行业准则，不会违反公司章程，亦不会违反目标公司已签署的任何法律文件的约束。

③原股东持有的标的股权未设定任何质押或担保或其他任何权利负担，未向任何第三人转让与标的股权有关的权利或利益。

④自并购基准日至并购协议签署之日，目标公司未进行利润分配或利用资本公积金转增股本，目标公司的任何资产未设立抵押、质押或其他权利负担，目标公司未以任何方式直接或者间接地处置其主要资产等。

⑤目标公司及原股东已向投资方充分、详尽、及时地披露或提供与交易有关的必要信息和资料，所提供的资料均是真实、有效的，没有重大遗漏、误导和虚构。

⑥原股东承担并购交割前未披露的或有税收、负债或者其他债务等。

（4）过渡期安排。

①股东权利的安排。

并购协议签署后至股权交割通常有一段时间的过渡期，对于过渡期内原股东的权利通常会做限制性约定：

过渡期内，原股东不得转让其所持有的目标公司股权或在其上设置质押等权利负担。

过渡期内，目标公司不得进行利润分配或利用资本公积金转增股本；目标公司的任何资产不得设立抵押、质押或其他权利负担；目标公司不得以任何方式直接或者间接地处置其主要资产等。

并购方可以要求目标公司高管和关键人员不得离职或离职后不得从事有竞争关系的行业，原股东可以要求并购方不得在过渡期裁员或者转让目标公司股权或者资产等。

②损益安排。

自并购评估基准日至股权交割日，过渡期损益的约定通常有以下几种方式：

A. 评估基准日与交割日期间非常短，损益不计算；

B. 过渡期损益全部由资产购买方承担或享有；

C. 过渡期损益全部由资产出售方承担或享有；

D. 过渡期收益由资产购买方享有，过渡期亏损由资产出售方承担；

E. 过渡期收益由资产出售方享有，过渡期亏损由资产购买方承担。

（5）公司治理条款。

并购方可与原股东就公司治理进行约定，如董事、监事、高级管理人员的席位设置及提名权，股东（大）会、董事会、监事会的权限及议事规则，分配红利的方式，股权知情权，禁止同业竞争，限制关联交易，关键人士的竞业限制等。

通常可设置一些特殊条款以保护一方的权益：

①一票否决权条款。

即合作一方提名约定数量的董事、监事，对于约定的重大事项享有一票否决权，以保障己方对目标公司经营管理的参与权。

②表决权让渡条款。

即合作一方将所持部分或全部股权（股份）的表决权在一定期限内不可撤销地让渡给另一方，以确保被委托方在约定的范围内按照自主意愿依法行使股东权利。

③信息披露条款。

如合作一方持有目标公司股权份额较小，为保护该方的知情权，一般会在投资协议中约定信息披露条款，如目标公司定期向股东提供财务报表或审计报告、重大事项及时通知股东等。

（6）免责条款。

重大并购项目交易过程中存在较多不确定因素，可能会发生并购交易一方或者双方均无法预料的情况。设定免责条款，可以用于豁免交易一方或双方的重大责任或义务。

（7）损害赔偿条款。

若某方违反并购协议规定，另一方可要求损害赔偿。如卖方隐瞒某项负债或者对外担保，导致目标公司承担清偿责任，则买方可对此债务的金额，要求卖方赔偿；买方可以要求将部分价款托管于第三方或者双方共管账户，若卖方违反保证承诺而须偿付买方时，可直接用于偿付损失。此外，鉴于损害额认定很难，双方通常会另行约定损害赔偿额。

（8）盈利补偿/对赌条款。

在投资协议中，投资方通过一些特别约定保护自己的利益，盈利补偿/对赌条款是常见的保护投资方利益的约定。

①估值调整条款。

通常采取股权补偿、现金补偿或者二者结合的方式，保护投资方投资收益。

A. 股权调整的方式。

a. 通过公积金转增资本增发股权来调整投资者股权比例；

b. 通过减少注册资本回购投资方股权以调整估值；

c. 双方约定股权比例的调整即股权转让的调整方式；

d. 通过债权转股权制度来调整投资方股权比例。

B. 现金补偿的方式。

即回购请求权，指当目标公司未能完成约定的目标时，目标公司控股股东/实际控制人按照事先约定的计算标准向投资机构支付一定金额的现金。

②共同出售条款。

该条款是指在被投资企业上市之前，若原股东向第三方转让股份，投资人有权按照拟出售股份的原股东与第三方达成的价格与条件进入该项交易中，按照原股东和投资人在目标企业中目前的股份比例向第三方转让股份。

③清算优先受偿权条款。

该条款是指如果目标公司经营亏损最终破产清算，投资方未能及时退出，可以通过该条款减少损失。投资方与原股东之间可以约定再分配补偿机制，如规定“如果投资方分得的财产低于其在目标公司的累计实际投资金额，控股股东应当无条件补足差额”。

出让方应尽的披露责任，主要是将并购意向协议中关于出让披露事项的内容引入合同，从而使出让方的披露责任转化为合同义务，进而为目标公司因出让方不尽责披露而产生的损失的索赔奠定基础。其内容如：出让方在此明确如果出让方违反本协议关于披露原则的约定和关于披露内容的陈述，或者基于本协议或本协议以前交易双方有关出让方披露的约定或出让方关于披露的承诺，以及根据公允原则出让方应当履行的披露义务，出让方愿意根据本协议对受让方进行赔偿。

（9）其他常见的条款。

包括交易涉及的税费承担条款、职工安置条款、债权债务处置条款、审批条款、协议生效条款、协议终止条款等。

4. 并购中的主要风险

（1）信息不对称而引发的风险。

信息不对称是指交易双方的一方拥有相关的信息，而另一方没有，或一方比另一方拥有更多的相关信息，从而对信息劣势者的决策造成不利影响。一些并购活动因为事先对被并购对象的盈利状况、资产质量（如有形资产的可用性、无形资产的真实性、债权的有效性）、或有事项等可能缺乏深入了解，没有发现隐瞒的债务、诉讼纠纷、资产潜在问题等关键情况，而在实施后落入“陷阱”，引发企业风险。

（2）政策法规风险。

目前，我国企业并购法规散见于不同时期公布的法律文件中，有关并购的法律法规有待健全，有关并购的规定在《公司法》《证券法》《关于规范上市公司重大购买或出售资产行为的通知》及《上市公司收购管理办法》中有所体现。由于我国相关法律法规有待完善，在某种程度上给企业并购埋下了法律隐患。针对同一行业的企业不同地方经常会出台不同的政策措施，若对相关政策法规了解不够充分，容易导致出现在程序和实体上不合规的并购，影响企业发展。

（3）产权不明、主体不适格导致的风险。

企业产权明晰化是企业并购顺利实现的基本前提。若拟实施并购的企业产权没有进行界定或界定不合理，或者未向有关部门办理相关法定手续，导致产权不明，并购后容易造成并购方与被并购企业产权相关人的产权确认纠纷，极易造成股东之间、新老股东之间对资产价值和应承担的义务发生争议，影响企业的发展。主体不适格则会直接导致并购的失败。

（4）并购协议、程序带来的风险。

并购协议的安排是并购事宜顺利进行的核心影响因素，程序的合法合规性是并购顺利进行的保障。实践中，如果并购协议安排和并购程序解决不恰当，极有可能导致并购方与目标方的纠纷，甚至导致并购后企业无法正常运转。

（5）资金财务风险。

一般而言，并购行为需要大量的资金支持。大部分企业很难完全利用自有资金来完成并购过程。企业并购后能否及时形成足够的现金流入以偿还借入资金以及满足并购后企业进行一系列的整合工作对资金的需求是至关重要的。具体来说，财务风险主要来自筹资方式的不确定性、多样性，筹资成本的高增长性、外汇汇率的多变性等。因此，融资所带来的风险不容忽视。

（6）整合风险。

整合风险主要包括企业并购后，在经营、生产和技术上不能达到预定的协同效果而导致的风险，这种风险容易导致破产；企业并购后，在人事、制度和文化上不能按照预先设计的并购规划有效整合，使新老企业运行相互抵触，产生内耗，从而拖累优势企业。

5. 并购中的风险控制措施

（1）并购前尽职调查。

为了减少并购可能产生的法律风险与损失，并购方在决定并购目标公司之前，需要对目标公司的情况进行审慎调查和评估，并基于调查结果判断并购的可行性、设计并购交易结构、进行财务测算、分析影响并购的关键要素和对策，从而决定是否并购及并购方式。

根据并购方并购目的及目标资产情况，通常可以选择股权并购或者资产并购的方式。但股权并购和资产并购并不是对立的，有时在一个并购案中可以结合采用，灵活运用。通过二者的结合以取得优质资产、排除潜在债务、避免重大纠纷。公司并购实践中，大型公司为确保收购的成功，对收购方式的选择往往慎之又慎。但也有些投资者，仅凭自己对目标公司的感觉，有时甚至仅仅考虑到股权并购在当下可以不缴税，就做出最终的决定，结果可能事与愿违、得不偿失。

（2）防范债务风险。

企业并购的目的一般是要达到对某一企业的控制或者获得收购资产的使用价值。在并购交易中若转让方隐瞒或者遗漏债务，将使收购方利益受损，所以收购方应采取措施进行防范。

在股权并购中，由于企业对外主体资格不因内部股东变动而改变，相关债务仍由企业自身承担。收购方向转让股东支付的对价在很大程度上取决于股权转让时企业的净资产状况，如果受让股权后，因隐瞒或者遗漏债务暴露导致被追索，企业财产被查封、扣押或者被拍卖，股权实际价值必然降低。因此，除在收购前审慎调查目标企业真实负债情况外，还可在并购协议中要求转让方做出明确的债务披露，除列明债务（包括欠款、债务、担保、罚款等）外，均由转让方承诺负责清偿和解决，保证受让方不会因此受到追索，否则转让方将承担违约责任。这种约定在一定程度上具有遏制转让方隐瞒或者遗漏债务的作用。

在资产并购中，交易标的为资产，需要保障所收购资产没有附带任何的债务、担保等权利负担（如不存在抵押，房地产不存在建筑工程款优先权等）。对于完全依附于资产本身的债务，必须由转让方在转让前解决，否则应当拒绝收购。

（3）完善公司治理结构。

股权收购后应重新修订公司章程。公司章程是公司运作的基本规则，是调整股东之间相互权利义务关系的重要法律文件，并购后的新公司修订公司章程确立公司和股东的“游戏规则”是第一位的。很多股东纠纷就是由于规则不清而导致的。为防范日后股东发生纠纷，在并购过程中，并购方应当与其他股东协商公司章程条款，对包括股东（大）会、董事会、监事（会）的具体职权与议事规则，公司投资及经营决策机制，公司重要管理层人选，公司利润分配等事项做出明确规定，确立清晰的权利义务规则。

（4）聘请专业的中介机构。

公司并购是一个对专业化程度要求较高的行为，由于信息、人员、专业知识、资金等方面的局限，并购双方很难独自完成并购，通常情况下都需要聘请中介机构担任财务顾问。财务顾问的主要作用就是对公司并购进行可行性研究、并购方案设计、配套融资方案拟订、交易谈判等。财务顾问的介入有利于并购策划和融资安排，处理可能产生的复杂的法律和监督事务，并为公司并购的运作提供财务咨询和建议。

此外，会计师事务所、律师事务所等机构对公司并购的成功也起着至关重要的作用。律师在并购中对法律风险的防范起着重要作用，包括对并购活动的法律策划、审查目标公司相关资料（如公司成立、年审和变更情况、公司章程的合法性及对并购的限制等）、起草并修改并购合同、出具法律意见书、协调沟通并购各方关系等。

四、关于收购的会计与税务处理的说明

收购与转让（或增资）属于同一行为不同视角，因此收购涉及的会计与税务处理基本在前述章节均有涉及，在此不再重复。

收购有一类特殊的情形，即反向收购上市公司。由于本书主要针对非上市公司有关经济行为，且本书不是会计方面专业书籍，因此反向收购的会计处理本章不再论述，感兴趣的读者可以查阅有关高级会计书籍。

第十一章

企业清算、注销

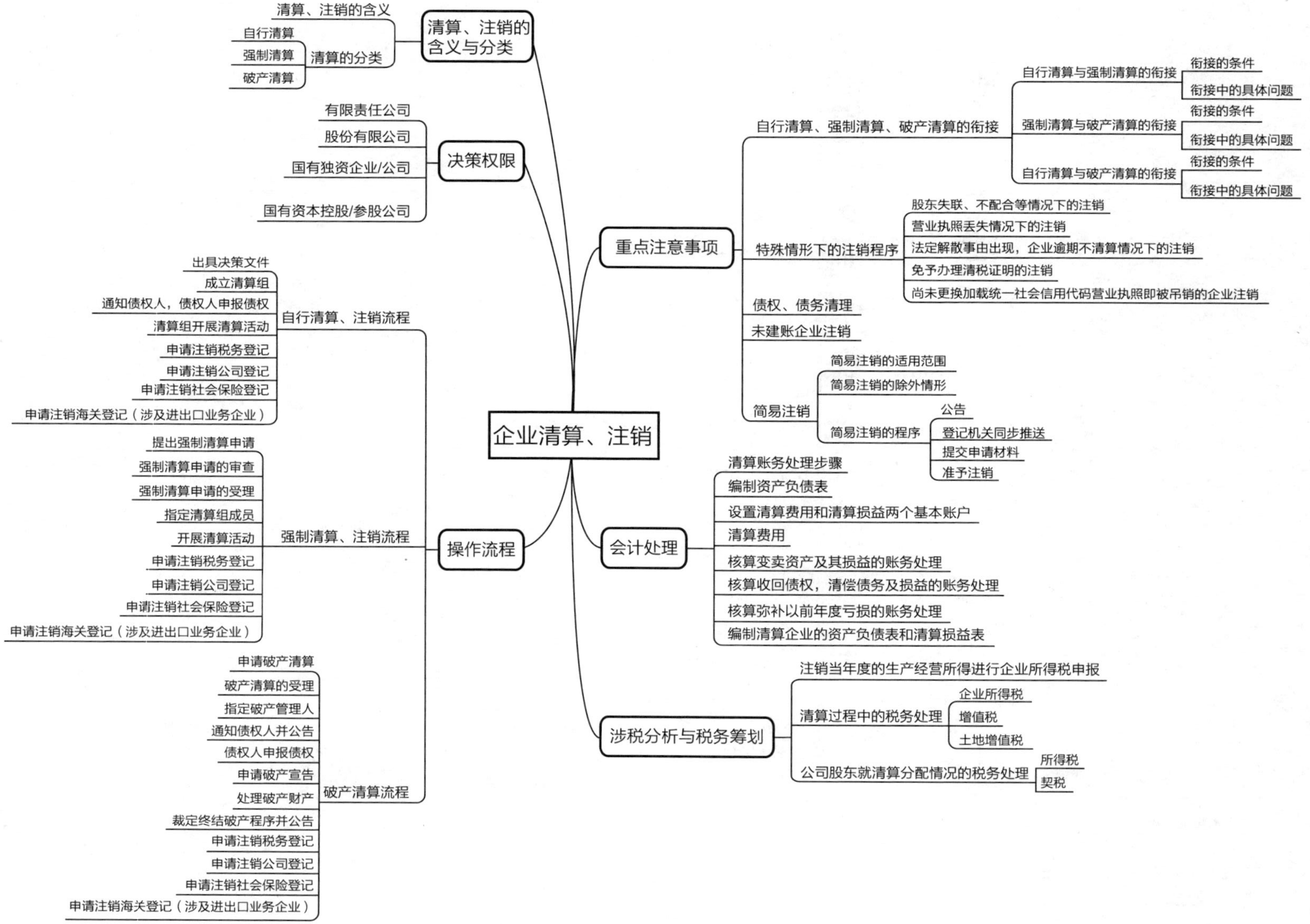
企业清算、注销
清算、注销的含义与分类
清算、注销的含义
清算的分类
自行清算
强制清算
破产清算
决策权限
有限责任公司
股份有限公司
国有独资企业/公司
国有资本控股/参股公司
操作流程
自行清算、注销流程
出具决策文件
成立清算组
通知债权人，债权人申报债权
清算组开展清算活动
申请注销税务登记
申请注销公司登记
申请注销社会保险登记
申请注销海关登记（涉及进出口业务企业）
强制清算、注销流程
提出强制清算申请
强制清算申请的审查
强制清算申请的受理
指定清算组成员
开展清算活动
申请注销税务登记
申请注销公司登记
申请注销社会保险登记
申请注销海关登记（涉及进出口业务企业）
破产清算流程
申请破产清算
破产清算的受理
指定破产管理人
通知债权人并公告
债权人申报债权
申请破产宣告
处理破产财产
裁定终结破产程序并公告
申请注销税务登记
申请注销公司登记
申请注销社会保险登记
申请注销海关登记（涉及进出口业务企业）
重点注意事项
自行清算、强制清算、破产清算的衔接
自行清算与强制清算的衔接
衔接的条件
衔接中的具体问题
强制清算与破产清算的衔接
衔接的条件
衔接中的具体问题
自行清算与破产清算的衔接
衔接的条件
衔接中的具体问题
特殊情形下的注销程序
股东失联、不配合等情况下的注销
营业执照丢失情况下的注销
法定解散事由出现，企业逾期不清算情况下的注销
免予办理清税证明的注销
尚未更换加载统一社会信用代码营业执照即被吊销的企业注销
债权、债务清理
未建账企业注销
简易注销
简易注销的适用范围
简易注销的除外情形
简易注销的程序
公告
登记机关同步推送
提交申请材料
准予注销
会计处理
清算账务处理步骤
编制资产负债表
设置清算费用和清算损益两个基本账户
清算费用
核算变卖资产及其损益的账务处理
核算收回债权，清偿债务及损益的账务处理
核算弥补以前年度亏损的账务处理
编制清算企业的资产负债表和清算损益表
涉税分析与税务筹划
注销当年度的生产经营所得进行企业所得税申报
清算过程中的税务处理
企业所得税
增值税
土地增值税
公司股东就清算分配情况的税务处理
所得税
契税

一、清算、注销的含义与分类

1. 清算、注销的含义

企业清算是指企业出现法定解散事由或者公司章程所规定的解散事由后，依法清理公司的债权债务、分配剩余财产的行为。

企业注销是指企业因解散、破产等原因，依法完成清算，终止法人资格的行为。

2. 清算的分类

（1）自行清算。

自行清算是指企业出现《公司法》规定的解散事由，自行成立清算组，按照法定程序进行清算的行为。

《公司法》第一百八十条规定："公司因下列原因解散：

（一）公司章程规定的营业期限届满或者公司章程规定的其他解散事由出现；

（二）股东会或者股东大会决议解散；

（三）因公司合并或者分立需要解散；

（四）依法被吊销营业执照、责令关闭或者被撤销；

（五）人民法院依照本法第一百八十二条的规定予以解散。"

但企业因合并、分立解散的，无须开展清算活动，应根据合并、分立协议对企业的债权债务进行合理安排。

（2）强制清算。

强制清算是指出现《公司法》规定的解散事由，企业逾期不成立清算组或虽成立清算组但故意拖延清算或者存在其他违法清算行为可能严重损害债权人或公司股东利益，债权人或公司股东申请人民法院强制清算的行为。

（3）破产清算。

破产清算是指企业因不能清偿到期债务被宣告破产后，由法院组织清算组对企业财产进行清理、估价、处理和分配，并注销企业法人资格的清算行为。

二、决策权限

《公司法》《中华人民共和国企业国有资产法》《企业国有资产监督管理暂行条例》对企业解散、申请破产的决策权限做出了规定，具体如下：

1. 有限责任公司

根据《公司法》的相关规定，有限责任公司解散的，应当由股东会做出决议，且必须经代表三分之二以上表决权的股东通过。

2. 股份有限公司

根据《公司法》的相关规定，股份有限公司解散的，应当由股东大会做出决议，且必须经出席会议的持有表决权的股东三分之二以上通过。

3. 国有独资企业/公司

根据《中华人民共和国企业国有资产法》《企业国有资产监督管理暂行条例》的相关规定，国有独资企业、国有独资公司解散或申请破产的，由履行出资人职责的机构（即国有资产监督管理机构，下同）决定。

除依照有关法律、行政法规及企业章程的规定，由履行出资人职责的机构决定的以外，国有独资企业由企业负责人集体讨论决定，国有独资公司由董事会决定。

4. 国有资本控股/参股公司

国有资本控股公司、国有资本参股公司解散或申请破产的，依照法律、行政法规以及公司章程的规定，由公司股东会、股东大会或者董事会决定。由股东会、股东大会决定的，履行出资人职责的机构委派的股东代表应当参加，并按照委派机构的指示提出提案、发表意见、行使表决权，并将其履行职责的情况和结果及时报告委派机构。

三、操作流程

1. 自行清算、注销流程

参照国家市场监督管理总局注销流程指引，公司自行清算注销可参考以下流程：

（1）出具决策文件。

公司应根据法律、行政法规以及公司章程规定，由相应的决策机关出具内部决策文件，决策文件应包含以下内容：

①同意解散公司；

②依法成立清算组；

③其他事项。

（2）成立清算组。

公司应当在出现解散事由后成立清算组。公司因章程规定的营业期限届满或者公司章程规定出现其他解散事由的，股东会或者股东大会决议解散公司的，依法被吊销营业执照、责令关闭或者被撤销而解散的，在解散事由出现之日起十五日内应成立清算组，开始清算活动。

人民法院受理公司清算案件，应当及时指定有关人员组成清算组。

清算组在清算期间行使下列职权：

①清理公司财产，分别编制资产负债表和财产清单；

②通知、公告债权人；

③处理与清算有关的公司未了结的业务；

④清缴所欠税款以及清算过程中产生的税款；

⑤清理债权、债务；

⑥处置公司清偿债务后的剩余财产；

⑦代表公司参与民事诉讼活动。

（3）通知债权人，债权人申报债权。

清算组自成立之日起十日内通知债权人，并登录当地政务服务平台，通过企业注销网上服务专区访问或直接登录国家企业信用信息公示系统，向社会免费公示清算组信息，并于六十日内通过国家企业信用信息公示系统发布债权人公告（也可在报纸上公告）。

债权人应当自接到通知书之日起三十日内，未接到通知书的自公告之日起四十五日内，向清算组申报其债权。

债权人申报债权，应当说明债权的有关事项，并提供证明材料。清算组应当对债权进行登记。在申报债权期间，清算组不得对债权人进行清偿。

（4）清算组开展清算活动。

清算组应当在清理公司财产、编制资产负债表和财产清单后，依法制订清算方案并报股东会、股东大会确认。清算组按清算方案处理与清算有关的公司未了结的业务，清缴所欠税款以及清算过程中产生的税款，清理债权、债务等。

清算期间，公司存续，但不得开展与清算无关的经营活动。

公司在分别支付清算费用、职工工资、社会保险费用和法定补偿金，缴纳所欠税款，清偿公司债务后的剩余财产，有限责任公司按照股东的出资比例分配，股份有限公司按照股东持有的股份比例分配。公司财产在未依照前款规定清偿前，不得分配给股东。

（5）申请注销税务登记。

在申请税务注销之前，纳税人应当向税务机关结清应纳税款、滞纳金、罚款，缴销发票，如清缴欠税、办理企业所得税注销清算、办理土地增值税清算、结清出口退（免）税款、注销防伪税控企业信息等。存在涉税违法行为的纳税人应当接受处罚并缴纳罚款。纳税人向税务部门申请办理注销时，税务部门进行税务注销预检，检查纳税人是否存在未办结事项。

（6）申请注销公司登记。

公司清算结束后，清算组制作清算报告，报股东会、股东大会确认。清算组向公司登记机关提交公司注销登记申请书和其他材料申请注销公司登记。

（7）申请注销社会保险登记。

企业应当自办理企业注销登记之日起三十日内，向原社会保险登记机构提交注销社会保险登记申请和其他有关注销文件，办理注销社会保险登记手续。在办理注销社会保险登记前，应当清缴社会保险费欠费。

（8）申请注销海关登记（涉及进出口业务企业）。

企业登录“中国国际贸易”单一窗口（http：//www. singlewindow. cn）或者“互联网+海关”（http：//on-line. customs. gov. cn）录入申请注销信息，将进出口货物收发货人注销书面申请提交所在地海关审核。

2. 强制清算、注销流程

参照《最高人民法院印发〈关于审理公司强制清算案件工作座谈会纪要〉的通知》，公司强制清算注销可参考以下流程进行：

（1）提出强制清算申请。

公司债权人或者股东向人民法院提交清算申请书，申请书应包含申请人、被申请人的基本情况和申请的事实及理由。同时，申请人应当向人民法院提交被申请人已经发生解散事由以及申请人对被申请人享有债权或者股权的有关证据。公司解散后已经自行成立清算组进行清算，但债权人或者股东以其故意拖延清算，或者存在其他违法清算可能严重损害债权人或者股东利益为由，申请人民法院强制清算的，申请人还应当向人民法院提交公司故意拖延清算，或者存在其他违法清算行为可能严重损害其利益的相应证据材料。

（2）强制清算申请的审查。

审理强制清算案件的审判庭审查强制清算申请时，应当召开听证会，对于事实清楚、法律关系明确、证据确实充分的案件，经书面通知被申请人，其对书面审查方式无异议的，也可决定不召开听证会，而采用书面方式进行审查。

债权人或企业股东对书面审查结果有异议的，可以提出异议。

（3）强制清算申请的受理。

人民法院应当在听证会召开之日或者自异议期满之日起十日内，依法做出是否受理强制清算申请的裁定。

（4）指定清算组成员。

人民法院受理强制清算案件后，应当及时指定清算组成员。

①清算组成员的组成。

公司股东、董事、监事、高级管理人员能够而且愿意参加清算的，人民法院可优先考虑指定上述人员组成清算组；上述人员不能、不愿进行清算，或者由其负责清算不利于清算依法进行的，人民法院可以依照《人民法院中介机构管理人名册》和《人民法院个人管理人名册》规定，指定中介机构或者个人组成清算组；人民法院也可根据实际需要，指定公司股东、董事、监事、高级管理人员，与管理人名册中的中介机构或者个人共同组成清算组。

②指定清算负责人。

清算组的人数应为单数。人民法院指定清算组成员的同时，根据清算组成员的推选，或者依职权，指定清算组负责人。清算组负责人代行清算中公司诉讼代表人职权。

（5）开展清算活动。

清算组依法制订清算方案并报人民法院确认，并编制资产负债表和财产清单，处理与清算有关的公司未了结的业务，清缴所欠税款以及清算过程中产生的税款，清理债权、债务，分配剩余财产等。

（6）申请注销税务登记。

在申请税务注销之前，纳税人应当向税务机关结清应纳税款、滞纳金、罚款，缴销发票，如清缴欠税、办理企业所得税注销清算、办理土地增值税清算、结清出口退（免）税款、注销防伪税控企业信息等。存在涉税违法行为的纳税人应当接受处罚缴纳罚款。纳税人向税务部门申请办理注销时，税务部门进行税务注销预检，检查纳税人是否存在未办结事项。

（7）申请注销公司登记。

公司清算结束后，清算组制作清算报告，报人民法院确认。人民法院应当裁定终结清算程序。公司登记机关依清算组的申请注销公司登记。

需要注意，关于无法清算案件的审理要求如下：

①对于被申请人主要财产、账册、重要文件等灭失，或者被申请人人员下落不

明的强制清算案件，经向被申请人的股东、董事等直接责任人员释明或采取罚款等民事制裁措施后，仍然无法清算或者无法全面清算，对于尚有部分财产，且依据现有账册、重要文件等，可以进行部分清偿的，应当参照企业破产法的规定，对现有财产进行公平清偿后，以无法全面清算为由终结强制清算程序；对于没有任何财产、账册、重要文件，被申请人人员下落不明的，应当以无法清算为由终结强制清算程序。

②债权人申请强制清算，人民法院以无法清算或者无法全面清算为由裁定终结强制清算程序的，应当在终结裁定中载明，债权人可以另行依据《〈公司法〉司法解释（二）》第十八条的规定，要求有过错的被申请人的股东、董事、实际控制人等清算义务人对其债务承担偿还责任。股东申请强制清算，人民法院以无法清算或者无法全面清算为由做出终结强制清算程序的，应当在终结裁定中载明，股东可以向控股股东等实际控制公司的主体主张有关权利。

（8）申请注销社会保险登记。

企业应当自办理企业注销登记之日起三十日内，向原社会保险登记机构提交注销社会保险登记申请和其他有关注销文件，办理注销社会保险登记手续。在办理注销社会保险登记前，应当清缴社会保险费欠费。

（9）申请注销海关登记（涉及进出口业务企业）。

企业登录“中国国际贸易”单一窗口（http：//www. singlewindow. cn）或者“互联网+海关”（http：//on-line. customs. gov. cn）录入申请注销信息，将进出口货物收发货人注销书面申请提交所在地海关审核。

3. 破产清算流程

因破产清算的主导权在人民法院，由人民法院指定人员组成清算组开展清算活动、通知债权人并公告、确定债权申报期、确认清算报告等，故本小节仅对破产清算流程做简单梳理。

（1）申请破产清算。

①申请破产清算的前提。

企业法人不能清偿到期债务，并且资产不足以清偿全部债务或者明显缺乏清偿能力。

②申请破产清算的主体。

企业法人：申请理由为不能清偿到期债务，并且资产不足以清偿全部债务或者明显缺乏清偿能力。

债权人：申请理由为债务人（企业法人）不能清偿到期债务。

负有清算责任的负责人：申请理由为企业法人已解散但未清算或者未清算完毕，资产不足以清偿债务。

③申请材料。

申请书：申请书应当载明申请人、被申请人的基本情况，申请目的，申请的事实和理由，人民法院认为应当载明的其他事项。

债务人（企业法人）提出申请的，还应提交：财产状况说明、债务清册、债权清册、有关财务会计报告、职工安置预案以及职工工资的支付和社会保险费用的缴纳情况。

（2）破产清算的受理。

人民法院应当自收到破产申请之日起十五日内裁定是否受理。债权人提出破产申请的，人民法院应当自收到申请之日起五日内通知债务人。债务人对申请有异议的，应当自收到人民法院的通知之日起七日内向人民法院提出。人民法院应当自异议期满之日起十日内裁定是否受理。

（3）指定破产管理人。

人民法院从有关部门、机构的人员组成的清算组或者依法设立的律师事务所、会计师事务所、破产清算事务所等社会中介机构中指定人员担任破产管理人。

管理人负责接管债务人的财产、印章等资料，制作财务报告，管理和处分债务人的财产等。

（4）通知债权人并公告。

人民法院应当自裁定受理破产申请之日起二十五日内通知已知债权人，并予以公告。通知和公告应当载明下列事项：

①申请人、被申请人的名称或者姓名；

②人民法院受理破产申请的时间；

③申报债权的期限、地点和注意事项；

④管理人的名称或者姓名及其处理事务的地址；

⑤债务人的债务人或者财产持有人应当向管理人清偿债务或者交付财产的要求；

⑥第一次债权人会议召开的时间和地点；

⑦人民法院认为应当通知和公告的其他事项。

（5）债权人申报债权。

①债权申报期限。

人民法院受理破产申请后，应当确定债权人申报债权的期限。债权申报期限自人民法院发布受理破产申请公告之日起计算，最短不得少于三十日，最长不得超过三个月。

②申报材料。

债权的数额和有无财产担保的书面说明及相关证据，连带债权的书面说明。

③编制债权表。

管理人收到债权申报材料后，应当登记造册，对申报的债权进行审查，并编制债权表。债权表和债权申报材料由管理人保存，供利害关系人查阅。

④召开第一次债权人会议。

第一次债权人会议由人民法院召集，自债权申报期限届满之日起十五日内召开。

⑤人民法院确认债权表。

债务人、债权人对债权表记载的债权无异议的，由人民法院裁定确认。债务人、债权人对债权表记载的债权有异议的，可以向受理破产申请的人民法院提起诉讼。

（6）申请破产宣告。

管理人应当在债权审核确认和必要的审计、资产评估后，及时向人民法院提出宣告破产的申请。

人民法院应当自收到申请之日起七日内做出破产宣告裁定并进行公告。

（7）处理破产财产。

①制订破产财产变价方案、破产财产分配方案并提交债权人会议讨论后，提请人民法院裁定认可。

②破产财产按以下顺序清偿：

第一，破产费用和共益债务。

第二，破产人所欠职工的工资和医疗、伤残补助、抚恤费用，所欠的应当划入职工个人账户的基本养老保险、基本医疗保险费用，以及法律、行政法规规定应当支付给职工的补偿金。

第三，破产人欠缴的除前项规定以外的社会保险费用和破产人所欠税款。

第四，普通破产债权。

破产财产不足以清偿同一顺序的清偿要求的，按照比例分配。

（8）裁定终结破产程序并公告。

管理人在最后分配完结后，应当及时向人民法院提交破产财产分配报告，并提请人民法院裁定终结破产程序。

人民法院应当自收到管理人终结破产程序的请求之日起十五日内做出是否终结破产程序的裁定。裁定终结的，应当予以公告。

（9）申请注销税务登记。

管理人持人民法院出具的终结破产程序裁定书向税务机关申请办理税务注销，税务机关即时出具清税文书。对于纳税人仍存在的欠税，税务机关按照规定进行“核销死欠”处理。

（10）申请注销公司登记。

管理人持人民法院终结破产程序的裁定，向破产人的原登记机关申请办理注销登记。

（11）申请注销社会保险登记。

根据《社会保险费征缴暂行条例》的相关规定，企业应当自办理企业注销登记之日起三十日内，向原社会保险登记机构提交注销社会保险登记申请和其他有关注销文件，办理注销社会保险登记手续。在办理注销社会保险登记前，应当清缴社会保险费欠费。

（12）申请注销海关登记（涉及进出口业务企业）。

企业登录“中国国际贸易”单一窗口（http：//www.singlewindow.cn）或者“互联网+海关”（http：//on-line.customs.gov.cn）录入申请注销信息，将进出口货物收发货人注销书面申请提交所在地海关审核。

四、重点注意事项

1. 自行清算、强制清算、破产清算的衔接

（1）自行清算与强制清算的衔接。

①衔接的条件。

在公司自行清算过程中，发生以下任一情形，债权人或股东可以申请强制清算：

第一，公司逾期不成立清算组。

第二，企业已成立清算组进行清算，但故意拖延清算的。

第三，存在其他违法清算可能严重损害债权人或者股东利益。

②衔接中的具体问题。

A. 重新指定清算组。

因强制清算的申请条件为企业逾期不成立清算组或自行成立的清算组拖延清算等行为，故人民法院受理强制清算案件后，应当及时指定清算组。

B. 企业可能恢复存续。

公司因章程规定的营业期限届满或者章程规定的其他解散事由出现，或者股东会、股东大会决议自愿解散的，人民法院受理债权人提出的强制清算申请后，对股东进行剩余财产分配前，公司修改章程或者股东会、股东大会决议公司继续存续，申请人在其个人债权及他人债权均得到全额清偿后，撤回申请的，人民法院可以根据被申请人的请求裁定终结强制清算程序，强制清算程序终结后，公司可以继续存续。

（2）强制清算与破产清算的衔接。

①衔接的条件。

强制清算与破产清算衔接应同时满足以下条件：

第一，法人已解散但未清算或未清算完毕。

第二，清算组在清理公司财产、编制资产负债表和财产清单后，发现公司资产不足以清偿债务。

第三，清算组向人民法院申请破产清算。

②衔接中的具体问题。

A. 清算组与管理人。

公司强制清算转入破产清算后，原强制清算中的清算组由《人民法院中介机构管理人名册》和《人民法院个人管理人名册》中的中介机构或者个人组成或者参加的，除该中介机构或者个人存在与本案有利害关系等不宜担任管理人或者清算组成员的情形外，人民法院可根据企业破产法及其司法解释的规定，指定该中介机构或者个人作为破产案件的管理人，或者吸收该中介机构作为新成立的清算组成员。

上述中介机构或者个人不宜担任破产清算中的管理人或者清算组成员的，人民法院应当根据企业破产法和有关司法解释的规定，及时指定管理人。原强制清算中的清算组应当及时将清算事务及有关材料等移交给管理人。

B. 原清算事项的效力。

公司强制清算中已经完成的清算事项，如无违反企业破产法或者有关司法解释的情形的，在破产清算程序中应承认其效力。

（3）自行清算与破产清算的衔接。

①衔接的条件。

自行清算与破产清算的衔接应同时满足以下条件：

第一，清算组在清算公司财产、编制资产负债表和财产清单后，发现公司资产不足以清偿债务。

第二，清算组向人民法院申请宣告破产。

②衔接中的具体问题。

公司经人民法院裁定宣告破产后，清算组应当将清算事务移交给人民法院。

债务人同时符合破产清算条件和强制清算条件的，应当及时适用破产清算程序实现对债权人利益的公平保护。债权人对符合破产清算条件的债务人提起公司强制清算申请，经人民法院释明，债权人仍然坚持申请对债务人强制清算的，人民法院应当裁定不予受理。

2. 特殊情形下的注销程序

（1）股东失联、不配合等情况下的注销。

根据国家市场监督管理总局注销流程指引，对有限责任公司存在股东失联、不配合等情况难以注销的，经书面及报纸（或国家企业信用信息公示系统）公告通知全体股东，召开股东会形成符合法律及章程规定表决比例的决议、成立清算组后，向登记机关申请注销。

（2）营业执照丢失情况下的注销。

根据国家市场监督管理总局注销流程指引，对营业执照遗失的企业，可以将原先补领营业执照与注销登记两个环节合并为一个环节，企业可以持在国家企业信用信息公示系统自行公示的执照遗失公告及注销登记申请材料直接办理注销登记。

（3）法定解散事由出现，企业逾期不清算情况下的注销。

根据国家市场监督管理总局注销流程指引，公司出现法定解散事由，但逾期未成立清算组进行清算的，债权人可以申请人民法院指定有关人员组成清算组进行强制清算。清算组完成清算后，清算组持人民法院确认的清算报告向登记机关办理注销登记。

（4）免予办理清税证明的注销。

根据《国家税务总局关于进一步优化办理企业税务注销程序的通知》（税总发〔2018〕149号）的相关规定，对符合市场监管部门简易注销条件，未办理过涉税事宜或者办理过涉税事宜但未领用发票、无欠税（滞纳金）及罚款的，可免予到税务机关办理清税证明，直接向市场监管部门申请办理注销登记。

根据《关于深化“放管服”改革　更大力度推进优化税务注销办理程序工作的通知》（税总发〔2019〕64号）的相关规定：

未办理过涉税事宜的纳税人，主动到税务机关办理清税的，税务机关可根据纳税人提供的营业执照即时出具清税文书。

办理过涉税事宜但未领用发票、无欠税（滞纳金）及罚款的纳税人，主动到税务机关办理清税，资料齐全的，税务机关即时出具清税文书；资料不齐的，可采取“承诺制”容缺办理，在其做出承诺后，即时出具清税文书。

经人民法院裁定宣告破产的纳税人，持人民法院终结破产程序裁定书向税务机关申请税务注销的，税务机关即时出具清税文书，按照有关规定核销“死欠”。

（5）尚未更换加载统一社会信用代码营业执照即被吊销的企业注销。

根据国家市场监督管理总局注销流程指引，对于尚未更换加载统一社会信用代码营业执照即被吊销的企业，市场监管部门已就此类企业进行了统一社会信用代码的赋码，企业在相关部门办理注销业务时可使用其统一社会信用代码办理，无须更换加载统一社会信用代码营业执照。

3. 债权、债务清理

根据《公司法》的相关规定，企业清算过程中，应清理债权、债务。根据《中华人民共和国企业法人登记管理条例》《中华人民共和国企业法人登记管理条例施行细则》的相关规定，企业法人申请注销登记，应提供主管部门或者清算组织出具的负责清理债权债务的文件或者清理债务完结的证明。根据上述规定及实操经验，企业注销前，原则上应将债权全部收回，债务全部清偿完毕。但确有债权无法收回的情形，针对债权确无法收回的情形，可以通过将债权作为公司剩余财产分配至各股东的方式清理，此种情况应通知债务人债权转移事宜。

4. 未建账企业注销

根据《会计法》的相关规定，各单位必须依法设置会计账簿，并保证其真实、完整。根据《税收征收管理法》《税收征收管理法实施细则》的相关规定，从事生产、经营的纳税人应当自领取营业执照或者发生纳税义务之日起十五日内，按照国家有关规定设置账簿。针对开展经营活动但未建立账簿的企业，从合规的角度，应先设置账簿再进行注销。

5. 简易注销

（1）简易注销的适用范围。

根据工商总局《关于全面推进企业简易注销登记改革的指导意见》（工商企注

字〔2016〕253号）要求，符合以下情形之一的有限责任公司、非公司企业法人、个人独资企业、合伙企业，可由其自主选择适用一般注销程序或简易注销程序：

①领取营业执照后未开展经营活动（以下称未开业）；

②申请注销登记前未发生债权债务或已清算完结债权债务（以下称无债权债务）。

人民法院裁定强制清算或裁定宣告破产的，有关企业清算组、企业管理人可持人民法院终结强制清算程序的裁定或终结破产程序的裁定，向被强制清算人或破产人的原登记机关申请办理简易注销登记。

（2）简易注销的除外情形。

企业有下列情形之一的，不适用简易注销程序：

①涉及国家规定实施准入特别管理措施的外商投资企业；

②被列入企业经营异常名录或严重违法失信企业名单的；

③存在股权（投资权益）被冻结、出质或动产抵押等情形；

④有正在被立案调查或采取行政强制、司法协助、被予以行政处罚等情形的；

⑤企业所属的非法人分支机构未办理注销登记的，曾被终止简易注销程序的；

⑥法律、行政法规或者国务院决定规定在注销登记前需经批准的；

⑦不适用企业简易注销登记的其他情形。

（3）简易注销的程序。

①公告。

企业应当通过国家企业信用信息公示系统《简易注销公告》专栏主动向社会公告拟申请简易注销登记及全体投资人承诺等信息（强制清算终结和破产程序终结的企业除外），公告期为四十五日。

有关利害关系人及相关政府部门可以通过国家企业信用信息公示系统《简易注销公告》专栏“异议留言”功能提出异议并简要陈述理由。

②登记机关同步推送。

企业发布公告的同时登记机关应当通过国家企业信用信息公示系统将企业拟申请简易注销登记的相关信息推送至同级税务、人力资源和社会保障等部门，涉及外商投资企业的还要推送至同级商务主管部门。

③提交申请材料。

公告期满后，企业方可向企业登记机关提出简易注销登记申请。

企业申请简易注销，应提交以下材料：

A. 《申请书》；

B. 《指定代表或者共同委托代理人授权委托书》；

C. 《全体投资人承诺书》（强制清算终结的企业提交人民法院终结强制清算程序的裁定，破产程序终结的企业提交人民法院终结破产程序的裁定）；

D. 营业执照正、副本。

④准予注销。

登记机关对企业提交的材料进行形式审核。

符合简易注销条件且公告期无利害关系人或相关政府提出异议的，登记机关应当在三个工作日内依法做出准予简易注销登记的决定。

五、会计处理

1. 清算账务处理步骤

在公司注销前，公司应该先进行注销前的清算。公司注销前清算的账务处理分为以下几个步骤：

（1）编制公司解散的资产负债表；

（2）核算清算费用；

（3）核算变卖财产物资的损益；

（4）核算并收回公司账面债权，清偿公司债务及核算公司的损益；

（5）核算弥补以前年度亏损；

（6）核算剩余财产及分配；

（7）编制清算损益表和清算结束的资产负债表。

2. 编制资产负债表

在公司清算前，应当于公司终止经营日编制资产负债表，与正常经营日的资产负债表编制是一致的。

3. 设置清算费用和清算损益两个基本账户

（1）清算费用账户用于专门核算公司注销清算期间的各项成本费用，主要包括清算机构成员的工资报酬、公告费用、咨询费用、办公费用、诉讼费用以及清算过程中必须支付的其他的清算费用，在清算结束时，将其全部发生额从该账户的贷方转入清算损益的借方，本账户无余额。

（2）清算损益属于损益类账户，专门核算公司注销清算期间所实现的各项收益和损失。清算损益账户的贷方反映公司的清算收益，其内容包括清算中发生的财产盘盈、资产重估收益、财产变现的收益和无法偿还的债务等；清算损益账户的借方反映公司的清算损失，主要包括清算发生的财产盘亏，包括损失财产、变现损失和无法收回的债权。期末余额可能在贷方也可能在借方，再将余额转入未分配利润账户。清算结束时，该账户无余额。

若利润分配下设的未分配利润的余额在贷方，再核算弥补以前年度亏损，若弥补亏损后，还有贷方余额，要缴纳清算年度所得税，最后若有剩余财产，按实收资本的份额，在各个所有者之间进行分配。

4. 清算费用

清算组成员的各类报酬及财产变卖，债权债务处理过程发生的一切费用。

（1）支付清算费用：

借：清算费用

　　贷：银行存款、应收票据等

（2）结转清算费用：

借：清算损益

　　贷：清算费用

5. 核算变卖资产及其损益的账务处理

（1）经清查，原材料盘盈时：

借：原材料

　　贷：清算损益

（2）将各类无形资产和递延资产、预提费用全部摊销：

借：清算损益

贷：无形资产、递延资产、预提费用等

（3）固定资产拍卖收入：

借：银行存款

累计折旧

贷：固定资产

清算损益

（4）将上述清算净损益转入未分配利润账户：

借：清算损益

贷：利润分配——未分配利润

6. 核算收回债权，清偿债务及损益的账务处理

（1）经认真查核，应收账款确系无法收回：

借：清算损益

贷：应收账款

（2）经认真查核，应付账款确系无法清偿：

借：应付账款

贷：清算损益

（3）将上述清算净损益转入未分配利润账户：

借：清算损益

贷：未分配利润

7. 核算弥补以前年度亏损的账务处理

（1）用盈余公积弥补以前年度亏损：

借：盈余公积——一般盈余公积

贷：未分配利润

（2）缴纳清算年度所得税：

借：利润分配——未分配利润

贷：应交税金——所得税

借：应交税金——所得税

贷：银行存款

（3）核算剩余财产及其分配的账务处理：

将清算后的剩余财产按实收股本的份额，在各个所有者之间进行分配。

借：资本公积、盈余公积、利润分配——未分配利润

贷：现金、银行存款

8. 编制清算企业的资产负债表和清算损益表

清算的资产负债表左方即资产。右方在结构上分三个部分，第一部分是负债，有担保的债务和普通债务应该分别列示。第二部分是资本，如果是股份有限公司为“股本”，如果是有限责任公司或其他类型的企业则是“实收资本”。在“股本”项目中，还应分列“优先股”和“普通股”两个子项。第三部分是清算损益。该项目按除“股本”与“实收资本”科目以外的其他有关“清算损益”科目的期末余额汇总编列。

清算损益表在结构上分三个部分，清算损益（包括所有者权益转入、清算收益和清算损失）、清算费用、清算过程中涉及的税费。

六、涉税分析与税务筹划

企业清算注销的涉税问题应分两个层面、三个阶段讨论。两个层面为公司层面和股东层面，三个阶段分别为注销当年度的生产经营所得进行企业所得税申报、清算过程中的税务处理和公司股东（包括自然人股东）就清算分配情况的税务处理。

1. 注销当年度的生产经营所得进行企业所得税申报

《中华人民共和国企业所得税法》第五十五条规定：“企业在年度中间终止经营活动的，应当自实际经营终止之日起六十日内，向税务机关办理当期企业所得税

汇算清缴。”

《中华人民共和国企业所得税法》第六条规定：“企业以货币形式和非货币形式从各种来源取得的收入，为收入总额。包括：

（一）销售货物收入；

（二）提供劳务收入；

（三）转让财产收入；

（四）股息、红利等权益性投资收益；

（五）利息收入；

（六）租金收入；

（七）特许权使用费收入；

（八）接受捐赠收入；

（九）其他收入。”

故清算注销的企业须根据《中华人民共和国企业所得税法》对注销当年度的以上所得进行企业所得税的纳税申报。

2. 清算过程中的税务处理

（1）企业所得税。

《中华人民共和国企业所得税法》第五十五条规定：“企业应当在办理注销登记前，就其清算所得向税务机关申报并依法缴纳企业所得税。”

《财政部　国家税务总局关于企业清算业务企业所得税处理若干问题的通知》（财税〔2009〕60号）第三条规定：“企业清算的所得税处理包括以下内容：

（一）全部资产均应按可变现价值或交易价格，确认资产转让所得或损失；

（二）确认债权清理、债务清偿的所得或损失；

（三）改变持续经营核算原则，对预提或待摊性质的费用进行处理；

（四）依法弥补亏损，确定清算所得；

（五）计算并缴纳清算所得税；

（六）确定可向股东分配的剩余财产、应付股息等。”

《财政部　国家税务总局关于企业清算业务企业所得税处理若干问题的通知》

（财税〔2009〕60号）第四条规定："企业的全部资产可变现价值或交易价格，减除资产的计税基础、清算费用、相关税费，加上债务清偿损益等后的余额，为清算所得。企业应将整个清算期作为一个独立的纳税年度计算清算所得。"

由此可知，企业的清算期应作为一个独立的纳税年度，企业的全部资产均应按可变现价值或交易价格确认资产转让的所得或损失。如遇债权人（包括股东）放弃对企业的债权，企业须确认为所得。

（2）增值税。

在清算注销的过程中，如涉及货物类资产的处分和分配，则会涉及增值税的缴纳。

《增值税暂行条例实施细则》第四条规定："单位或者个体工商户的下列行为，视同销售货物：

（一）将货物交付其他单位或者个人代销；

（二）销售代销货物；

（三）设有两个以上机构并实行统一核算的纳税人，将货物从一个机构移送其他机构用于销售，但相关机构设在同一县（市）的除外；

（四）将自产或者委托加工的货物用于非增值税应税项目；

（五）将自产、委托加工的货物用于集体福利或者个人消费；

（六）将自产、委托加工或者购进的货物作为投资，提供给其他单位或者个体工商户；

（七）将自产、委托加工或者购进的货物分配给股东或者投资者；

（八）将自产、委托加工或者购进的货物无偿赠送其他单位或者个人。"

因此，如果在清算过程中，企业将货物类资产处置变现、用于抵债，或分配给股东，均应按视同销售来计算缴纳增值税。

在清算过程中，如果涉及土地使用权、无形资产的处置变现、用于抵债，或分配给股东，根据《财政部　国家税务总局关于全面推开营业税改征增值税试点的通知》（财税〔2016〕36号）规定，也应该计算缴纳增值税。

（3）土地增值税。

企业清算时，若涉及土地使用权的处置变现、用于抵债，或分配给股东，根据

《中华人民共和国土地增值税暂行条例》第二条“转让国有土地使用权、地上的建筑物及其附着物并取得收入的单位和个人，为土地增值税的纳税义务人，应当依照本条例缴纳土地增值税”，企业可能还会涉及土地增值税的缴纳。

3. 公司股东就清算分配情况的税务处理

（1）所得税。

《财政部　国家税务总局关于企业清算业务企业所得税处理若干问题的通知》（财税〔2009〕60号）第五条规定：“企业全部资产的可变现价值或交易价格减除清算费用，职工的工资、社会保险费用和法定补偿金，结清清算所得税、以前年度欠税等税款，清偿企业债务，按规定计算可以向所有者分配的剩余资产。

被清算企业的股东分得的剩余资产的金额，其中相当于被清算企业累计未分配利润和累计盈余公积中按该股东所占股份比例计算的部分，应确认为股息所得；剩余资产减除股息所得后的余额，超过或低于股东投资成本的部分，应确认为股东的投资转让所得或损失。

被清算企业的股东从被清算企业分得的资产应按可变现价值或实际交易价格确定计税基础。”

因此，企业清算过程中，向所有者分配剩余资产，法人股东会涉及企业所得税的缴纳。

（2）契税。

在企业清算过程中，当向所有者分配的剩余资产中包含土地使用权时，一般会涉及契税的缴纳。但是《财政部　国家税务总局关于继续支持企业事业单位改制重组有关契税政策的通知》（财税〔2018〕17号）规定：“同一投资主体内部所属企业之间土地、房屋权属的划转，包括母公司与其全资子公司之间，同一公司所属全资子公司之间，同一自然人与其设立的个人独资企业、一人有限公司之间土地、房屋权属的划转，免征契税。”